中国居民家庭金融资产配置：
规模、结构与效率

杜朝运　丁　超／著

Zhongguo Jumin
Jiating Jinrong Zichan Peizhi
Guimo Jiegou yu Xiaolü

西南交通大学出版社
·成都·

图书在版编目（CIP）数据

中国居民家庭金融资产配置：规模、结构与效率 / 杜朝运，丁超著. —成都：西南交通大学出版社，2017.10
ISBN 978-7-5643-5821-1

Ⅰ.①中… Ⅱ.①杜…②丁… Ⅲ.①金融资产–配置–研究–中国 Ⅳ.①F832.48

中国版本图书馆 CIP 数据核字（2017）第 251474 号

| 中国居民家庭金融资产配置：规模、结构与效率 | 杜朝运
丁　超 | 著 | 责任编辑　孟秀芝
特邀编辑　顾　飞
封面设计　墨创文化 |

印张	14.75	字数　228千	出版发行　西南交通大学出版社
成品尺寸	170 mm × 230 mm		网址　http://www.xnjdcbs.com
版次	2017年10月第1版		地址　四川省成都市二环路北一段111号 　　　西南交通大学创新大厦21楼
印次	2017年10月第1次		邮政编码　610031
印刷	成都勤德印务有限公司		发行部电话　028-87600564　028-87600533
书号	ISBN 978-7-5643-5821-1		定价　68.00元

图书如有印装质量问题　本社负责退换
版权所有　盗版必究　举报电话：028-87600562

序

随着经济的发展，人们的收入水平不断提高，家庭总资产中金融资产所占的比重越来越大，对国家宏观调控政策的制定和实施产生了日益重要的影响。在这样的背景之下，家庭金融逐渐成为理论界和实务界关注的重点领域。

近年来我在普惠金融的研究方面投入较多精力，很自然地对于微观家庭个体有了更多的接触。居民家庭的资产配置尤其是金融资产配置行为引起我的极大兴趣：居民家庭的金融资产配置行为受到那些因素的影响，影响方向、影响方式和影响程度如何，如何衡量居民家庭的金融资产配置效率，等等。起初我并未主动对这些问题进行系统思考，仅仅针对涉及家庭金融的某个小问题进行研究，也取得一些成果，但随着研究的不断积累，我愈发感到有必要将原先零散的研究系统化，特别是，对中国居民家庭金融资产配置行为进行整体描述和深入分析，甚至在某种程度上具有填补空白的价值。

我的博士生丁超恰巧对这个选题也有极大兴趣。他花费大量时间和精力搜集资料、整理数据、构建模型，最后完成博士论文并予以完善。我们在此基础上，又进行了多次讨论，在数据上更新、在资料上充实、在方法上改进，最终形成这本《中国居民家庭金融资产配置：规模、结构与效率》。就笔者所掌握的文献来看，这本书应该是目前对中国居民家庭的金融资产配置行为最为系统和全面的研究。

在本书的形成过程中，汪丽瑾、戴玲燕、马彧菲、王月升、李英伟等提供了很多帮助，在此我要对他们的贡献表示感谢！本书得以顺利出版，还要感谢厦门大学专项项目"居民家庭金融资产配置问题研究"的资助，以及西南交通大学出版社顾飞老师、孟秀芝老师的大力协助！

家庭金融的研究方兴未艾。在我国，随着居民家庭金融投资行为的日益频繁，居民家庭积累的金融资产规模在逐步壮大，深入研究我国居民家庭金融资产配置行为将更具有现实意义。我将不忘初心，在这个领域继续探索。

是为序。

杜朝运
2017 年 6 月 6 日

目 录

0 绪 论 ··· 1
   0.1 选题背景 ··· 1
   0.2 选题意义 ··· 2
   0.3 研究思路 ··· 4
   0.4 研究内容 ··· 5
   0.5 特色与不足 ·· 6

1 文献综述 ··· 8
   1.1 家庭内部视角考察的相关文献 ···································· 8
   1.2 家庭外部视角考察的相关文献 ···································· 18
   1.3 简要评述 ··· 25

2 居民家庭金融资产配置原理及影响因素分析 ···················· 27
   2.1 居民家庭金融资产配置的原理分析 ···························· 27
   2.2 居民家庭金融资产配置的影响因素 ···························· 35

3 内部视角：居民家庭金融资产配置的规模考察 ················· 45
   3.1 样本家庭基本状况的统计描述 ···································· 45
   3.2 数据分析 ··· 48
   3.3 模型构建与估计方法 ·· 58
   3.4 实证分析 ··· 63

4 内部视角：居民家庭金融资产配置的结构考察 ················· 73
   4.1 数据分析 ··· 73

  4.2 模型构建 …………………………………………………… 85
  4.3 实证分析 …………………………………………………… 87

5 内部视角：居民家庭金融资产配置的效率考察 ……………… 96
  5.1 数据分析 …………………………………………………… 96
  5.2 模型构建 ………………………………………………… 107
  5.3 实证分析 ………………………………………………… 109

6 外部视角：金融市场与居民家庭金融资产配置 …………… 120
  6.1 居民家庭金融资产配置规模与金融市场发展的关联性 … 120
  6.2 居民家庭金融资产配置结构与金融市场发展的关联性 … 132
  6.3 居民家庭金融资产配置效率与金融市场发展的关联性 … 137
  6.4 居民家庭金融资产配置与金融资产的风险收益 ……… 145

7 外部视角：宏观经济与居民家庭金融资产配置 …………… 154
  7.1 居民家庭金融资产配置的国际比较 …………………… 154
  7.2 居民家庭金融资产配置规模与经济发展的关联性 …… 160
  7.3 居民家庭金融资产配置结构与经济发展的关联性 …… 165
  7.4 居民家庭金融资产配置效率与经济发展的关联性 …… 171

8 外部视角：制度文化与居民家庭金融资产配置 …………… 177
  8.1 社会关系与家庭关系的变迁 …………………………… 177
  8.2 文化环境对居民家庭金融资产配置影响的案例分析 … 181
  8.3 制度变迁对居民家庭金融资产配置影响的案例分析 … 192

9 结论及建议 ……………………………………………………… 204
  9.1 主要结论 ………………………………………………… 204
  9.2 问题与对策 ……………………………………………… 210

参考文献 ………………………………………………………… 216

0 绪 论

0.1 选题背景

近些年来，全球金融市场发展迅速，股票、债券、基金等各类金融市场规模在不断加大，深度在逐渐加强，运行机制也在日益完善。与此相对应的是，居民的家庭金融资产结构发生了明显的变化。同时，随着经济的发展以及人民收入水平的不断提高，金融资产在居民家庭总资产中所占的比重越来越大，并且对国家宏观调控政策的制定和实施产生了极为重要的影响。在这样的背景下，家庭金融开始受到学者的重视，家庭金融资产组合问题重新进入了学者的研究视野。尤其是在欧美等发达国家，家庭金融发展很快，目前已逐步成为与资产定价、公司金融等传统金融研究方向并立的一个新的独立研究方向（Campbell，2006）。伴随着居民财富的增长以及金融工具种类的不断丰富，可以预期，家庭金融在今后的一段时间将成为理论界和实务界重点研究和关注的前沿领域。

传统金融学主要涉及资产定价和公司金融等两个研究方向，其中资产定价理论试图解释的是资本市场上资产的价格是如何被决定的，公司金融学研究的是企业如何利用各种金融工具提高所有者权益，并解决委托代理问题。家庭金融与这两者不同，研究对象为"居民家庭"这一构成社会经济和社会生活的基本单位，其研究的重点在于居民家庭如何做出配置金融资产的行为决策，以及怎样通过配置各种金融投资工具使得在不确定的环境下达到资源配置的最优化。

这里有必要说明金融资产的概念。居民所拥有财产的具体形态，可划分为实物资产和金融资产。实物资产即非金融资产，是指居民家庭拥有的具有实物形态的资产，主要包括住房资产、车辆资产、生产经营项目、家用电器及计算机等耐用品和其他非金融资产等。金融资产指居民家庭所持有的、以资金流通或货币流通为内容、以信用关系为特征的债券和所有权资产，主要包括现金、银行存款、股票、基金、债券、金融理财产品、借出款和其他金融资产等。出于简化的需要，在目前的理论研究中，一般将居民所拥有的金融资产分为两类：一类是无风险金融资产，包括现金、银行存款等；另一类是风险金融资产，包括股票、基金等。

在极其庞大且复杂的居民家庭经济行为活动中，金融资产的配置行为只是其组成部分之一，除此之外还有居民家庭的收入行为和消费行为等。在以往的研究中，人们将家庭仅看作一个纯消费单位，关注如何通过劳动与闲暇的分配获得最大化的收入，并在此基础上，结合价格和偏好的约束，使消费效用最大化，而对于资产配置行为的研究则相对滞后及缓慢。改革开放以来，随着我国市场经济体系逐步走向成熟和完善，居民家庭的金融投资行为愈加频繁，且其积累的金融资产规模也在逐步壮大。据统计，仅居民住户部门储蓄存款这一项金融资产，就已经由 1978 年的 210.6 亿元快速上升到 2014 年 12 月末的 50.69 万亿元。由于居民储蓄占据一国 储蓄中相当大的比重，而储蓄与投融资转化机制又是经济增长所必需的要素——资本的形成来源，因此它对国民经济的正常运转提供了动力。除居民储蓄存款外，股票、基金、债券等多项金融资产也相继进入居民的家庭金融资产组合中。因此，居民家庭的金融资产配置行为不容忽视，分析其行为发生的原因和结果变得愈发重要。

0.2 选题意义

第一，研究居民家庭金融资产配置行为对理论研究具有重要意义。居民家庭的金融资产配置行为，是居民家庭作为微观主体依托市场经济开展的各项经济活动之一。目前已有的资产选择理论大都以发达国家的经济主体为研究对象。我国作为最大的发展中国家，不管是在居民的家庭特征、金融市场方面还是经济发展方面，均与发达国家有着显著的差异。对我国居民家庭金融资产配置行为进行研究，特别是在当下宏观环境充满不确定性以及社会经济处于转轨过程，对其进行深入的分析，有助于更好地理解居民家庭的收入以及消费储蓄行为理论，同时研究成果也能为已有的居民家庭金融资产选择理论提供理论上的依据和补充。

第二，研究居民金融资产配置行为对家庭主体来说意义重大。家庭金融的研究对象为居民的金融资产选择行为，其最终目的在于探究居民如何根据自身家庭的实际情况，作出投资组合决策，通过最优的金融资产跨期配置来实现投资收益的最大化。由于各居民家庭之间存在着年龄、性别及受教育程度等诸多异质性特征，存款、股票、基金等各金融资产的收益与风险也存在着较大的区别，通过对居民家庭金融资产配置行为的研究，可以揭示出哪些因素可能对金融资产的配置造成影响，从而帮助、教育投资者进行更好的资产组合，以降低家庭金融面临的不确定性、优化家庭金融资产配置结构并最终提高家庭金融资产配置的有效性。

第三，研究居民家庭金融资产配置行为，对我国金融体制改革具有重要的政策参考价值。家庭是经济系统中重要的一环，家庭金融是金融系统的有机组成部分。对于金融机构而言，居民家庭是其服务对象，各家庭不同的异质性特点导致对不同金融资产种类及数量的差异性需求，通过对居民家庭金融资产配置行为的研究，可以挖掘出不同人群对金融服务的不同需求，为金融机构进行投资工具的创新以及产品营销指明方向，同时有助于提高金融体系的创新能力。

第四，研究家庭金融资产配置行为，可以为一国政策的制定提供决策参考依据。家庭是作为经济活动中的基本单位而存在的，经济的发展及波动势必会对居民的家庭金融资产配置行为产生一定的影响；反过来，居民所配置的金融资产，可以通过直接或间接的融资方式给经济的发展提供资金来源，从而影响经济的发展。一国推出的有关社会、经济、文化等方面的政策，会通过影响经济运行进而影响居民家庭配置金融资产，也会通过影响居民家庭配置金融资产行为进而影响经济运行。因此，加强这些影响机制的研究可以帮助我们更好地了解我国居民家庭金融资产配置的特点，为政府引导居民进行理性的投资和消费指明方向。

综上，全面深入地研究我国居民家庭金融资产配置行为具有十分重要的理论价值和现实意义。研究成果不仅可以为现有的居民金融资产选择理论提供验证及补充，还可以为优化我国居民家庭的金融资产配置结构、提高家庭的金融资产配置效率、完善金融市场、改进政策制定提供富有价值的建议，这正是本书的出发点和主旨。

0.3　研究思路

居民家庭的金融资产配置行为受到家庭内外诸多变量的影响。从内部因素看，户主特征、家庭财富、风险态度等家庭异质性特征会对居民家庭的金融资产配置产生影响；从外部因素看，居民家庭的金融资产配置与金融市场、宏观经济乃至制度文化密切相关，金融发展的水平和发展深度、宏观经济总量和宏观经济波动、社会正式制度和非正式制度都会作用于居民家庭金融资产配置行为。

居民家庭金融资产配置有三个要素：金融资产配置规模、金融资产配置结构以及金融资产配置效率。家庭金融资产配置规模即家庭金融资产总量，指的是居民家庭所持有的全部金融资产的总现值之和。这是一个存量的概念，可视为居民家庭各期消费剩余后的结余加总。家庭金融资产配置结构指的是居民家庭所投资的金融资产种类，以及各种金融资产配置量与金融资产总量形成的比例关系。家庭金融资产配置效率指的是家庭金融资产配置的有效性，可以用承担一定程度的风险所能得到的最大回报来衡量。

如果从家庭内外部视角审视这三个要素，则可派生出与居民金融资产配置相关的一系列问题：居民家庭金融资产配置规模的变化趋势如何，配置结构是否具有多元化，配置效率是高还是低，在居民家庭的各类特征中，有哪些可以影响到金融资产的配置行为，影响方向又如何，金融市场和宏观经济与居民家庭金融资产配置是否存在一定的关联性关系，制度文化又如何影响居民家庭的金融资产配置行为，根据这些影响关系，我们能否为优化居民家庭金融资产配置提供建议，能否为政府调控决策的改善提供参考依据，这些问题即构成本书要探讨的内容。本书基本循着"从两个视角考察三个要素"的总体思路展开。

当然，不同视角下具体的指标设计是有区别的。以金融资产配置结构为例，从内部看，金融资产的配置结构指多样化水平，即居民家庭金融资产投资的种类，以及综合各类金融资产投资额与全部金融资产总量比值的考虑所涉及的多样化指数；从外部看，由于统计数据的限制，笔者无法考察全部可供家庭购买的金融资产，因此将研究对象着眼于存款、股票及债券（主要是国债）这三项有代表性的金融资产，并将以其各自的宏观总额占据全国居民家庭金融资产总额的比重来衡量家庭金融资产配置结构。有关指标的详细介绍及计算过程，笔者将在后续章节予以阐述。

0.4 研究内容

本书除绪论外，共分 9 章。

第 1 章为文献综述，分别从家庭内部视角和家庭外部视角，对国内外有关居民家庭金融资产配置的文献进行梳理，为本书的研究提供参考。第 2 章考察居民家庭金融资产配置的理论，分析居民家庭金融资产配置的原理，并分别从居民家庭内部和居民家庭外部探讨影响居民家庭金融资产配置的有关因素。

第 3、4、5 章从内部视角，利用西南财经大学中国家庭金融调查与研究中心 2011 年全国大样本的微观调研数据，使用 Tobit 模型、CLAD 估计、Heckman 两步法等研究方法，分别对我国居民家庭金融资产配置规模、结构、效率的影响因素进行实证分析。

第 6、7、8 章从外部视角，利用 1992—2013 年国家宏观经济数据，通过建立适合样本数据的小样本最优预测模型的估计及在此基础上的格兰杰因果关系检验，分析金融市场、宏观经济与居民家庭金融资产配置之间的关联性，同时，通过案例的形式，分析制度文化对居民家庭金融资产配置的影响。

第 9 章是本书的研究结论，并就如何优化我国居民家庭金融资产配置提出相关对策建议。

本书的架构流程如图 0.1 所示。

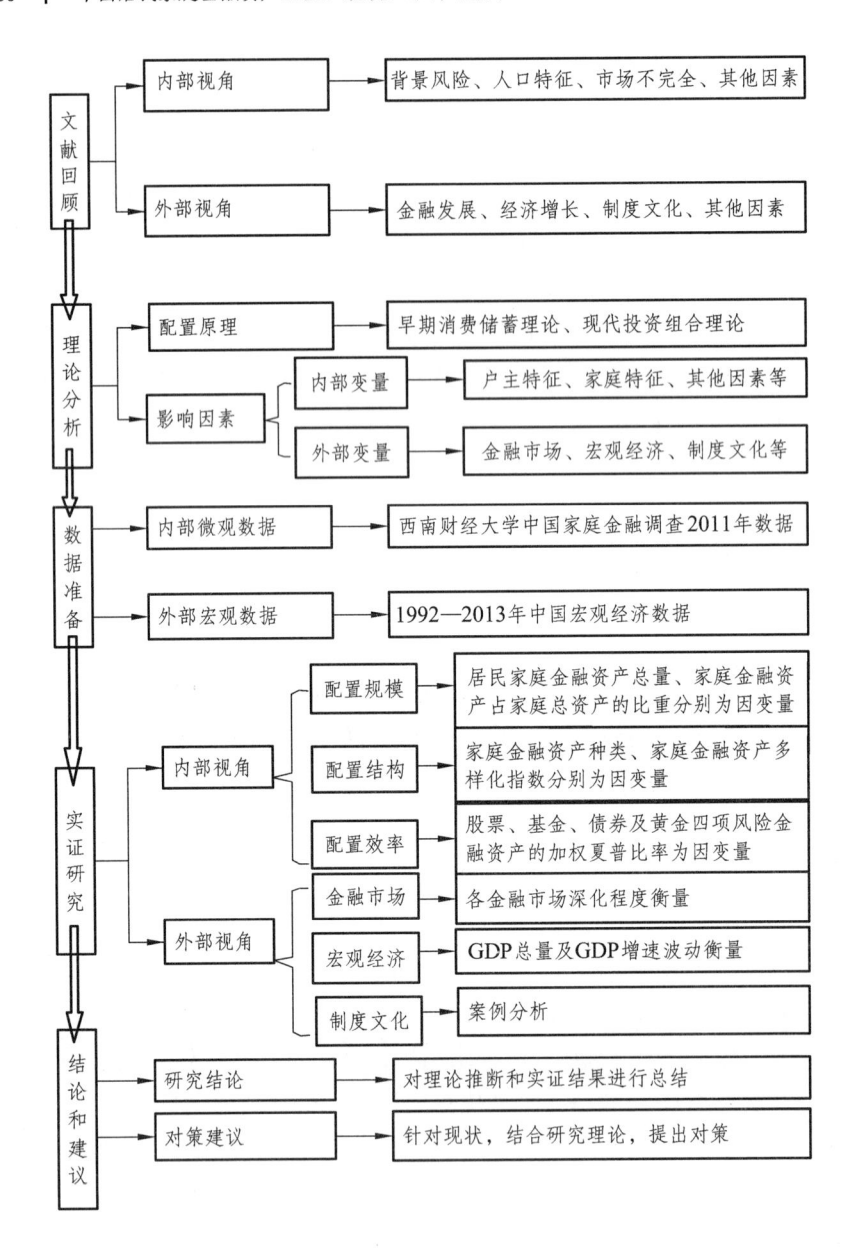

```
文献回顾 ─┬─ 内部视角 → 背景风险、人口特征、市场不完全、其他因素
          └─ 外部视角 → 金融发展、经济增长、制度文化、其他因素

理论分析 ─┬─ 配置原理 → 早期消费储蓄理论、现代投资组合理论
          └─ 影响因素 ─┬─ 内部变量 → 户主特征、家庭特征、其他因素等
                      └─ 外部变量 → 金融市场、宏观经济、制度文化等

数据准备 ─┬─ 内部微观数据 → 西南财经大学中国家庭金融调查2011年数据
          └─ 外部宏观数据 → 1992—2013年中国宏观经济数据

实证研究 ─┬─ 内部视角 ─┬─ 配置规模 → 居民家庭金融资产总量、家庭金融资产占家庭总资产的比重分别为因变量
          │            ├─ 配置结构 → 家庭金融资产种类、家庭金融资产多样化指数分别为因变量
          │            └─ 配置效率 → 股票、基金、债券及黄金四项风险金融资产的加权夏普比率为因变量
          └─ 外部视角 ─┬─ 金融市场 → 各金融市场深化程度衡量
                      ├─ 宏观经济 → GDP总量及GDP增速波动衡量
                      └─ 制度文化 → 案例分析

结论和建议 ─┬─ 研究结论 → 对理论推断和实证结果进行总结
            └─ 对策建议 → 针对现状，结合研究理论，提出对策
```

0.5 特色与不足

本书体现了三个特色：

在研究视角上，本书通过内部和外部双重视角，紧紧围绕配置规模、配置结构及配置效率这三个居民家庭金融资产配置的核心问题展开研究，较详细地分析了居民家庭金融资产配置的影响因素。而目前国内外研究较多的是围绕风险金融市场有限参与问题展开的，因此在研究视角上体现了一定的创新性。

在研究方法上，本书结合实际情况，运用多种实证分析方法进行研究。例如，在内部视角部分，目前学术界大多是在假设微观数据符合正态性及同方差性的前提条件下进行 Probit 及 Tobit 模型的构建，但本书在分析过程中证明了该假设条件其实并不成立，因此，采用更为完善的 CLAD 估计及 Heckman 方法进行研究，其结果更具有稳健性。又如，在外部视角部分，由于数据来源区间的限制，样本容量较小，因此笔者采用小样本分析方法，研究上更为严谨。

在具体指标构建上，由于涉及居民家庭金融资产配置规模、配置结构及配置效率，本书力求做到对其进行精准衡量。例如，在内部视角考察的配置结构指标中，不仅选取了金融资产配置种类代表配置结构的多样性，同时依据各居民家庭在 11 种金融资产上的配置金额，设定了居民家庭全部金融资产的多样化指数来衡量配置结构；配置效率指标则是用家庭四种风险金融资产（包含股票、基金、债券、黄金）的加权夏普比率作为代理变量，和之前学者的相关文献相比，纳入的金融资产种类更多，因此指标设定更为准确。

当然，本书也存在一些不足。例如，对居民家庭金融资产配置影响因素的实证分析，由于数据的限制，笔者只纳入了十几种家庭特征作为影响因素来考察，但居民家庭金融资产配置的决策是一个极其复杂的过程体系，还有许多变量在书中无法列出，这可能会在一定程度上影响方程的拟合程度。在考察居民家庭金融资产配置与金融市场、宏观经济的关联性时，受限于时间序列数据，笔者虽然采用小样本研究方法，但对问题的解释力度相较大样本而言仍存在着一定缺陷。

1 文献综述

家庭金融研究的重点是金融资产配置行为——居民家庭经济行为活动的一个方面，即如何通过使用各种金融工具来达到家庭财富保值增值的目的。居民家庭在经济生活中的决策行为，大致可分为以下几种：首先，如何分配闲暇和劳动时间，实现家庭收入的最大化；其次，在既定的收入水平下，如何在消费和储蓄之间分配资源；再次，扣除消费后积累的家庭财富，如何在实物资产及金融资产中实现分割；最后，在金融资产的配置方面，应当选择何种金融资产及配置的份额又应为多少。

在早期，经济理论过多地关注于居民家庭的收入以及消费行为，随着经济的增长以及家庭生活水平的提高，家庭已从对实物商品的消费，发展到对更高层次金融产品及服务的需求，从而居民家庭的金融资产配置行为逐渐引起理论界和实务部门的广泛关注。在过去半个多世纪以来，国内外学者做了大量的研究工作，取得了许多有价值的研究成果。笔者经过梳理发现，关于居民家庭金融资产配置方面的研究大致朝着两个方向进行：一是，从内生变量着手，如家庭的财富、人口统计特征、背景风险等因素，考察家庭金融资产的配置行为；二是，从外生变量着手，考察诸如金融市场发展、经济增长、汇率波动等外部冲击下的金融资产配置行为。这些研究成果为本书深入剖析我国居民家庭金融资产配置行为提供了思路，即本书将从家庭内部和家庭外部两个视角考察我国居民家庭金融资产配置行为。本章就主要相关文献分家庭内部视角和家庭外部视角进行综述。

1.1 家庭内部视角考察的相关文献

基于内生变量的角度进行家庭金融领域的研究时，最大的困难是微观数据难以获得，没有微观层面的数据支撑，家庭金融的研究只能局限于定性的分析，无法取得实质性的突破。为了解决这一问题，国内外一些相关机构通过大样本的调研建立了若干家庭微观层面的数据库。在国外，由于较早重视家庭层面数据的挖掘与分析，欧美发达国家已经建立起比较完善的微观数据库，比如美国的消费金融调查（SCF）、英国的家庭金融调查研究（FRS）、德国的收入和储蓄调查（GIES）等。反观国内，对微观数据的关注相对较晚，目前与家庭层面有关的数据库主要有北京大学中国家庭追踪调查（CFPS）、清华大学中国金融研究中心（CCFR）、北京师范大学中国收入分配研究院（CHIP）和西南财经大学中国家庭金融调查与研究中心（CHFS）。相关数据库的建立与完善为专家学者在该领域的深入研究提供了便利，并涌现出了许多有价值的研究成果。

1.1.1　家庭金融资产配置与背景风险

按照 Heaton 和 Lucas（2000）以及 Campbell（2006）的定义，背景风险因素指的是非金融市场的风险因素，主要包括房产投资风险、健康风险和收入风险等，这些有别于在金融市场上所承担的风险的存在，将导致投资者无法参与金融市场中的交易。

1）劳动收入

劳动收入风险对于居民家庭来说是具有显著影响的因素，但对于其如何影响家庭的资产配置组合，学术界仍然存在不同的观点。一些学者认为，对于大多数居民家庭来说，家庭财富的主要来源为劳动收入，而劳动收入来自于居民所拥有的人力资本，但人力资本却不可交易，因此劳动收入的风险具有异质性且不可对冲，这种背景风险因素的存在使得居民在投资上更为谨慎，会减少对风险性金融资产的投资（Heaton，Lucas，2000；Viceira，2001）。同时，意大利（Guiso et al.，1996）、美国（Vissing-Jorgensen，2002；Angerer，Lam，2009）、澳大利亚（Cardak 和 Wilkins，2009）、中国（何兴强等，2009）的实证研究也验证了劳动收入风险对居民家庭的风险性投资有显著的负向影响，劳动风险越高，风险性投资的比例越少。

另一些学者认为，当投资收益减少时，居民家庭可增加劳动供给或推迟退休时间，这样较高的劳动弹性使得居民家庭抵抗风险的能力增加，会促进其对风险性金融资产的投资（Bodie et al.，1992；Farhi，Panageas，2007）。Cocco et al.（2005）通过研究发现，人力资本带来的劳动收入可等同于无风险资产，其能使得居民家庭持有劳动收入时，有更高的意愿投资于风险性金融资产。王聪和张海云（2010）对比了中美家庭金融资产组合的异同，发现中国居民家庭配置风险性金融资产的比例要低于美国，其中一个很重要的原因就是中国居民家庭的可支配收入水平较低，说明收入的增加可以带来家庭金融资产组合的多元化。张学勇和贾琛（2010）、王聪和田存志（2012）的实证结果表明，家庭的收入水平是影响居民家庭参与股市的重要因素，并对其产生显著的正向影响，当家庭收入高时，会更有可能配置复杂的金融资产投资组合。陈莹等（2014）则认为，收入对家庭金融资产配置的影响是非线性的，当家庭收入水平较低时，随着收入的增加，家庭会更多的加大对风险资产的投资，而当家庭收入水平较高时，家庭则会减少对风险资产的投资。

综合学者的研究可发现，根据劳动收入风险的变化，劳动收入可对家庭资产配置产生两种效应的影响：财富效应和替代效应。财富效应主要表现为，当劳动收入的风险较小时，可将其视为债券等低风险资产，在居民风险资产占据家庭总财富的比例相同时，考虑人力资本风险后的风险资产占比会上升。而在劳动收入风险较大时，替代效应起主要作用，其可以代替风险性金融资产的存在，使得劳动收入风险与风险性金融市场的参与概率存在负相关关系。

2）房地产投资

房地产投资数额巨大，一向被看作是居民家庭资产组合中非常重要的资产，在我国这种现象尤为明显。根据中国家庭金融调查与研究中心（CHFS）的调研发现，中国的自有住房率位居世界首位（甘犁等，2012）。学者们的研究成果表明，房产会对家庭金融市场的参与或风险性金融资产的投资产生挤出效应，尤其是对于年轻人而言。在购房贷款还完之前，他们几乎将全部的家庭财富或收入增长投资于房产这种金额较大的非流动性资产，这种非流动性的约束使得年轻人无法参与到金融风险较大的股票市场，导致家庭投资缺乏多样性（Sinai，Souleles，2003；Pelizzon，Weber，2008）。除了房产投资造成家庭面临一定的流动性约束外，Kullmann和Siegel

(2005)从"心理账户"这一行为金融学的概念出发,指出居民家庭并不会把房产与其他投资看作一个整体的投资组合,这样,当投资者对房产投入大量的资金后,其他投资可用的资金就会非常少,这样房地产投资对于其他资产的投资就产生了一定的挤出效应,也可以称为替代效应。此外,Flavin 和 Yamashita(2002)、Cocco(2004)、吴卫星和齐天翔(2007)、Iwaisako(2009)、Chetty 和 Szeidl(2010)、朱光伟等(2014)均验证了房产"挤出效应"的存在,即持有房产比例越高的家庭,对股市等风险性金融市场的参与率越低。和上述结论不同的是,Yao 和 Zhang(2005)认为虽然房产投资存在着挤出效应,但也存在着一定的分散效应,致使房产拥有者在流动资产组合中持有一个更高的股权比例。此外,陈永伟等(2015)的研究结论同样发现拥有房产财富的家庭参与风险金融市场的概率较高,而且在家庭的投资组合中会持有较高比例的风险金融资产。他们认为,出现这种结果是因为房产同时具有"财富效应"和"风险效应",因此从理论上看,房产对家庭资产配置组合的影响其实是不确定的。

从上述文献可以看出,大多数学者认同房产为影响居民家庭参与风险性金融市场的一个因素,且在很大程度上对其产生了一定的挤出效应,限制了家庭,尤其是年轻家庭对风险性金融资产的投资。

3)健康

当前学者对于背景风险中健康因素的研究主要集中为健康风险和社会保险两方面。Rosen 和 Wu(2004)注意到,当老年居民的健康状况处于平均水平或者体质较差时,他更倾向于配置较为安全的资产组合。Berkowitz 和 Qiu(2006)认为,居民家庭的健康状况对家庭金融资产组合的影响是间接的,健康状况恶化会导致居民家庭持有的金融资产总量减少,从而会降低金融资产中风险性金融资产的占比。Fan 和 Zhao(2009)指出,健康风险的存在,使家庭财富的积累降低,居民会寻求更为安全的金融资产,因此,在总金融资产水平保持不变的情况下,家庭会降低风险性金融资产的投资比例,转向配置其他低风险的金融资产。吴卫星等(2011)通过实证研究发现,虽然健康状况并不会改变投资者参与风险性金融市场的决定,但身体状况如果发生恶化,确实会降低股票或者风险性金融资产在总资产中的比重。不过,Coile 和 Milligam(2009)、李涛和郭杰(2009)的研究结果表明，居民家庭的健康水平与家庭所投资的资产组合或者风险性金融资产的配置之间，并不存在直接关系或者只有较弱的相关关系。

1.1.2 家庭金融资产配置与人口统计特征

不同的家庭具有不同的异质性特征，居民家庭在配置金融资产时会受到这些因素的影响。对于人口统计特征而言，学者把较多研究因素集中为年龄、受教育程度、户主风险态度等方面。

1）年龄因素

根据"生命周期假说"，居民家庭的投资组合中各类金融资产所占的比重随年龄的变化，侧重点有所不同。Mankiw et al.（1997）在研究成果中指出，家庭处在不同的年龄段时，其对风险性金融资产的投资比例应当有所不同，即居民家庭的投资组合应遵循年龄效应。与 Bodie 和 Crane（1997）、Agnew et al.（2003）、吴卫星和吕学梁（2013）认为的持股比例与年龄呈现明显的负相关不同，Bertaut 和 Haliassos（1997）、Poterba 和 Samwick（1997）、Shum 和 Faig（2006）、Brunetti 和 Torricelli（2010）、魏先华（2014）等对家庭资产配置年龄效应的实证研究均表明，家庭持有股票投资的比例随着年龄的增长均呈现出先上升、后下降的倒 U 形结构。即随着职业生涯的发展，相对于家庭总资产的增长，居民家庭会加大对股票的投资，在退休之前这一比例达到最高值；退休之后，股票所占比例逐渐降低。Guiso 和 Jappelli（2002）的研究表明，风险金融市场的参与比例与年龄呈现钟型结构，但他们同时指出，无风险资产的参与比例与年龄之间的曲线关系呈现先下降后上升的 U 形结构。这一点在 Yoo（1994）、Mccarthy（2004）的研究中，也得到了类似的结论。吴卫星（2010）等的实证研究表明虽然从风险性的角度出发，居民的投资结构与年龄走势呈现钟形曲线，但是就金融衍生品等风险极高的资产来说，年轻人会更乐于冒险。与上述研究结论相对的是，史代敏等（2012）认为，在家庭金融资产投资组合中，储蓄存款、股票及储蓄保险所占比例并不会明显地受到年龄因素的影响。

2）受教育程度

总的来看，大多数学者都认为，居民受教育年限以及学历水平的提高对家庭金融资产的资金以及风险性金融市场的参与有着正向的促进作用。如 Mankiw 和 Zeldes（1991）认为由于股市存在着信息成本，而教育水平较高的投资者有利于克服这些信息障碍，因此，在收入水平既定的情况下，户主受教育程度越高，股市市场的参与可能性就越大。Guiso et al.（2002）的研究同样验证了居民家庭的持股比例与受教育程度之间的正相关关系，因为随着受教育程度的提高，不仅可以带来家庭收入及财富的增多，还可以增强投资者获取信息、提高投资技巧的能力。史代敏和宋艳（2006）的研究发现，高学历户主家庭在金融资产总量上要低于低学历户主家庭，这是因为低学历户主的家庭收入稳定性较差，不敢购买高学历户主家庭所投资的房产和耐用消费品，因此转投金融资产。同时，其研究还表明，股票资产在家庭金融资产组合中所占的比重与户主学历呈显著的正相关关系。另外，Hastings 和 Tejada-Ashton（2008）证明了当居民家庭没有掌握关键的金融经济知识和缺失必要的基本运算能力时，有可能不会进行任何的投资，即使投资，其作出的投资决策也大都是次优的。Calvet et al.（2009）、Dohmen（2010）、尹志超等（2014）、周弘（2015）的研究结果均表明，金融知识可以促进居民家庭对股票等风险性金融资产的投资。此外，马双和赵朋飞（2015）研究了金融知识对家庭信贷约束的影响，发现家庭受访者掌握金融知识的水平对正规信贷约束有着显著的影响，掌握的金融知识越丰富，家庭受到信贷约束的可能性则会越低，从而家庭会有更多的资金来源进行支配。由于受教育程度的提高可以带来金融知识的涵养，因此这些文献也间接证明了家庭的受教育程度会影响其金融资产配置决策。

3）风险态度

根据标准的资产组合理论，投资者应当投资于多种资产来分散风险。当两基金分离定理有效时，能导致每个家庭具有不同比例各资产的投资组合的唯一因素就是风险态度。因此，在影响居民家庭金融资产配置的各项统计特征中，风险态度这项因素常被学者拿来讨论对比。例如，Gomes 和 Michaelides（2003）在模型中引入了家庭的异质性偏好，得出持风险厌恶态度的家庭由于积累了一定的资产，因而可以支付投资于股票的固定成本；而较能容忍风险的家庭之所以不投资于股票，是由于其风险偏好导致他们并没有积累起家庭财富，所以没有充足的资金进行股票投资。Gusio 和

Paiella（2004）的实证研究表明，居民家庭的风险投资比例与风险规避态度的关系是显著负相关，家庭的风险厌恶度越高，投资于风险资产的比例会越低。Shum 和 Faig（2006）在研究中也证明了居民参与风险性金融市场的概率与风险厌恶呈负相关关系，此外当风险规避程度更强时，其持有的风险性金融市场的资产份额也越低。尹志超等（2015）通过中国家庭金融调查的数据，建立了风险市场参与与家庭风险金融资产配置的实证模型，结论表明，持风险偏好态度的家庭相较风险规避的家庭，会更多地参与到风险性金融市场中来。王渊等（2016）利用微观调研数据实证检验了居民风险偏好对于家庭资产结构风险性和分散性的影响。结果表明，居民风险偏好水平越高，配置于风险金融资产的比例越高，所持资产结构也越分散。另外，也有一些学者的研究提供了不同的结论，比如李涛（2007）、李涛和郭杰（2009）经过实证分析就发现，风险态度对于居民是否投资于股票并没有显著的影响。

除了上述三大因素外，Palsson（1996）、Campbell（2006）、马莉莉和李泉（2011）、邢春冰（2011）、王琎和吴卫星（2014）等相关学者的研究结果还表明，性别、婚姻状况、是否抚养小孩等其他不同的家庭人口统计特征对居民家庭的金融资产配置有着显著的影响。一般来说，当户主为女性时，家庭金融资产配置行为决策偏保守，即配置风险性金融资产的比例会较低，而男性户主更倾向于参与到股票等风险性金融资产的投资中来。婚姻状况对居民家庭金融资产配置的影响类似于性别，它可以改变投资决策者的主观风险态度偏好，已婚户主由于组建起了家庭，承担着一定的家庭责任，因此，相较未婚户主来说，投资于风险金融资产的可能性会更小。同理，抚养小孩的家庭会比没有抚养小孩的家庭更加厌恶风险，也会更少地配置家庭财富在风险性金融资产上。而在家庭结构与金融资产配置方面，独代居住的家庭比起多代同住的家庭有更多的储蓄并投资于更多的风险资产。

1.1.3 家庭金融资产配置与市场不完全

1）借贷约束会对居民家庭的金融资产配置产生影响

居民家庭投资者即使有投资意愿，因受到家庭财富或者个人收入的限制，也无法提供充分的资金来配置金融资产。同时信息不对称导致无法获得贷款或者无法找到资金来源，流动性受到限制，这同样会影响居民家庭金融资产投资组合的决策行为。Paxson（1990）在其研究中探讨了居民家庭如何在借贷约束的限制下选择流动性资产和非流动性资产。当借贷约束为外生变量时，居民投资者可以依靠持有安全且流动性较强的资产来减缓这种约束。如果这一变量为内生时，投资者需凭借所持有的非流动资产作为抵押来获取借贷资金，此时居民家庭则需增持非流动资产来规避这种限制。Haliassos 和 Bertaut（1995）的研究表明，和流动性充裕的家庭相比，受到信贷约束的家庭会有更大的倾向配置较大比例的无风险资产。Koo（1998）指出，即使在当下时期居民家庭的资产配置决策没有受到流动性约束的影响，对未来家庭可能面临的借贷约束的预期，也会影响家庭投资于风险资产的比例。Haliassos 和 Hassapis（2002）研究了基于担保的流动性约束以及基于收入的流动性约束两种情形，得出后者会对居民家庭进行贷款及风险投资的决策产生抑制效应，而前者并不一定会产生同样的影响。Constantinides et al.（2002）在模型中考虑了代际替代效应，说明年轻人由于财富积累较少，更容易受到流动性约束的限制，因此，投资于股票的需求会受到抑制，但同时考虑到收入与风险资产带来的收益相关性较低，其又会增加对股票类资产的需求。另外，Willen 和 Kubler（2006）、何秀红和戴光辉（2007）、卢亚娟和 Turvey（2014）、尹志超等（2015）的经验研究均证明了借贷约束对居民风险资产的配置起到一定的抑制作用。

2）居民的家庭金融资产配置也会受到市场摩擦的影响

市场摩擦一般指的是市场交易所必需的成本，主要包括证券交易成本、搜集并处理信息的成本等。Heaton 和 Lucas（1997）认为，交易成本是投资者在做决策时考虑的一个因素，且交易成本越低，越会受到投资者的青睐。Vissing-Jorgensen（2002）的研究中考虑了固定成本及两种交易成本对股市参与的影响，发现当年固定成本为 75 美元时，就能解释近 75%的家庭不参与股市投资的原因。Gomes 和 Michaelides（2005）指出资金成本、效用成本、信息成本、福利成本等构成了股票投资的相关成本。Alan（2006）认为导致储蓄者持股可能性降低的原因为一次性的进入成本的存在，其由时间成本和资金成本构成，大约占据永久劳动收入 2%的比例。Calvet et al.

（2006）、肖作平和张欣哲（2012）的实证研究表明，居民由于受教育而提高了对于投资股票所需要信息的搜集和处理能力，从而加大了居民家庭对股市的投资可能性。孟亦佳（2014）采用中国家庭追踪调查的数据，分析了认知能力对于居民家庭金融市场参与以及家庭资产配置的影响，研究结果表明，认知能力推动了居民家庭参与金融市场，同时也增加了其在股票等风险金融资产上的投资。因此，这些成果间接证明了交易成本对居民金融资产选择可以产生一定的影响。王治政等（2015）认为市场摩擦是由于交易成本、借入约束和税收因素等引起的，这对居民家庭进行金融资产的选择和投资会有重要的影响。

总之，绝大多数学者的研究成果均表明，不管是借贷约束还是交易成本，市场不完全会对居民参与风险金融市场、投资风险金融资产起到一定的抑制作用。

1.1.4 其他因素

除去上述背景风险、人口统计特征、市场不完全等因素造成的影响外，学者们还利用丰富的微观数据，研究了其他可能影响居民家庭金融资产配置的因素。

例如心理特征也会显著影响居民家庭的金融资产配置决策。Barber 和 Odean（2000）通过研究美国家庭持有股票的交易情况以及头寸状况，发现由于投资者具有过度自信的心理特征，因此往往会有过度交易的现象发生，这会导致较高的交易成本，从而使得投资收益下降。李心丹等（2002）的研究指出，我国居民投资者普遍存在着一种过度自信心理以及过度交易的认知偏差，交易频率易随着政策的不断出台与导向变化而改变，这种过度自信心理及过度交易行为带来的直接后果就是对投资者的财富造成损害。吴卫星等（2006）认为，当投资者分别属于过度自信或者理性思维两种模式时，会有不同的参与股票市场的行为类型，前者在其投资区域内会显得更为激进，而后者会有更大的投资区域。杨德勇和彭博（2013）的研究发现，虽然投资者由于过度自信的心理特征导致其在股票市场中进行了过度交易，且这一现象在牛市中体现得更为明显，但这种现象随着我国资本市场的发展正在逐渐降低。廖理等（2013）指出，投资者所具有的过度自信的心理特征，和前期带来的投资收益相关。当前期投资收益增加时，居民的自信程度也会得以累计，这不利于未来投资收益的提高，因为它会增加在进一步投资中犯错的概率。但同时前期投资收益带来的这一影响，会随着投资期限的拉长而逐渐减弱，使得投资者对自身能力的判断变得更为客观。李涛（2007）从参与惯性的角度出发研究了居民家庭资产的配置行为，其研究成果表明当决策者在选择投资项目时，不管是银行存款、股票等金融资产，还是收藏品、房地产等实物投资，其投资行为均体现出一定的参与惯性，即具有维持过去所选资产不变的倾向，这一点在 Bilias et al.（2010）的研究中也有类似的结论。叶德珠和周丽燕（2015）研究了幸福感对居民家庭金融资产配置的影响，研究结果表明，幸福满意度与股票市场交易、风险资产持有均存在着显著的负相关关系，这应当是居民的幸福满意度越高，风险偏好程度越低所致。吴卫星等（2016）利用倾向得分匹配分析法研究了自我效能对居民家庭组合多样性的影响，研究结果表明自我效能对居民家庭资产组合多样性有显著的正向影响。

还有学者探讨了投资期限与金融资产配置之间存在的关系。经典的生命周期投资组合往往假定投资者在一生之中都会做出参与投资的决策，这与真实情况不符，因此，部分学者探讨了投资期限与金融资产配置之间存在的关系。Barberis（2000）认为，由于在长期内股票的条件方差增长较慢，因此对于长期投资者来说，股票投资风险较小，所以投资期限越长，股票类风险资产投资比例越高。List 和 Millimet（2005）发现投资者的个体行为会随着市场经验的增加变得更加理性，这对家庭金融资产的合理配置有一定的优化作用。谭松涛和陈玉宇（2012）通过个体股民的交易数据，研究了股民股龄、累计交易股票次数以及累计持有股票数代表的投资经验对其投资收益可能产生的影响。研究结果表明，居民家庭具备较多的投资经验后，会助于其对真实价格的估计，从而降低决策的非理性行为，最终会改善投资收益。吴卫星等（2014）指出，投资期限不能用投资者的年龄来代表，也不能用投资者的剩余生命来替代，因为投资期限不仅仅由年龄因素决定，还会受到投资者所面临背景风险的影响。如果要引导居民家庭更多的参与风险性金融市场，就要降低投资者背景风险因素，拉长投资者的投资期限。

除此之外，尹海员和李忠民（2011）的研究发现，投资者的信息来源渠道与其风险偏好程度有着一定的联系。当投资者的信息来源渠道更为丰富时，会有助于其风险系数的提高，即使得投资者的冒险意愿增加，这样显然会促进投资者对风险金融市场的参与。郭士祺和梁平汉（2014）指出，社会互动等传统的信息获取渠道正在逐渐被互联网所取代，网络信息更有助于居民参与风险金融市场的投资。

1.2 家庭外部视角考察的相关文献

居民家庭生活在社会经济的大环境中，在进行金融资产配置决策时，不仅要受到家庭内部因素的影响，同时也要受到家庭外部因素的影响。因此，对于居民家庭金融资产配置的影响因素，除了上述内部视角的考察外，学者们还从外部视角展开研究。

1.2.1 家庭金融资产配置与金融发展

谈到金融发展对家庭金融资产配置的影响，有必要提及金融发展理论的研究现状。金融发展理论的研究重点是金融发展和经济增长之间存在的关系，经过长时间的完善，该方面的研究已较为成熟，概括起来主要有 Patrick 的金融需求带动与金融供给引导理论、Goldsmith 的金融结构论、Mckinnon 和 Shaw 的金融深化论和金融抑制论。进入 20 世纪 90 年代以来，受之前理论的影响，更是演化出金融服务论、金融功能论、金融约束论和金融法系论等一系列金融发展理论（李月，2014）。基于上述理论，国内外学者对金融发展作用于经济增长的机制进行了深入的研究，取得了许多十分有价值的成果，但直接分析金融发展如何影响居民家庭金融资产配置组合的文章还较少，主要可分为以下两类。

1）宏观数据的分析

有的学者直接对宏观数据进行分析。谢平（1992）分析了 1978—1991 年住户部门金融资产结构的变动情况，由此说明了中国的经济体制改革、金融改革与个人金融资产总量的增加和结构的变化是同步的，表明中国的金融改革和金融深化进程对中国国民经济运行的影响。姜维俊（1999）的研究指出，我国居民部门金融资产结构配置不合理。通过1996年国家统计局的住户调查数据显示，我国居民部门储蓄占比为83.3%，有价证券占比为9.1%，手持现金与其他形式的资产占比为7.1%，因此现金、银行存款与直接形式的有价证券之比高达9∶1；但当时国外居民部门的资产配置比例中，银行存款、有价证券、转移为不动产的资产分别占比为1/3。作者指出，虽然我国有自身的特殊情况，但这种配比依然较为不合理，而造成这种现象的原因在于我国的金融发展制度滞后于经济的发展，造成直接融资渠道发展不完善，居民可投资的工具有限。因此，金融发展的落后直接抑制了家庭金融资产配置结构的合理化。王广谦（2002）认为，金融结构是金融发展状况的具体体现，自改革开放以来，随着经济体制的转轨以及金融资产总量的增加，我国的金融资产结构和之前相比已经发生了很大的变化，但仍不算理想，其中包括资本市场的发展缓慢，而资本市场所提供的各类证券主要持有人为居民住户部门。要想提高我国金融发展的层次和效率，就应当进行更完善的金融改革，包括提高资本市场等直接融资渠道的比重。

有的学者对宏观数据进行实证分析。袁志刚和冯俊（2005）探讨了我国居民储蓄占比较高的原因，认为其与居民投资受到的约束密切相关，其根本原因在于资本市场改革和金融改革的严重滞后，因此应当加快我国金融体制的改革。罗旋（2007）从居民金融资产总量与结构方面入手，分析了居民家庭金融资产配置与金融市场发展之间的互动机理，其认为居民投资于各金融资产的偏好受到各金融市场之间发展程度的影响，而居民部门对各金融市场的投资额大小又决定了其发展程度之间存在的差异。Antzoulatos和Tsoumas（2010）以美国、英国和西班牙为研究对象，利用协整和误差修正模型，研究了其金融发展水平对居民家庭金融资产投资的影响。研究结果表明，居民的家庭金融资产配置对于金融发展水平的长、短期影响并不太一致。在短期主要受金融资产收益率的影响，在长期则受金融发展水平的影响。吕学良等（2014）的研究结论与前者有所区别，他认为金融发展水平在中国这样的发展中国家，不论是短期还是长期，都会影响居民家庭金融资产配置决策，金融发展和资产收益率之间的长、短期分工并不存在。

2）大样本微观调研数据的分析

学者们通过调研获取基础数据，并设定金融发展指标，考察它对居民家庭金融资产配置的影响。Guiso和Jappelli（2002）采用调研所在城市的人均ATM机数量代表银行业发展水平，用贷款与GDP的比重衡量金融发展水平，解释了意大利家庭的投资决策与金融发展之间的关系。结果发现，银行业发展水平促进了居民家庭参与风险性金融资产的概率，但家庭对风险总资产的投资并未受到影响，除此之外，金融发展水平对家庭投资的行为并没有产生显著的影响。张亮（2013）对金融发展水平的衡量指标采用的是每万人拥有的银行数，通过利用中国家庭金融调查的微观数据，建立了Probit和Tobit模型来分析金融发展对我国家庭金融资产配置的影响。结论表明，家庭金融市场参与程度与金融发展水平正相关，进一步，金融发展水平的提高有助于降低家庭非正规金融市场的参与度。尹志超等（2014）在考察金融知识和投资经验对居民家庭金融资产配置的影响时，加入了每万人证券营业部的数量作为控制变量进入模型，得出金融环境的改善对于居民家庭参与风险金融市场具有一定的推动作用，同时还有助于居民家庭对风险资产的购买。吕学良和吴卫星（2015）通过区域金融的发展，得到了金融发展对家庭投资决策的影响结论。分析结果指出，区域金融发展对居民家庭金融资产配置有一定的影响，但证券业和保险业的发展相比银行业的发展，所产生的影响有所不同，前者可以促进家庭对股票和基金的投资，而后者对基金的投资有一定的抑制作用。

除上述两种情况外，高明和刘玉珍（2013）研究了各国家庭的金融资产配置，认为居于不同金融发展水平的国家的家庭具有不同的风险资产投资行为，如果身处发展中国家，则居民家庭的投资受到金融产品供给的影响。杜春越和韩立岩（2013）认为投资者对金融产品和服务的选择，在金融发展的不同阶段会有所差异，因此提高金融深化的程度，对居民家庭金融资产配置的多元化会有一定的促进作用。

1.2.2 家庭金融资产配置与经济增长

居民家庭的金融资产配置与经济增长的相互促进作用并不是直接的，而是通过金融市场间接的传导而相互影响的，因此对两者之间关系的研究文献还较为少见，现将主要文献梳理如下。

1）国外学者的研究

Levine（1991）的研究指出，由于银行及股票市场的存在，拥有流动性较差投资项目股票的投资者在受到流动性冲击时，可以将其股票在股票市场上卖掉从而获得流动性，这种交易之所以发生，是由于交易者在股票市场上进行交易时只关心价格，并不知道卖出者是否受到了流动性冲击。这样，银行和股票市场的存在可以降低或消除储蓄者面临的流动性风险，使更多的储蓄用于流动性较差但生产性高的项目投资，从而带来社会资本边际生产率的提高，进一步促进经济的增长。Saint-Paul（1992）认为，股票市场的存在，可以分散企业专业化生产技术提高带来的部门性需求冲击的风险，在这种情形下，由于存在着风险分散机制，企业可以放心地采用专业化生产技术来提高其生产率，社会资本边际生产率会得以提高，进而促进经济的增长。Pagano（1993）将股票市场的作用纳入了内生增长理论的模型，研究了股票市场对经济增长的作用机制。模型结果表明，当资本存量扩大时，经济增长就一定能够实现。该模型是用来说明资本市场的存在可以促进经济增长的现代经济理论中很有代表性的一个理论模型。Levine和 Zervos（1998）通过采用 47 个国家作为研究样本，借用了 1976—1993年的资料，发现股市流动性的提高及资本市场的发展，对经济的增长有长期的促进作用。Attanasio et al.（2000）使用面板数据检验了 GDP 增长率与储蓄率及投资率之间存在的因果关系。Levine（2002）以 48 个国家 1980—1995 年的数据为研究对象，通过大量的跨国数据分析，发现对于经济增长来说，银行和资本市场所起的作用都很重要，也均能对经济的增长产生独立的作用。尽管随着金融水平的发展，经济增长的现象体现得较为明显，但如果要分开来判断金融体系的哪个特定组成部分与经济增长的部分更为紧密还是比较困难的。

2）国内学者的研究

郑江淮等（2000）对我国股票市场的发展与经济之间的相互作用建立了一个分析框架。不仅从微观上检验了成长公司的外部融资依赖状况和上市公司绩效与股本结构的关系，而且从宏观上检验了股票市场发展对经济增长所起到的促进作用。其研究表明，虽然我国现如今股票市场的规模对经济增长的作用效果并不明显，但股票市场的发展与储蓄之间存在着正相关关系，这足以说明股票市场对经济增长的作用机制。朱岚（2007）借用宏观数据，建立了居民家庭金融资产选择的模型，并分析了其总量及结构变化与经济增长之间存在的关联性关系。徐梅和李晓荣（2012）运用空间状态模型，研究了宏观经济指标对居民家庭金融资产配置的影响。结果表明，在不同的经济周期，不同的金融资产在受到外部冲击时，对宏观经济指标的敏感度是不同的。股票作为风险性金融资产的敏感度是较高的，进一步的，家庭金融资产结构的变化在经济上行期间对宏观经济指标的敏感度是增强的。杜春越和韩立岩（2013）分析了美国、欧洲及亚太地区居民家庭金融资产的配置结构及外部环境，指出了我国家庭资产配置存在的问题。其文章认为，从国际经验来看，当国民经济处于较低发展水平时，居民家庭的资产拥有量较少，资产配置结构也会比较单一，并且多倾向于配置风险较低的家庭资产；当经济发展程度较高、家庭财富得到累积后，居民的金融资产配置会趋于合理化，表现在银行储蓄存款额的下降以及风险资产的增加。在文章的最后，作者给出了经济增长可以促进居民家庭资产配置规模增长以及配置结构优化的结论。徐梅和于慧君（2015）运用2003—2014年的季度序列数据，构建了GARCH模型来分析微观家庭决策以及外部宏观经济波动对居民家庭金融资产配置的影响。在文章中，作者将家庭的金融资产选择行为划分为购买储蓄存款或购买基金及股票。研究结果表明，储蓄存款的选择行为对经济增长更为敏感，而购买股票或基金的行为对利率变动更为敏感。

1.2.3 家庭金融资产配置与制度文化

由于居民家庭的社会经济活动并非完全孤立于其他人而做出的，必然会受到其所处制度、文化、环境等诸多非经济因素的影响。但制度文化是一个大概念，包括各种制度安排、社会网络、地域文化、价值观等因素。如Kaustia和Torstila（2011）认为投资决策者的价值观会影响到家庭持有股票资产的行为。Weber和Milliman（1997）指出，由于人们在不同的气氛和环境中生活，因此，风险认知会产生不同的差异，这会导致不同的居民家庭有不同的风险态度偏好。Guiso et al.（2000）研究表明，当家庭位于高水平社会资本和信任的地区时，往往会持有较少的现金，而拥有更多的股票等风险性金融资产。在我国，东中西部及城乡等区位因素会对居民家庭的自身特性产生一定的影响，其对居民家庭的金融资产配置行为影响同样较为显著（陈斌开和李涛，2011；刘长庚等，2013；李烜等，2015；王书华和杨有振，2015）。众多学者研究表明，位于东部地区及拥有城市户籍的家庭相对位于西部地区或者乡村地区的家庭，会配置更多的金融资产，结构上也会更趋于多元化。

囿于篇幅，也考虑到本书第 8 章在分析制度文化这个外部因素时，以案例形式考察社会网络和社会保障制度对居民家庭金融资产配置的影响，故此处主要梳理这两方面的文献。

社会网络指的是联结各种社会关系的一种持久的网络。在庞大的社会关系网络中，由于个体差异、生产资料所有权差异、社会地位差异和财富差异，网络成员有差别地占有各种稀缺资源，而网络成员们之间通过共享信息和资源，进行交易而形成相辅相成的、相互竞争的稳定关系。当家庭作为社会网络中的一分子时，成员们共享信息，使家庭获得更多的外部资源，减少交易成本，并且通过运用其网络进行资源再配置，有效地弥补市场缺陷，因此扩大社会网络可能会促进居民家庭参与金融市场。Campbell（2006）发现，大部分家庭的错误决策导致其金融市场参与率低，甚至退出金融市场。而社会网络则可以通过其"信息桥"的作用来提高家庭的信息获取能力，从而增加获利机会和降低投资决策失误率，同时网络成员们通过信息共享来缓解信息不对称，降低了交易成本。Weber 和 Hsee（1999）认为，当人们作为社会网络中的一分子存在时，由于其遭受了重大损失后会获得网络内其他集体成员的补偿，因此，生活在集体主义中的居民会倾向于投资风险金融资产。李涛（2006）、Brown et al.（2008）、Guiso et al.（2008）的经验证据均表明，社会互动和信任与居民家庭投资于股票的概率呈正相关关系。柴时军等（2015）的研究表明，集体主义氛围促进了居民家庭参与股票、基金等风险资本市场，对居民持有金融资产的总额度有显著的正向影响，且产生的影响程度对于富裕家庭更为明显。周铭山等（2011）从不同的角度研究了社会互动影响居民家庭股市参与的具体机制，发现对于发达地区的家庭来说，相对财富关注是其中一种重要的影响机制。王聪等（2015）研究了居民股票投资行为在社会网络框架下所受到的影响，并在文章中讨论了这一影响机制。研究发现，在其他影响因素得以控制的情况下，基于亲友网络的社会关系会提高居民家庭参与投资股票市场的概率，并且一旦进入股票市场，家庭持有该项金融资产的比重会得到显著的提高。

随着理论的逐渐完善以及更详细的微观数据出现，保险变量作为一项影响背景风险的因素被学者纳入研究，并进行了实证效果的检验。何立新等（2008）采用中国城镇住户调查数据进行的实证分析表明，我国现行的养老金制度对家庭储蓄资产具有明显的替代效应，但在不同年龄段替代效应程度不同。Gormley et al.（2010）系统地研究了保险市场对风险金融市场参与的影响，结果表明，不管是保险深度还是社会保障覆盖率，对股市的参与均有显著的正向影响。Atella et al.（2012）在对跨国对象的研究中将国家分成两类，即国立健康服务国家和非国立健康服务国家。通过引入未来健康风险的评估，研究结果显示非国立健康服务国家没有防范未来的健康风险，会导致面临的背景风险增加，从而降低投资于风险性资产的积极性。徐华和徐斌（2014）综述了国内外有关社会保险对家庭投资行为影响的研究成果，结果表明，存在的社会保险制度可以增加家庭对风险资产的投资持有。朱涛等（2012）、Goldman 和 Maestas（2013）、刘进军（2015）、吴庆跃和周钦（2015）、宗庆庆等（2015）的实证结果也支持了上述研究结论，即社会保障制度可以在一定程度上降低背景风险，进而提高居民家庭对风险金融资产的投资。

1.2.4　其他因素

除了上述外部因素对居民家庭金融资产配置所产生的影响外，学者们还对一些其他变量与家庭金融资产配置之间的关系进行了研究。如 Amick 和 McGibany（2000）研究了利率对居民所持有金融资产的影响。作者认为，针对不同种类金融资产持有的动机，其对利率变化的敏感度是不一样的。例如，因为交易需求而持有的金融资产对利率变化的敏感度就相对较低，这也是低收入家庭所持有的金融资产对利率变化的敏感度不强的原因；而因为投机需求所持有的金融资产对利率的变化敏感度较高，所以，收入较高的家庭由于投机需求的存在，所持有的金融资产对利率变化的敏感度就相对较强。秦丽（2007）也探讨了利率与居民家庭金融资产配置之间的关系。在其文章中，作者以利率自由化改革为时间分界点，讨论了这一时间前后居民家庭金融资产配置结构的变化情况，指出了虽然居民家庭金融资产配置结构相对于改革开放前有一定的变化，但收效并不明显，金融资产结构多元化的发展依旧比较缓慢，不利于我国市场化改革的推进以及经济结构的调整。文章最后给出了规避利率改革带来的风险，以及促进居民金融资产配置结构多元化的几点政策建议。

郭新华和王之尧（2010）借用1997—2009年的时间序列数据，从货币政策与家庭金融资产异动的关联性出发，指出了我国货币政策在传导过程中的有效性缺失问题是明显存在的，而货币政策与家庭金融资产构成的差异具有一定的关联效应。对于按储蓄率组合及债务比划分的不同类型的家庭，货币政策的有效性也是存在差异的，应当在选择货币政策时予以考量。杨波（2012）指出，货币政策的变化可以影响到家庭金融资产配置决策。其通过我国城市家庭的相关数据进行了实证分析，结果表明，以利率来衡量的货币政策与现金持有量、长期存款总量及所占总资产的比重呈负相关关系，而与债券以及股票的持有量及持有比重的相关性并不显著。

徐梅和宁薛平（2014）的研究通过构建GARCH-M模型，引入了GDP增长率、CPI及利率等宏观经济变量，借用在险价值VAR分析了家庭金融风险与宏观经济指标的协动性关系。结果表明，利率主要影响的是家庭金融的收益，而CPI及GDP主要影响的是家庭金融的风险，同时，家庭金融的风险具有集聚性的特点，且会影响到利率的变化。

1.3 简要评述

根据传统的金融资产选择理论，在完全市场、理性人及标准偏好的假设前提下，所有投资者为了分散风险，会将个人的财富投资于各种股票，而比例仅取决于投资者的风险态度。然而实际情况是，并不是所有的家庭都会投资于股票等风险资产，即使参与风险市场的投资，投资者也不会选择持有所有的股票（Mankiw和Zeldes，1991）。这被称之为股票市场的"有限参与"之谜,是对传统理论的一大挑战。学者从不同的视角出发对此现象进行了研究,这就涉及了居民家庭的金融资产配置问题。

本章将众多学者的成果进行了集中综述,可以发现国内外学者对居民家庭金融资产配置方面的研究,从研究内容、研究思路到研究方法,其侧重点都有所不同。由于资产配置理论较为成熟以及大样本微观数据库建立较早,因此,国外学者近年来都是选取发达国家作为研究对象,借助大量的数据,建立各种模型,采用实证分析的方法来分析居民家庭金融资产配置问题,结果比较客观也较为准确。而在国内,由于微观数据的不易获得性,早期关于居民家庭金融资产配置的文章大多数采取的是定性分析,直到最近几年随着微观数据库的逐步建立与完善,才涌现出大量的实证文献和定量成果,但基本上是围绕上述居民家庭对风险金融资产的有限参与问题展开的,其他方面涉及较少。

关于居民家庭金融资产配置的问题,虽然涵盖范围较广且行为决策纷繁复杂,但其核心问题主要集中为配置规模、配置结构及配置效率三方面。纵观相关的文献,研究成果不多且较为零散,对影响居民家庭金融资产配置的因素的深入研究更是少见,更谈不上系统性。因此,本书在吸收借鉴前人研究成果的基础上,从居民家庭内部和居民家庭外部两个视角,着眼于配置规模、配置结构及配置效率等三方面,借助大样本微观数据和宏观经济数据,对家庭金融资产的配置问题进行系统的理论分析并利用相关数据进行实证检验,得出符合中国国情的结论,为政府制定更为有效的调控政策提供参考。

2 居民家庭金融资产配置原理及影响因素分析

本章考察居民家庭金融资产配置的理论，分析居民家庭金融资产配置的原理，并分别从居民家庭内部和外部探讨影响居民家庭金融资产配置的有关因素，为后文的实证分析做铺垫。

2.1 居民家庭金融资产配置的原理分析

家庭金融的资产配置理论，主要研究家庭持有某种形式金融资产的原因及影响金融资产配置的各项因素，目的是探索家庭如何通过使用各种金融工具达到其财富最大化。经济人在任何时候都会面临两个决策，首先在消费和储蓄之间分配资源，其次是选择各项资产持有的比例。因此，从早期的消费—储蓄理论出发，关于家庭金融资产的配置理论，我们可以寻找到一条清晰的理论演化脉络。

2.1.1 早期的消费—储蓄理论

消费—储蓄理论，研究家庭如何在消费和储蓄之间进行资源的分配，解决家庭在资产配置环节面临的第一个问题。其从确定性下的决策行为出发延伸到存在不确定性时的决策行为，是在不断放松假设、不断接近现实的基础上发展完善起来的。

1）确定性下的消费储蓄选择行为

Keynes 在其著作《就业、利息和货币通论》一书中提出了消费函数理论，该理论并不考虑行为人对时间或预期收入的偏好，也不认为存在着流动性约束及不确定性。根据该理论的前提假设，其得出行为人的消费是由其当期收入决定的，且两者之间存在着线性函数关系。这一理论在后来也被称之为"绝对收入假说"。Duesenberry 的著作《收入、储蓄和消费者行为理论》提出了"相对收入假说"，该假说假定"示范效应"存在，即居民的消费不仅取决于其收入，同时还以周边同等收入水平的家庭消费为参照。不仅如此，Duesenberry 还认为消费存在着"棘轮效应"，即消费同时受到以前消费水平的影响，当收入变化时，行为人为了保持消费的稳定，宁愿改变储蓄的比例。

Duesenberry 的"相对收入假说"虽然有别于"绝对收入假说"，但其并没有跳出 Keynes 的分析框架。根据 Duesenberry 的消费储蓄理论，行为人进行储蓄选择的决策依然是在被动地适应收入及消费关系。进一步分析可以发现，Keynes 和 Duesenberry 的消费—储蓄理论是站在宏观层面进行的，缺乏一定的微观经济基础。事实上，行为人的消费储蓄决策一定是跨期最优的，当期的消费决策一旦改变，储蓄即发生变动，那么未来的消费及收入都会相应地发生变化。基于此，Friedman 和 Modighani 采用微观经济学的框架对理性行为人的最优化行为进行了分析，对上述两种收入假说进行了拓展，分别提出了"持久收入假说"以及"生命周期假说"，将长期收入的预期与消费储蓄行为联系起来，在此后一段时间成为储蓄问题研究的主要理论框架。

"持久收入假说"认为，要正确地分析居民家庭的消费决策，就要严格区分两种收入。一种是暂时性收入，指的是预期之外的，瞬间的、非连续的、带有偶然性质的现期收入；另一种为持久收入，指的是剔除掉短期的、不稳定的偶然性因素，行为人可以预期到的与暂时或现期收入相对应的长期性收入。由于两种收入的差异所在，消费者的消费支出并不是由他的现期收入决定的，而是由其持久收入决定。也就是说，理性的消费者为了达到效用的最大化，不是根据现期的暂时性收入，而是根据长期能保持的收入水平即持久收入水平来做出消费决策的。因此，当行为人的收入出现变化时，其会判断是持久收入还是暂时性收入发生了变动，如果是持久收入的变化导致收入增加，那么消费者则会增加消费，否则会把收入的增量储蓄起来，用来平滑后期的消费路径。

"生命周期假说"认为，每个家庭的消费决策，都是考虑了该家庭一生的全部预期收入而作出的，即每个家庭为了实现一生消费效用的最大化，在每个时间点上的消费和储蓄决策，都已经反映了该家庭希望在其生命周期各个阶段达到消费的理想分布。因此，各个家庭的消费与其所处的生命周期阶段紧密相关。在"生命周期假说"中，人的一生被划分为年轻时期、中年时期及老年时期三个阶段。一般来说，年轻时期，虽然收入水平较低，但人们的消费水平相较其收入来说普遍偏高，这是因为家庭预期到未来收入的增加，于是会消费其绝大部分的收入，甚至举债消费。进入中年阶段后，虽然人们的收入增加，但此时的消费也会降低，这是因为人们一方面需要偿还年轻时期的负债，另一方面会储蓄一部分的收入进行防老，所以收入会大于消费。退休之后，收入下降，消费又会超过其收入。因此，行为人在进行消费决策时，不仅要考虑到当前的收入水平，还要在整个生命周期内对消费进行平滑的跨期配置。因此，一国的消费储蓄决策会受到该国人口年龄结构的影响。

不过，"持久收入假说"以及"生命周期假说"都没有考虑到不确定性的存在。从这两种理论出发，为了达到行为人跨期效用的最大化，需要在生命周期内进行平滑消费的决策安排。这意味着行为人从初始时刻就准确的知道未来的收入水平，从而一开始就可以确定一生的最优消费路径。这种情况与现实不符，现实中是充满了不确定性因素的，人们首先需要对未来的收入水平进行预测，之后才能做出消费储蓄的决策安排。

2）不确定性下的消费储蓄选择行为

在"持久收入假说"以及"生命周期假说"的基础上，学者们开展了进一步的研究。基于跨期决策的分析，将不确定性问题引入进来，形成了"预防性储蓄假说"。该假说认为，居民行为人进行储蓄，并不是为了在整个生命周期内进行消费的平滑，而是为了预防未来不确定性事件的发生，比如收入出现波动等。通过储蓄带来的财富积累，可以缓冲未来不确定性的事件对居民行为人生活所带来的影响和冲击。由于不确定性普遍存在，因此该理论的提出具有重要的现实意义。

Leland 在他所著的《储蓄及不确定性》一文中建立了一个两期模型，首次在理论上分析了预防性储蓄的必要条件。他将行为人归为风险厌恶者时，为了防范未来的收入波动导致消费下降而增加的储蓄，定义为预防性储蓄。Leland 认为，风险厌恶者之所以在当期会减少消费增加储蓄，是因为对于该类消费者而言，因消费下降而损失的效用会大于同样的消费数量所能增加的效用。这意味着边际效用函数为凸函数，且在低消费水平时随消费短缺而增长的边际消费增长率大于消费水平较高时的这一数值。

Miller 将 Leland 的模型由两期拓展到了多期，且证明了边际效用函数为凸是预防性储蓄存在的必要条件。Zeldes 考虑了一个具有常相对风险厌恶效用函数的消费者，该类消费者在面对不确定性劳动带来的风险时，可以以无风险利率进行借贷行为。这样，与确定性的模型相比，求解行为者最优化的决策所得到的结论为，消费的预期增长较高而消费水平较低。同时，Zeldes 还利用美国的经验数据对该模型进行了实证分析，结论表明，居民收入不确定性增加，同时社会财富分布不均程度增加，将使得社会整体的消费率下降。Kimball 将"谨慎"看作预防性储蓄的动机，这一动机可保证居民行为人在面临不确定性时采取相应的提前准备及防范行为。其通过进一步研究预防性储蓄与风险厌恶及跨期替代之间的关系，提出了"相对谨慎及绝对谨慎理论"，认为当绝对风险厌恶递减时，相较风险厌恶，预防性储蓄动机会更为强烈。

居民行为者之所以有预防性储蓄的动机，是因为未来存在着不确定性，而这种不确定性会影响人们对未来稳定性的预期。因此，如果作深入分析，其实影响人们进行资产选择行为的关键因素，在于对未来不确定条件下的经济变量预期。由此，"理性预期学说"也称"合理预期假说"，于 1961 年由 Muth 提出后，在当代经济学中很快流行起来，并成为西方经济学界一个新的流派，即理性预期学派。

"合理预期理论"认为，消费者进行经济行为的核心在于其预期，因为在其做每一个经济决策时都会受到现行预期的影响，从而在现存状态既定的情况下实现跨期决策的最优化。根据定义，预期指的是对未来情况的估计，是居民对未来某种事物可能出现的结果及由此引发的一系列相关结果的主观判断和构想。当居民行为人在对跨期决策进行选择时，由于未来不可知，自然就会面对不确定性，在这种情况下，绝大多数行为人可归类为风险厌恶型，即对未来不可知风险寻求保护措施的本能反应。预期此时就会成为影响行为人决策的重要变量。当行为主体预期未来风险较大、收入存在波动或有可能产生较大的支出时，他们会减少当期的消费，将财富储蓄起来，以应对未来不确定性事件的发生。所以，在未来不确定性越大的情况下，预防性储蓄的增加额也会越多。预期分为适应性预期与理性预期，当预期为适应性预期时，这种现象尤为明显。当期收入的下降会导致居民预期未来的收入下降，而当期支出的增加同样会导致居民预期未来支出的增加，这样，预防性动机越来越大，预防性储蓄的增加额度也会越来越多。

从以上论述可知，早期的消费—储蓄理论其实是关于行为人消费支出的规划理论，并不是真正意义上的家庭资产选择及金融资产配置理论。但两者有紧密的内在联系，比如预期未来收入会下降的家庭，为了维持一定的消费水平，预防性储蓄的动机就会加强，在家庭资产配置时也会选择流动性较好的低风险资产，比如现金及债券等，自然会减少对股票等风险资产的持有。因此，当存在跨期决策时，家庭需要同时考虑消费决策与投资决策，从而使两者紧密地联系起来。

需要指出的是，在早期的消费—储蓄理论中，主要研究在整个生命周期内进行消费的平滑以实现一生最优的消费路径，此时的家庭投资组合中尚不包括股票资产。随着金融市场的发展，股票由于高溢价特点，逐渐成为人们进行家庭资产配置时的投资工具，相应地，家庭资产选择的研究也逐渐由早期的消费—储蓄选择转向支出规划与资产组合构成的决策，学者们开始从微观层面上解释家庭的金融资产配置行为。

2.1.2 现代资产组合选择理论

真正意义上的家庭金融资产组合理论是从 20 世纪 50 年代开始形成的，主要研究在不确定性普遍存在的情况下，作为行为主体的居民消费者如何配置可供投资的家庭财富在各类金融资产上，以寻求其所能接受的收益回报与风险之间相匹配的最佳投资组合的系统方法。这阶段的主要理论是在 Markowitz 的资产组合理论及 Sharpe 提出的资本资产定价模型的理论框架下展开的。现将现代资产组合的代表性理论梳理如下。

1）均值方差理论

Markowitz（1952）的研究被视作现代资产组合理论的形成。他用风险资产的期望收益及风险水平,即均值与方差分析框架,来尝试解决经济行为人在单期金融资产配置组合的选择问题。进一步,Markowitz(1959)发表论文,提出了有效投资组合的概念,并指明应当以效用最大化原则取代收益最大化原则进行资产配置。而效用最大化原则包含两个方面,一是在风险水平既定的情况下应当选择期望收益最大的投资组合,二是在期望收益既定的情况下应当选择风险较低的投资组合。

在现实中,并不是所有的资产风险都存在相关性,因此,就可以利用这种不完全相关性,在不同资产之间选择构建投资组合,来最大限度地分散风险。根据 Markowitz 的"有效组合理论",在每一风险水平下,都有一个相应的有效组合,而所有有效组合构成的集合为有效边界。投资者所选取的投资组合应当位于有效边界上面,因为所有高于有效边界的投资组合虽然期望收益更高,但无法实现,而所有低于有效边界的投资组合相对边界上的投资组合显然是次优解。至于具体在有效边界的哪个位置,是由投资行为人的风险态度决定的。

Markowitz 的研究对于现代资产组合理论具有里程碑式的意义。他创立的"均值方差理论"用方差来衡量投资组合的风险水平,用协方差来衡量各资产之间的相关性,在资产选择理论中第一次引入了相关系数,并提出通过不同资产的配置组合,利用不完全相关性的特点达到降低投资组合风险的观点。

2) 资本资产定价模型

Tobin(1958)在 Markowitz 研究成果的基础上提出了"两基金分离定理"。他将无风险资产引入资产选择模型,认为投资行为人在证券投资组合选择时有两部分决策。一部分是风险资产组合的最优选择,即投资者会持有包含所有相同风险资产构成的投资组合。另一部分是投资行为人对无风险资产及风险资产投资比例的最优选择,此时投资行为人的效用会实现最大化,而投资组合的有效边界则为资本市场线。

基于 Tobin 两基金分离定理中关于均衡的定义,Sharpe(1964)推出了资本资产定价模型,这也是第一个关于资产定价的一般均衡模型。在其研究中,Sharpe 将 Markowitz 资产组合理论中风险进一步分为系统风险与非系统风险。前者也称为市场风险,指的是整体市场受到影响无法规避的风险；后者为对某个别行业或证券产生影响的风险，可以通过充分的投资组合进行分散。根据 Sharpe 提出的资本资产定价公式，如果市场资产组合是有效的，那么风险资产的收益率为无风险资产与风险溢价的补偿额加总。这一模型暗含投资行为人投资于任何证券构成的资产组合，只有非系统风险可以分散，而不能消除系统风险。因此，该理论意味着，在资产选择过程中，所有投资行为人都持有风险资产的投资组合，再按照自己的风险偏好，选择无风险资产与市场投资组合进行配置。

3）多期资产组合选择理论

上述均值方差理论、两基金分离定理以及资本资产定价模型均描述的是单期资产组合选择理论，是静态的，这与个体行为人经验证据不相符。因为对于个体行为人的长期投资来说，其并不只关心某一个时期的投资收益，而是追求整个生命周期内效用的最大化。因此，在 20 世纪 60 年代后期，学者们关注的重点为生命周期金融资产配置问题，即行为人在整个生命周期内的配置决策，其中以 Samuelson 和 Merton 的研究最有代表性。

Samuelson（1969）和 Merton（1969）将资产配置问题由单期拓展到多期，并提出了一个由投资于无风险债券与股票等两种资产的决策模型。研究结果指出，居民行为人应当按照一定的比例投资于所有种类的风险资产；所有居民行为人投资于风险资产组合的行为应当是相同的，即所持有的风险资产组合占据家庭财富的最优比例是一定的，其独立于年龄和财富；行为人进行资产配置的不同之处仅仅是由于其风险态度的不同，而导致其投资于无风险资产及相同的风险资产组合的配置比例不同。在 Merton 所使用的模型中采用了常相对风险厌恶函数，这意味着居民行为人的风险厌恶度是常数，独立于财富、年龄等变量。而事实上，在居民家庭财富在不断增长的情况下，风险偏好会上升，相对风险厌恶会下降，因此投资于风险资产的比例也会增加。除此之外，劳动收入等家庭统计特征也会对资产配置产生影响，而模型中没有将这些重要的变量考虑在内，忽视了其对家庭金融资产配置可能造成的影响。

随着金融资产选择理论的完善与发展，解释上述 Merton 传统模型与现实家庭金融资产配置情况之间存在的差异，成为学界研究的重点。尤其是进入 20 世纪 90 年代以来，学者们在 Samuelson 和 Merton 理论框架的基础上对家庭资产选择模型展开了进一步的拓展，并逐渐地开始从微观家庭的异质性特征，比如劳动收入等背景风险、人口统计特征、流动性约束等市场不完全及社会网络等其他因素的角度来解释家庭的金融资产配置理论，关于这些成果，已经在上一章中的文献综述部分进行了详细介绍，此处不再赘述。

这里进一步分析居民金融资产配置与金融资产收益及风险的关系。居民在有选择性地配置各项金融资产时考虑的因素可能有很多，而仅从金融资产本身来说，首先需要比较的即是该项金融资产的收益率及风险性大小，在其他条件都相同的情况下，收益率越高、风险越小的金融资产显然更受居民家庭喜好。当居民选定投资于某项金融资产时，随着分配给该资产的家庭财富逐渐增多，该项金融资产的市场规模也会逐步增大，这对该市场的发展是有利的。根据经典的投资组合理论，由于每一项金融资产具有不同的收益率及风险，居民在分配其家庭财产进行投资时，选定的是由多项金融资产构成的投资组合。在这个投资组合中，每一项金融资产所占的份额并不相同，且会随着不同金融资产风险及收益的变化而不断地调整。

我们假设当居民家庭在选择金融资产时，考虑的首要因素是该项金融资产的风险性水平及未来预期的收益率，并假设其两者均与该项金融资产在家庭金融资产投资组合中所占的比重呈线性关系，那么这一关系可用方程表示：

$$x_t = X_t / W_t = a + BE_t r_{t+1} - C\sigma_t \qquad (2.1)$$

其中，x_t 为 $N \times 1$ 向量，里面的元素为在 t 时刻居民所持有的一项金融资产占家庭投资总份额的比重；X_t 为 $N \times 1$ 向量，其中的元素为 t 时刻家庭持有一种金融资产的总额；W_t 为 t 时刻家庭所配置的金融资产总量；$E_t r_{t+1}$ 为 $N \times 1$ 向量，其中的元素为居民家庭在 t 时刻所预期的某一项金融资产在 $t+1$ 时刻所能带来的收益率；σ_t 为 $N \times 1$ 向量，其中的元素为 t 时刻某一项金融资产的波动率，即风险水平；a 为 $N \times 1$ 向量；B,C 均为 $N \times N$ 系数矩阵。

由于人们都偏好收益率高的金融资产，因此，可预期系数矩阵 B 非对角线上的元素系数为负。因此，如果我们用 OLS 方法对式（2.1）进行估计，会出现两个问题。一是 $t+1$ 期金融资产的收益率 $E_t r_{t+1}$ 不好确定，二是系数矩阵 B 中的各元素系数可能会与现实不符或者不显著。在此，我们参照

Frankel（1985）的解决办法，将式（2.1）进行变形，得到如下方程：

$$E_t r_{t+1} = -B^{-1}a + B^{-1}C\sigma_t + B^{-1}x_t \tag{2.2}$$

另外，我们假设居民对未来金融资产的收益率预期都是理性的，预测误差为白噪声，则

$$r_{t+1} = E_t r_{t+1} + e_{t+1}, \quad E_t(e_{t+1}|I_t) = 0 \tag{2.3}$$

将式（2.3）代入式（2.2），可得

$$r_{t+1} = -B^{-1}a + B^{-1}C\sigma_t + B^{-1}x_t + e_{t+1} \tag{2.4}$$

这时，由于各变量观测值都是可获得的，我们可直接对式（2.4）采用OLS估计，其是一个有 N 个方程构成的方程组，各金融资产的份额由该资产的收益率和风险性水平决定，当得到 OLS 估计结果后，通过简单的转换就可以得到最终我们想要的回归方程。如果我们所研究的金融资产涵盖全部范围时，N 项金融资产的份额之和为 1，如果我们剔除掉某些数据较难获得的金融资产时，N 项金融资产的份额之和应当小于 1。

2.2 居民家庭金融资产配置的影响因素

在前面关于居民家庭金融资产配置的文献综述及原理分析的基础上，本部分从居民家庭内部和外部探讨影响居民家庭金融资产配置的有关因素并加以提炼，为后文的实证分析做铺垫。

2.2.1 内部变量

居民家庭金融资产配置行为是居民行为人根据自身家庭的具体情况做出的决策安排，而不同的家庭对金融资产的需求存在着差异。因此，户主年龄、性别、家庭财富等家庭内部的异质性特征是家庭金融资产配置问题的重要影响因素。

1）户主个人特征

户主是一个家庭作出重要决策的决策者，户主的个人特征与家庭金融资产配置行为有着紧密的联系。

第一，户主的年龄或家庭所处的生命周期阶段。根据现代资产配置理论，如果是单期的投资组合问题，那么我们仅需考虑到当期期末的效用最大化问题并为之努力即可。但现实中我们要面对的情况是不仅要考虑当期的资产配置，还要考虑后期的消费以及支出。因此，根据"生命周期假说"，户主需要在整个生命周期内考虑家庭金融资产的配置问题，在不同的年龄段内，家庭对金融资产的需求是不一样的，所以，不同年龄户主的家庭在金融资产组成上面也是不同的。

第二，户主的性别。我国传统的观念是男性为一家之主，但随着社会观念的进步与发展，这一现状已被打破，有越来越多的女性担当着户主的角色。男女性别的差异是天生的，不同性别的人对不确定性的态度及承受能力有所不同。因此，由于每种金融资产的收益及风险状况不同，性别的差异会对家庭的金融资产选择问题造成不一样的直观认识。

第三，户主的受教育程度。金融资产的投资组合应当是具备一定知识门槛的决策行为，这是由金融资产收益的不确定性导致的。受过良好教育的行为人自然有较强的对新知识吸收消化的能力，即使没有系统的学习过金融经济知识，其较高的知识素养也会有助于其理解金融市场的发展规律，对金融资产的选择和新兴金融资产的配置有着更快的了解和接受能力，从而能够在分散风险的前提下有着更为多元化的金融资产配置结构。虽然没有接受过教育的居民也可以购买金融资产进行投资，但可以预期，不论是在金融资产的配置结构还是在配置效率上，相较有良好教育水平的家庭来说，都会更缺乏多样化及有效性。

第四，户主的婚姻状况。户主的婚姻状况也可对居民家庭的金融资产配置行为产生影响，结婚前由于没有家庭责任的担负，可能积累财富的动机不强，导致金融资产配置的规模偏低。而结婚后，由于户主的家庭责任使然，会使得户主的风险态度及投资行为更偏保守，从而影响到他们对家庭财富在各类金融资产上的配置情况。

第五，户主的风险态度。关于风险态度，人们一般可归为三种类型：风险偏好型、风险中立型以及风险厌恶型。由于不同的金融资产具有不同的风险水平，当然也对应着不同水平的收益可能。因此，持有不同风险态度的户主对所在家庭配置金融资产的种类需求也是不同的。持有风险偏好态度的户主所在家庭更倾向于参与到风险性金融资产中，比如对股票、基金等产品的投资；而持有风险厌恶态度的户主所在家庭则将更多的家庭财富配置到房产或者储蓄存款等无风险资产上来。

第六，户主的职业。户主所从事的职业类别在很大程度上决定了户主的薪资收入，从而影响到家庭财富的积累。如果户主从事的职业具有较强的稳定性，且就业层次较高，则会带来较高的家庭收入，从而使得家庭在配置家庭资产组合时会有较大的可能选择高风险、高收益的金融资产。

第七，户主的消费观念及时间偏好。居民由于社会环境、心理状态等多重因素的影响，在消费习惯及投资的时间偏好上有所区别。有的居民行为人相较远期消费更偏好于现期消费，同样，有的居民行为人在做跨期消费的预算决策时预算的周期较长，有些人则较短。这些因素反映在居民家庭金融资产配置上都体现为时间偏好的特点。偏好于现期消费的居民行为人及跨期预算周期较短的家庭都更注重资产的变现性，因此会偏好于回收期较短的金融资产种类，反之则注重金融资产的投资回报水平。

2）家庭特征

第一，家庭财富。家庭财富是影响居民家庭金融资产配置最为重要的因素之一。可以设想，对于同一种金融资产来说，由于承担风险的能力不同，拥有一万元财富的家庭和一百万财富的家庭自然持有不同的消费态度。低收入的家庭在消费衣食住行等基本开支外，很难扩大在其他方面的支出，加之金融市场所提供的产品具有高风险、高波动的特性，低收入家庭对金融产品的投资就会微乎其微。而当经济增长时，会带来居民家庭收入的增加，家庭的富裕程度越高，对金融资产的需求就会越大，自然也会配置更多种类及更大规模的金融资产。同时，较为富裕的家庭，由于其不受流动性约束的限制，可以在更大的范围内自由选择金融资产来更好地分散风险，因此，居民家庭金融资产的配置行为也就更复杂。

第二，家庭的人口规模。家庭人口规模不同，对金融资产种类及规模的需求也存在差异。随着家庭人口增加，负担的消费等生活支出也在增大，加之家庭或许还会为后代配置房产，由此增加住房等固定资产的投资，挤占金融资产的配置，使得家庭拥有的金融资产数量减少，种类也趋于简单化。

第三，是否从事生产经营活动。现如今并不是所有的家庭收入都来自于工资薪金，很大一部分家庭都没有固定的职业，而是专门从事生产经营等商业活动。因此，一个家庭从事生产经营活动与否在很大程度上影响居民的金融资产配置需求。一方面，当家庭从事生产经营活动时，由于这类项目很少涉及金融资产，所以该类家庭投资的金融资产种类和数量较少，大部分家庭财富集中在实物资产上；另一方面，由于从事生产经营活动的家庭会更注重家庭财富的保值增值，因此，理财观念可能会更强，这又会在一定程度上加大对金融资产的配置。

第四，是否拥有自有住房。住房相对于其他的资产来说，价值较高，在整个家庭资产中处于举足轻重的位置。尤其是在我国，由于传统观念及文化的影响，居民家庭对住房的渴求程度相对于国外家庭来说偏大。因此，当有一定的财力时，居民家庭都会选择购置一套甚至是多套住房来自住或者投资。这会对居民配置其他的财产产生较为强烈的挤出效应，对金融资产的配置也不例外，不仅会减少金融资产配置规模，也会使得家庭对金融资产的种类需求趋于简单化。因此可以预期，对于总财富相同的家庭来说，拥有自有住房会在一定程度上减少对金融资产的投资需求。

3）其他因素

第一，家庭所在的区位。按地理位置划分，居民家庭在全国可分为东、中、西部三种区位；同一个地区的居民家庭又可以划分为城市家庭和乡村家庭。显然，由于我们国家不同地区的经济发展水平不同，且城乡之间独有的二元经济体制，东部地区的家庭和城市地区的家庭相较于中西部及农村地区的家庭会更为富裕。同时，家庭所处的地区发展水平越高，所受的教育程度也会越高，因此不管是在金融资产的配置规模、配置结构还是配置效率上，都会领先于偏远地区的家庭。

第二，居民对未来经济形势的预期判断。预期会对现行决策体系产生影响，这是因为居民的金融资产配置行为是考量了整个生命周期内效用最大化的结果，并非单期的决策行为。例如，经济增长可以提高居民家庭对未来收入的预期。在其他条件不变的情况下，收入预期的增加会使居民投资金融资产的偏好发生变化，在收入较少时，家庭财富主要以存款为主，主要目的是满足日常生活中交易的需要或者仅达到保值的目的即可。当预期收入增加时，居民开始关注金融资产的收益增值功能，因此，股票、债券等多种金融资产的持有比重开始上升，家庭金融的资产配置也趋于多样化。这样，经济的增长可以通过居民家庭预期的变化影响到家庭金融资产的配置。

第三，家庭金融服务的可获得性。家庭金融服务的可获得性也是影响居民金融资产配置的一个因素。比如，居住在城市地区的家庭由于金融机构的服务网点较多，它获得有关金融资产特点及风险回报的相关信息自然更为丰富。同时，它获得配置金融资产所需要的服务和咨询也会更为便利。这些都有助于居民家庭配置多种类的金融资产来分散风险，从而实现低风险高回报的收益。相反，如果家庭金融服务的可获得性较低，首先它没有渠道可以购买到金融资产，即使有渠道，可供投资的金融资产种类也较为单一，这样就会使得该类家庭不管是在金融资产的配置规模、配置结构还是配置效率上都很难优于前述家庭。

2.2.2 外部变量

1）金融市场

简单地说，金融市场指的是资金借贷与融通的场所。一般意义上的金融市场包含两个方面：一是提供短期资金借贷融通的场所，即货币市场；二是可以提供中长期资金融通借贷的场所，即资本市场。居民能够理性地进行金融资产的配置，离不开一个发育良好、发展完善的金融市场。金融市场的发展程度越高，给包括居民家庭在内的投资者提供的金融产品等投资工具的数量及品种也会越多，家庭配置金融资产的有效性也会提升，从而越能实现居民家庭财富保值增值的投资目的，使得居民家庭从金融市场的发展中受益。

第一，从居民家庭金融资产配置规模看。根据托宾 Q 理论，当股票的价格上升时，公司发行较少的股票就可以买到较多的投资品，而投资支出的增加会带来企业产出的上升，从而推动了经济的增长。我们将这一理论延伸到家庭金融层面，比如当货币政策工具的运用使得利率降低时，对股市而言为利好，家庭将财富由储蓄存款转移至股市，从而带来股票价格的上升，之后的传导路径和托宾 Q 理论一致，即企业进行更多的投资，最后带来经济的增长。

第二，从居民家庭金融资产配置结构看。金融市场整体的发展及各金融市场的发展深度均可以对居民家庭金融资产的配置结构产生影响。金融市场整体发展程度越高，创新出的可供居民选择的金融资产种类及数量也就会越多，这样可以满足居民对不同金融资产收益率和风险性的相关要求，有助于家庭金融资产配置的多样化。而市场深度代表金融市场对国民经济渗透的程度，也可以说国民经济对该市场的依赖程度。市场深度越深，国民经济的运转越离不开该金融市场，那么该市场的稳定性也自然会越强，这样会增强居民家庭对该市场的投资信心，从而加大对该市场所提供金融产品的投资额，使得家庭的金融资产配置结构发生改变。

第三，从居民家庭金融资产配置效率看。居民家庭金融资产配置效率指的是，居民家庭通过配置不同种类金融产品的投资额，从而实现获得收益的最大化。金融资产配置效率与居民家庭在一定风险水平下通过对各金融资产的投资所能实现的回报率等价。当某一项金融资产所在的金融市场规模越大，市场深度越深，国民经济的运转对其的依赖性也会越强，越会增强人们对该金融市场的投资信心，投资回报率也越高，相应地，居民家庭就会加大对该项金融资产的投资，这说明配置该项金融资产相较其他金融资产来说是更为有效的。

需要指出的是，金融市场的发展对居民家庭金融资产配置行为的影响不是单向的，居民家庭通过各项金融资产的配置也会对一国金融市场的发展产生影响。由于不同的金融市场所提供的金融产品具有不同的收益率及风险，加之不同的居民家庭投资能力及投资偏好存在差异，这样一来，居民将家庭财富有选择性地进行分配，投资在每种金融产品上的资金量有所区别，当居民对某金融市场提供的金融产品投入更多的资金时，该金融市场自然会发展壮大，而居民对其稳定运行的要求也会使得该市场逐步完善。所以，居民家庭金融资产配置与金融市场之间存在着相互影响的关系：整个金融市场由于居民金融资产总量的增加而向纵深发展，居民对不同金融资产的选择会导致配置效率的差异，也会使得不同金融市场的发展程度并不一致；反之，金融整体的发展及不同金融市场发展程度存在的差异会对居民配置金融资产的有效性产生影响，导致居民金融资产配置的结构及总量发生变动。

在我国，长期以来计划经济体制下的金融市场发展是不完善的，直到20世纪90年代市场经济体制的建立以及上海证券交易所、深圳证券交易所的设立，金融市场才有了一定的发展，自此，股票等金融产品开始逐渐纳入到我国居民家庭的投资组合中。但和发达国家相比，我国的资本市场发展并不成熟。其中缺陷主要有两种：可供投资的金融资产种类较为局限，相较国外较为成熟的金融市场所能提供的存款、股票、可转债、各种衍生品等多种多样的金融产品，我国居民的选择较少，这就导致居民的强制储蓄行为；另外就是资本市场的监管体系尚不完善，不管是信息流通机制还是有关部门的监管行为，都存在一定的问题，导致内幕交易泛滥以及投资者的过度投机行为。这就会对居民投资多种金融资产形成一定的障碍，而且会使得家庭对金融产品的投资风险加大，从而家庭金融资产配置结构难以多元化，且配置效率也较低。因此，金融市场的发育和完善程度对居民资产配置至关重要。

2）宏观经济

居民家庭作为国民经济运行中基本的组成单位，在家庭金融资产配置时自然会受到宏观经济因素的影响，经济增长及波动会显著影响居民家庭的金融资产配置。

第一，从居民家庭金融资产配置规模看。经济的增长会使居民家庭财富快速增加，在满足了衣食住行等基本生存需求外，居民家庭自然会考虑财富的保值增值，这样金融资产的投资功能就有了用武之地。因此，当经济发展水平更高时，居民的收入水平会随之上升，对金融资产的投资规模就会加大，这种影响机制显而易见。

第二，从居民家庭金融资产配置结构看。经济的增长会对居民家庭金融资产配置结构的优化提供良好的外部环境。由于经济的增长，家庭财富得到累计，不仅可以扩大居民配置在金融资产金额上的总规模，还会带来其风险偏好及风险承受能力的变化，这就意味着居民金融资产的多样化投资需求得到了提升，优化了其家庭金融资产配置结构。

第三，从居民家庭金融资产配置效率看。当经济增长时，居民家庭的金融资产配置结构会趋于多样化，金融资源的配置也会更加合理，在经济长期向好的情况下，自然会带来配置效率的提高。

同样需要指出的是，经济增长对居民家庭金融资产配置行为的影响也不是单向的，居民家庭金融资产配置规模的增加、配置结构的优化与配置效率的提高，会对经济增长起到推动作用。但居民家庭金融资产的配置并不是直接作用于经济发展的，不管是居民家庭金融资产配置的规模、配置的结构还是配置的效率，首先影响的必然是金融市场，通过金融市场中货币市场和资本市场的投资转化功能，居民的家庭财富可以由储蓄转为投资，通过投资带动经济的增长。

改革开放以前，我国采取的是粗放型、内向型的经济增长方式，重工业优先发展并以数量规模扩张为目的。虽然经济增速取得了不错的成绩，但由于计划经济体制所限，居民并没有富裕起来，衣食住行等基本生活用品尚需凭票购买，对金融资产的需求也就无从谈起。改革开放以后，随着经济生活水平的提高，以及我国逐渐步入市场经济体制，居民的家庭财富在满足基本的生活需要之后仍可得到较大限度的积累，自然就会关注起家庭资产的配置问题，以达到家庭财富保值增值的目的，这些都得益于经济状况的好转及经济水平的增长。同时，根据经济周期理论，经济的增长不可能是一帆风顺的，是存在周期性波动的。这样，由于各种金融资产的风险水平不同，人们为了规避经济波动所带来的风险，自然会选择不同的金融资产来进行投资组合。因此，经济波动所代表的宏观经济环境风险也能明显地影响到居民家庭的金融资产配置问题。

除去经济增长及波动，货币政策、财政政策和通货膨胀等经济因素均会对居民资产配置产生一定的影响。比如利率调整所能带来的替代效应和收入效应会改变家庭的金融资产投资组合。而通货膨胀会降低金融资产尤其是储蓄存款等无风险金融资产的收益率而成为影响家庭金融资产配置问题的因素。

3）制度文化

制度一般指要求大家共同遵守的行动准则或办事规程，是为人们的相互关系而人为设定的一些制约，因此可视为一个社会的游戏规则。在经济转型时期，制度的变迁将影响到居民家庭金融资产的配置行为。但制度是一个宽泛的概念，有各种各样的制度安排，本书无法一一具体描述每项制度安排对居民家庭金融资产配置行为的影响，这里试举两项具体的制度影响因素：① 收入分配制度。由消费经济理论可知，收入差距的扩大会降低居民的消费意愿而增大其储蓄意愿，从而对居民家庭参与风险金融市场的投资起到一定的抑制作用，因此不利于居民家庭金融资产配置结构的多样化。但另一方面可以刺激居民家庭对人力资本的投资，从而促进国民整体素质的提高，这为新一轮的经济增长增加动力，带来居民家庭财富的增加以及金融资产配置规模的扩大；② 社会保障制度。社会保障制度包含社会保险、社会福利及社会互助等多项内容，类似于无风险资产。一个社会的保障制度越是健全，居民消费的意愿就会越强烈，同时也更容易投资于股票、基金等风险金融资产。因此，有无参与社会保险等行为可以使得居民家庭持有的金融资产配置结构存在较大的差异。总之，制度因素可以在一定程度上影响到居民家庭的金融资产配置行为。

文化的内涵非常广泛，不同学者对文化概念的理解也不同。但大部分认同文化涉及思维方式、风俗习惯、价值观念、生活方式等凝结在物质之中又游离于物质之外的精神领域的活动。例如，我国一直以来崇尚勤俭节约的社会传统文化，这会导致居民家庭减少消费行为而增加储蓄，有利于财富的积累和金融资产规模的扩大。又如，居民家庭对于房产的偏好是我国社会家庭普遍存在着的一种观念，这反过来会挤占家庭对金融资产的投资。再如，中国正经历从传统社会向现代社会的变迁，家庭的社会关系也会发生变化，这会影响到家庭的金融资产配置行为。与社会文化一样，家庭文化对居民家庭的影响也是存在的，它有助于居民家庭异质性特征的形成。比如家庭对待风险和不确定性的态度，偏好风险的家庭必然是在风险资产的投资上高于规避风险的家庭，风险厌恶的居民家庭则更倾向于固定收益类产品的投资。总之，文化存在于所有的社会活动中，它对居民家庭的影响是潜移默化的。

2.2.3 本书影响因素的提炼

根据本节的内容可知，居民家庭金融资产配置问题是一个纷繁复杂的决策体系，受到很多因素的影响，既包括年龄、婚姻状况、家庭财富等微观家庭层面因素，也包含金融市场发展、宏观环境等经济因素，还包含收入差距、社会保障等制度因素以及文化等观念因素。由于篇幅所限，我们无法将所有的影响因素全部列出。本书在对有关居民家庭金融资产配置问题进行研究时，基于上述理论分析以及影响因素的探讨，结合我们所能得到的数据以及相关变量的可测度性，现将所用到的相关影响因素提炼如下：

1）内部影响因素

① 户主的个人特征变量。包括户主的年龄、户主的受教育水平、户主性别、户主婚姻状况、户主的风险态度，同时为了考察居民家庭金融资产配置可能存在的生命周期效应，我们将户主年龄的平方纳入在内。② 家庭特征变量。包括家庭规模、是否从事经营活动、家庭财富；③ 其他变量。包括家庭所在省份归属的区域、家庭对未来经济形势的判断、户籍所代表的城乡差异。具体指标的设定及取值将在后文给出。

2）外部影响因素

本书在讨论外部影响因素对居民家庭金融资产配置的作用时，重点选取了金融市场、宏观经济和制度文化三个角度来做分析。与内部因素相比，金融市场、宏观经济与居民家庭金融资产配置之间相互影响，例如居民家庭的金融资产配置行为会对金融市场发展产生影响，而金融市场的发展与完善也会对居民家庭的金融资产配置行为产生作用。因此，后文主要探讨金融市场、宏观经济与居民家庭金融资产配置的关联性，相关变量及影响机制在第 6 章、第 7 章会做进一步说明。至于制度文化对居民家庭金融资产配置的影响，由于制度文化是宽泛的概念，后文主要以案例研究的方式，对这一问题进行分析，具体变量的选取详见第 8 章。

3 内部视角：居民家庭金融资产配置的规模考察

本章利用西南财经大学中国家庭金融调查与研究中心 2011 年的微观调研数据，考察居民家庭金融资产配置规模与第 2 章所提炼出的影响因素之间存在的关系。首先进行基本统计分析，概括各变量数据特征，利用对比分析初步检验各个变量对居民家庭金融资产总量是否具有显著影响；其次通过数据分析挖掘各变量之间的大致关系，探讨可选用的模型，为模型的选择提供依据；最后就所建立的计量经济模型进行估计，并对回归方程的经济意义做出解释。

3.1 样本家庭基本状况的统计描述

本书基于内部视角分析所用的数据均来自于西南财经大学中国家庭金融调查项目（CHFS），此数据为 2011 年调研数据。该项目涵盖了全国范围内 25 个省（市、自治区）、80 个县、320 个社区共 8438 份家庭样本，详细调查了每户家庭的人口统计特征、资产与负债、保险与保障、收入与支出等方面的数据信息，全面反映了家庭金融各方面的信息（甘犁等，2013）。删除极端异常值及缺失值之后，剩余样本为 8070 份。

在家庭决策过程中，户主占据重要的地位，是家庭如何使用财产的决定者，因此，可预期户主自身的特征属性对居民家庭金融资产规模以及配置的结构与效率均会产生影响，我们在此对微观数据进行整理，将户主的主要个人统计特征概括如下[①]。首先，将样本数据按户主年龄粗略进行分

---

① 在界定家庭成员是否为该家庭户主时，我们借助于调查问卷中两个问题来做出判断。第一，在对受访者进行询问时，"您是户主的什么人"，选项为"1.本人；2.配偶或伴侣；3.父母；4.岳父母/公婆；5.祖父母/外祖父母；6.子女；7.儿媳/女婿；8.孙子/孙女；9.孙媳/孙女婿；10.兄弟姐妹；11.其他（请注明）"。第二，统计家庭成员信息时，对受访者以"是受访者的什么人"为问题进行所有家庭成员的询问，选项同上。根据相呼应的两道问题，我们可以判断出该家庭的户主成员。

组①（见图 3.1）。从图中可以看出，户主年龄为 31～60 周岁的样本家庭居多，共 5610 户，在全部家庭数量所占的比重为 69.52%，可看出该年龄段的户主为社会的中坚力量。相反，分布在 30 周岁及以下年龄段的户主最少。

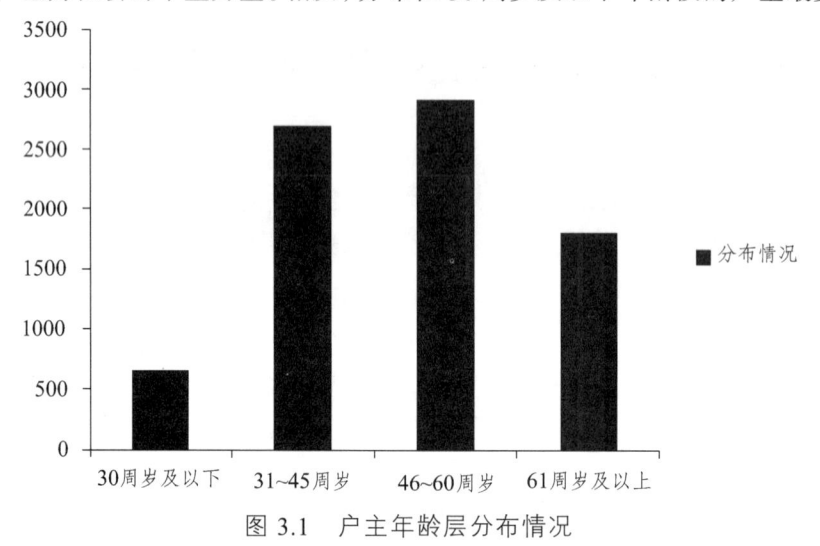

图 3.1 户主年龄层分布情况

图 3.2 为户主受教育程度及其分布，可见从右至左，随着户主受教育水平的下降，家庭分布于该小组的数量是呈上升趋势的。拥有硕士研究生及以上学历户主的家庭数量为 92 户，占全部样本家庭数量的 1.14%，而绝大多数家庭户主的文化水平都集中在高中及以下。这说明我国居民的文化程度普遍偏低，受教育程度还有待提高②。

家庭所处的地域位置决定了家庭所在的社会网络，而家庭的社会网络对家庭的人际交往会产生一定的影响，从而可能会影响家庭所作出的资产配置决策。我们将所选取的所有样本按地域分布与城乡差异分类（见图 3.3）。从图中可以看出，如果根据地域划分，东部家庭的数量最多，为 3780 户；中部家庭数量其次，为 3101 户；西部家庭数量最少，为 1189 户。如果根据户主户籍划分，城乡家庭的数量差别不大，分别为 3837 户和 4233 户，分别占全部样本家庭数目的 47.55%和 52.45%。

---

① 我们在此将户主按年龄分为 4 组，分别为：组 1（30 周岁及以下）、组 2（31～45 周岁）、组 3（46～60 周岁）、组 4（61 周岁及以上）。
② 问卷所涉及的教育学历共分为没上过学、小学、初中、高中、中专/职高、大专/高职、大学本科、硕士研究生、博士研究生 9 种。

图 3.2　户主受教育程度分布情况

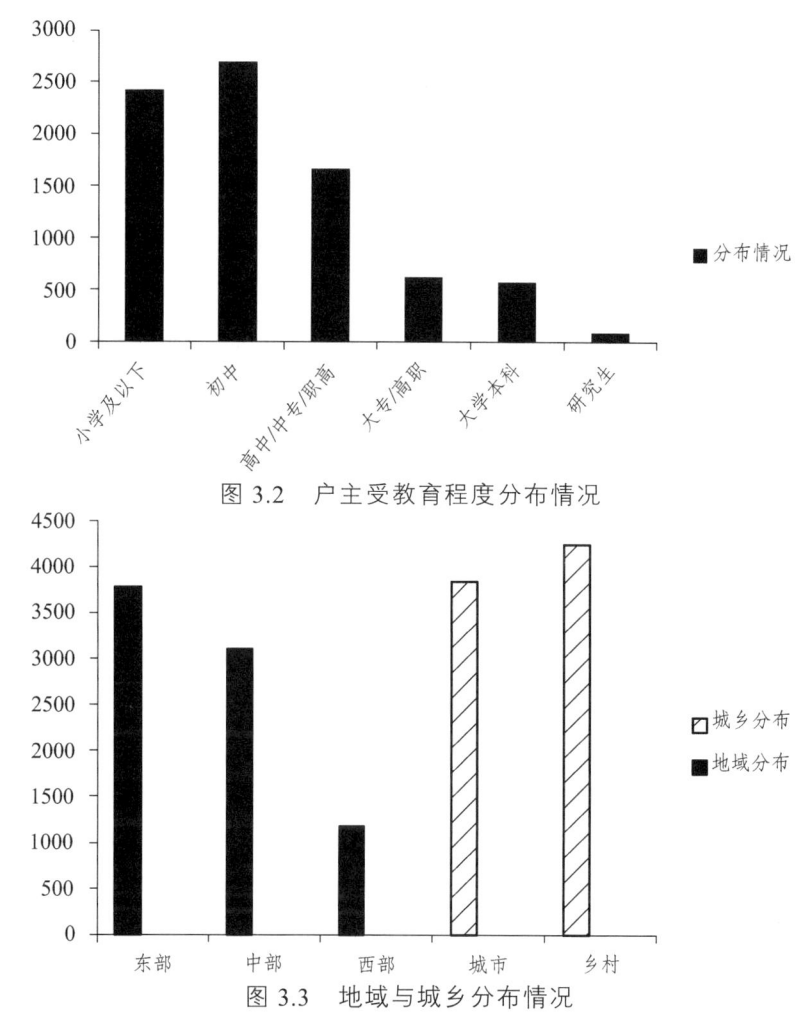

图 3.3　地域与城乡分布情况

由于持有各类金融资产所面临的风险不一样，因此，户主的风险态度显然会对家庭金融资产配置产生显著的影响。从图3.4中，我们可以看到全国户主按风险态度分类的分布情况[①]。随着风险偏好的增加，家庭数量明显减少，厌恶风险的家庭数量为4675户，占比为60.41%，已经超过一半，而偏好风险的家庭数量为1100户，占比仅为13.63%，其余为户主风险态度

[①] 问卷中关于风险态度的题目为"如果您有一笔资产，您愿意选择哪种项目投资"，答案分为"高风险、高回报项目，略高风险、略高回报项目，平均风险、平均回报项目，略低风险、略低回报项目，不愿意承担任何风险项目"，我们取前两种为风险偏好型，中间为风险中性型，后两种为风险厌恶型。

为中立型的家庭，数量为 2095 户，所占比重为 25.96%，这说明我国居民家庭在做出投资决策时整体上是趋于保守的。

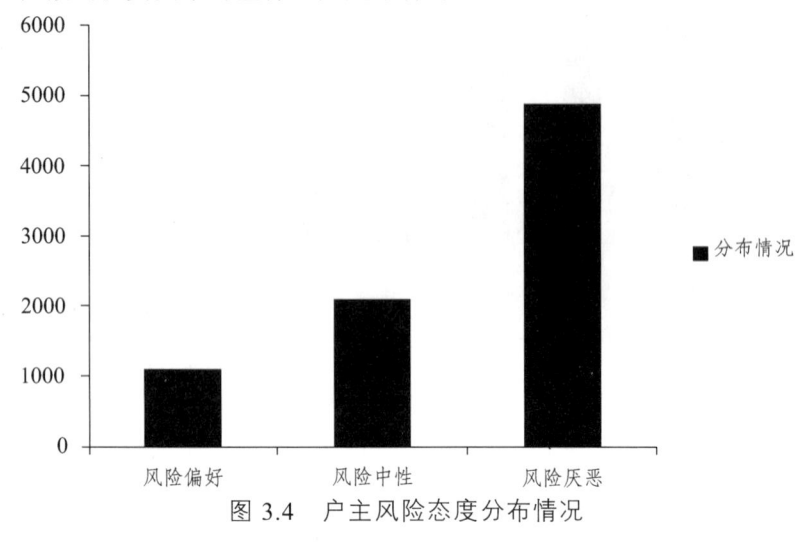

图 3.4 户主风险态度分布情况

另外，从家庭规模上看，三口之家的数量最多，为 2434 户，占全部家庭的 30.16%；其次是两口之家，为 1688 户，占比为 20.92%；四口之家占比为 19.02%。将户主按性别划分，男性户主的家庭为 5929 户，占全部家庭总数的 73.47%，说明虽然我国女性的社会地位在不断地提高，但家庭以男性为户主的模式仍然比较普遍；按是否从事经营活动划分，从事经营活动的家庭数为 3698 户，占比为 45.82%，接近一半。从婚姻状况来看，已婚家庭在所有统计变量中占比最大，高达 96.07%，这可能和我们考察的样本户主年龄均在 18 周岁以上有关。在对未来经济形势的预期中，保持乐观态度的家庭数量占比为 92.17%，说明绝大多数的家庭看好未来的经济走势。

3.2 数据分析

图 3.5 为居民家庭金融资产规模分布图[1]。由图可以看出，家庭金融资

---

[1] 由于家庭拥有最多的金融资产超过 700 万元，而家庭金融资产规模的平均数为 50 000 元左右，同时，由下表 3.1 可知，近 90% 的家庭金融资产规模在 100 000 元以内，因此，全部刻度的柱状图并不能体现其分布情况，我们在此剔除 100 000 元以上的 871 户家庭，重点考察 100 000 元以下样本家庭的分布状况。

产规模在 5000 元以下的家庭数量最多，而随着家庭金融资产规模的增加，家庭样本数量是递减的。根据图形可以判断，如要绘制正态分布拟合曲线，应当呈现右偏态，按照右偏态的性质，均值 > 中位数 > 众数。因此，家庭金融资产规模的均值被家庭金融资产规模较多的那一部分家庭大幅度的拉升了，无法精准地描述典型家庭金融资产规模的特征。

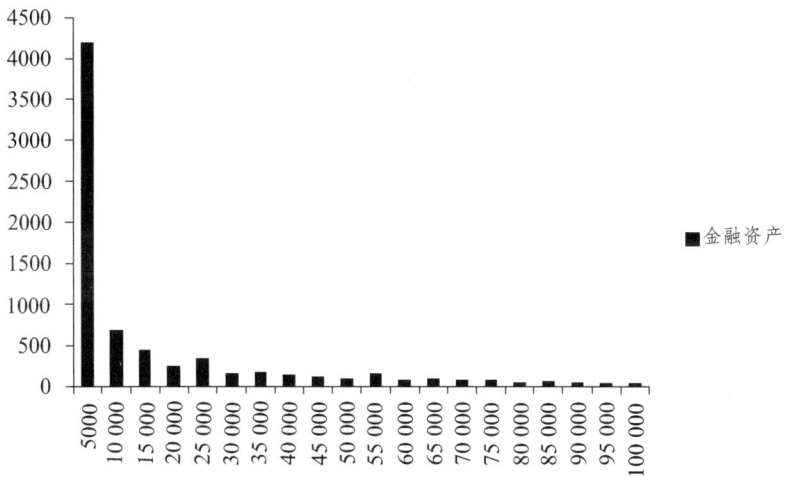

图 3.5　家庭金融资产规模频数分布情况

为了便于研究，笔者将样本变量按金融资产规模进行分组，分组的标准以及各组具体分布情况见表 3.1。可以看出，有 60.27% 的家庭金融资产规模在 10 000 元以下，占比超过全部家庭的一半，其次是金融资产规模在 20 001～50 000 元的家庭，所占比例为样本的 12.45%。另外，10 001～20 000 元、50 001～100 000 元和 150 001～500 000 元的家庭数量占比均超过 5%，分别为 8.55%、7.93% 和 5.22%。通过分析数据可知，全部家庭金融资产规模的平均数为 48 680.95 元，而事实上有 80.79% 的家庭金融资产低于这一平均数。由于平均数不能精准地描述全部家庭金融资产规模的特征，在后文的分析中笔者将结合其他样本平均指标和平均数共同分析居民家庭金融资产。

笔者接下来以居民家庭金融资产规模的平均指标为依据，对各属性变量存在差异的家庭进行分组对比，初步识别各属性变量对居民家庭金融资产规模的影响。

表 3.1　金融资产规模分组

组别	金融资产范围/元	频数	频率/%	累计频率/%
0	10 000 以下	4864	60.27	60.27
1	10 001~20 000	690	8.55	68.82
2	20 001~50 000	1005	12.45	81.27
3	50 001~100 000	640	7.93	89.2
4	100 001~150 000	322	3.99	93.19
5	150 001~500 000	421	5.22	98.41
6	500 000 以上	128	1.59	100
合计		8070	100.0	

1）家庭所在区位对金融资产规模的影响

首先将样本家庭按东、中、西地区差异及城市、乡村户籍差异等区位因素分组，结果见表 3.2。数据显示，东部家庭的金融资产规模均值为 74 865.17 元，中部家庭的金融资产规模均值为 28 823.06 元，西部家庭的金融资产规模均值为 17 228.45 元；东部最高，中部其次，西部最低，这一点从中位数的描述同样可以看出。分城市和乡村来看，城市家庭金融资产的均值和中位数分别为 76 321.75、10 400，乡村家庭金融资产的均值和平均数分别为 23 625.97、2300，城市家庭的金融资产规模大于乡村家庭。

表 3.2　家庭金融资产规模的区位差异

区位	观测值	平均数	标准差	中位数
东部	3780	74 865.17	260 619.9	10 000
中部	3101	28 823.06	123 670.8	3000
西部	1189	17 228.45	99 300.54	1800
城市	3837	76 321.75	245 807.5	10 400
乡村	4233	23 625.97	140 409.1	2300

如果将金融资产规模分组与东、中、西地区及城乡等区位因素作交叉列表分析（见表 3.3），可以更清楚地得出上述结论。先看按照金融资产规模分组的情形，在每一组金融资产规模相同的情况下，分布在东部地区和

拥有城市户籍的家庭数量占比都相对较多，说明东部地区以及拥有城市户籍的家庭金融资产规模整体上要高于西部地区以及拥有农业户籍的家庭。而分析按照区位因素分组的情形，可发现和东部家庭分布相比，西部家庭更多地集中在金融资产规模在 10 000 元以下的金融规模组中；和城市家庭分布相比，乡村家庭中金融资产规模很少的家庭也是最多的。这说明在我国存在着这样一种现象：越是贫穷的地方，贫富差距越大。

表 3.3 金融资产规模分组与区位分组交叉分析表

			地域			城乡		合计
			东	中	西	城市	乡村	
金融资产规模	0	频数 金融资产分组 城市	1950 40.09% 51.59%	2037 41.88% 65.69%	877 18.03% 73.76%	1901 39.08% 49.54%	2963 60.92% 70.00%	4864 100% 60.27%
	1	频数 金融资产分组 城市	311 45.07% 8.23%	282 40.87% 9.09%	97 14.06% 8.16%	334 48.41% 8.70%	356 51.59% 8.41%	690 100% 8.55%
	2	频数 金融资产分组 城市	500 49.75% 13.23%	382 38.01% 12.32%	123 12.24% 10.34%	540 53.73% 14.07%	465 46.27% 10.99%	1005 100% 12.45%
	3	频数 金融资产分组 城市	392 61.25% 10.37%	196 30.63% 6.32%	52 8.13% 4.37%	401 62.66% 10.45%	239 37.34% 5.65%	640 100% 7.93%
	4	频数 金融资产分组 城市	214 66.46% 5.66%	87 27.02% 2.81%	21 6.52% 1.77%	229 71.12% 5.97%	93 28.88% 2.20%	322 100% 3.99%
	5	频数 金融资产分组 城市	303 71.97% 8.02%	100 23.75% 3.22%	18 4.28% 1.51%	320 76.01% 8.34%	101 23.99% 2.39%	421 100% 5.22%
	6	频数 金融资产分组 城市	110 85.94% 2.91%	17 13.28% 0.55%	1 0.78% 0.08%	112 87.50% 2.92%	16 12.50% 0.38%	128 100% 1.59%
合计		频数 金融资产分组 城市	3780 46.84% 100%	3101 38.43% 100%	1189 14.73% 100%	3837 47.55% 100%	4233 52.45% 100%	8070 100% 100%

2）户主年龄对金融资产规模的影响

表 3.4 为户主处在不同年龄阶段的家庭金融资产规模比较，分析均值可以发现，30 周岁以下及 31～45 周岁家庭金融资产规模差异不大，但均大于 40～60 周岁及 61 周岁以上小组的家庭金融资产拥有量，后两组差异亦不明显。如果按照中位数排序，发现整体趋势呈下降状态，说明随着年龄的增大，家庭在金融投资方面趋于保守，这可能是由于人在中年时，将家庭财富更多的配置于房产上，当退休后，随着财富的耗减，金融资产拥有量也逐渐下降。

表 3.4 家庭金融资产规模的年龄差异

年龄	30 周岁以下	31～45 周岁	46～60 周岁	61 周岁以上	全部
金融资产规模均值	61 901.11	61 054.75	39 361.41	40 471.73	48 680.95
金融资产规模中位数	10 400	6800	2350	2500	4800

3）家庭规模对金融资产拥有量的影响

在考察家庭规模对金融资产拥有量的影响时笔者发现，7 口及以下的家庭数量占全部样本的 98.82%。为了防止极端值对分析结果造成干扰，笔者剔除了家庭规模在 8 口以上的家庭，得到表 3.5 中的数据。该结果显示，不管是均值，还是中位数，三口之家的家庭金融资产规模最大，其次是两口之家。居民家庭金融资产拥有量随着家庭人口规模的增加呈现先上升后下降的驼峰型走势，这可能是由于随着家庭人口的增加，抚养子女、购房以及生活开支等压力较大致使家庭难以积累金融资产。

表 3.5 家庭金融资产拥有量的人口规模差异

家庭规模	均值	中位数
一口之家	32 713	2000
两口之家	54 722.36	4300
三口之家	63 081.49	7900
四口之家	38 951.48	4535
五口之家	41 723.75	3500
六口之家	35 741.5	3000
七口之家	19 098.59	2010

4）户主受教育程度对金融资产规模的影响

表 3.6 显示了户主受教育程度对家庭金融资产配置规模的影响，从中可以看出，学历在小学及以下的家庭，金融资产配置规模的均值为 15 256.57 元，中位数为 1200 元，而学历水平在研究生（包括硕士研究生和博士研究生）的家庭，金融资产配置规模的均值为 248 642.5 元，中位数为 67 200 元。表中数据显示，随着户主受教育程度的提高，家庭金融资产拥有量是逐渐增加的。

表 3.6 家庭金融资产规模的学历水平差异

受教育程度	均值	中位数
小学及以下	15 256.57	1200
初中	34 947.89	4300
高中/中专/职高	54 038.79	7800
大专/高职	99 675.5	21 000
大学本科	152 617.4	40 000
研究生	248 642.5	67 200

将全部样本按照金融资产规模与户主受教育程度列交叉表（表 3.7）分析发现，户主受教育程度为小学及以下的家庭大多的集中在金融资产规模较小的组内，而户主受教育程度为研究生的家庭在金融资产规模较大的组内所占的比例较高；同样，金融资产规模较小的组内户主学历较低的家庭所占的比例较高，而金融资产规模较大的组内高学历户主家庭所占的比例较高。这些现象均验证了上述结论，即家庭金融资产配置规模随着户主学历的提高而增加。

5）户主风险态度对金融资产规模的影响

按照户主风险态度划分（见表 3.8）可发现，风险偏好的家庭金融资产配置规模的均值为 86 345.48 元，风险中性家庭配置金融资产规模均值为 67 044.4 元，风险厌恶的家庭金融资产配置规模均值为 32 290.72 元。家庭金融资产配置的中位数体现出同样的结果，说明风险态度对居民家庭金融资产配置有着显著的影响。类似的结论还可以从金融资产规模与户主风险态度的交叉列表（表 3.9）中观察到，风险偏好的家庭相较于风险厌恶的家庭，更多地集中在金融资产规模在 500 000 元以上的家庭，更少的分布在金融资产规模在 10 000 元以下的小组中。

表 3.7　金融资产规模与户主受教育程度的关系

学历		金融资产总额分组							合计
		0	1	2	3	4	5	6	
小学及以下	频数	1873	194	187	98	39	33	6	2430
	注1	77.08%	7.98%	7.70%	4.03%	1.60%	1.36%	0.25%	100%
	注2	38.51%	28.12%	18.61%	15.31%	12.11%	7.84%	4.69%	29.27%
初中	频数	1662	225	377	210	101	104	17	2696
	注1	61.65%	8.35%	13.98%	7.79%	3.75%	3.86%	0.63%	100%
	注2	34.17%	32.61%	37.51%	32.81%	31.37%	24.70%	13.28%	33.70%
高中/中专/职高	频数	887	147	253	155	94	97	26	1659
	注1	53.47%	8.86%	15.25%	9.34%	5.67%	5.85%	1.57%	100%
	注2	18.24%	21.30%	25.17%	24.22%	29.19%	23.04%	20.31%	20.79%
大专/高职	频数	232	71	98	82	42	74	25	624
	注1	37.18%	11.38%	15.71%	13.14%	6.73%	11.86%	4.01%	100%
	注2	4.77%	10.29%	9.75%	12.81%	13.04%	17.58%	19.53%	7.94%
大学本科	频数	189	48	74	85	39	92	42	569
	注1	33.22%	8.44%	13.01%	14.94%	6.85%	16.17%	7.38%	100%
	注2	3.89%	6.96%	7.36%	13.28%	12.11%	21.85%	32.81%	7.17%
研究生	频数	21	5	16	10	7	21	12	92
	注1	22.83%	5.43%	17.39%	10.87%	7.61%	22.83%	13.04%	100%
	注2	0.43%	0.72%	1.59%	1.56%	2.17%	4.99%	9.38%	1.14%
合计	频数	4864	690	1005	640	322	421	128	8070
	注1	60.27%	8.55%	12.45%	7.93%	3.99%	5.22%	1.59%	100%
	注2	100%	100%	100%	100%	100%	100%	100%	100%

注1：本资产规模组别家庭数在该类学历总家庭数中占比。
注2：该类学历家庭数在本资产规模组别总家庭数中占比。

表 3.8　家庭金融资产规模的风险态度差异

风险态度	均值	中位数
风险偏好	86 345.48	10 005
风险中性	67 044.4	8500
风险厌恶	32 290.72	3000

表 3.9　金融资产规模与户主风险态度的关系

		金融资产总额分组							合计
		0	1	2	3	4	5	6	
风险偏好	频数	550	94	146	95	53	120	42	1100
	比例/%	50.00	8.55	13.27	8.64	4.82	10.91	3.82	100
风险中性	频数	1105	211	298	192	103	138	48	2095
	比例/%	52.74	10.07	14.22	9.16	4.92	6.59	2.29	100
风险厌恶	频数	3209	385	561	353	166	163	38	4875
	比例/%	65.83	7.90	11.51	7.24	3.41	3.34	0.78%	100
总计	频数	4864	690	1005	640	322	421	128	8070
	比例/%	60.27	8.55	12.45	7.93	3.99	5.22	1.59	100

6）家庭财富对金融资产规模的影响

为了探究家庭财富与家庭金融资产配置规模间的关系，我们将家庭财富分组[①]，然后将其与金融资产规模列交叉表 3.10。表中结果显示，家庭所拥有的金融资产总量的分布与家庭财富总量的分布较为一致，总财富越多的家庭拥有的金融资产规模也越大，反之亦然。

[①] 在此将总财富分为 6 组，分别为组 1（1 万元以下）、组 2（1 万～10 万元）、组 3（10 万～20 万元）、组 4（20 万～50 万元）、组 5（50 万～100 万元）、组 6（100 万元以上）。

表 3.10　家庭金融资产规模的财富差异

		家庭财富分组						合计
		1	2	3	4	5	6	
金融资产规模分组	0	979	1421	929	945	324	266	4864
	1	0	236	134	178	70	72	690
	2	0	233	180	325	127	140	1005
	3	0	60	100	206	126	148	640
	4	0	0	42	108	79	93	322
	5	0	0	10	78	110	223	421
	6	0	0	0	0	14	114	128
	合计	979	1950	1395	1840	850	1056	8070

7）其他属性变量对金融资产规模的影响

首先，按户主性别分组，男性户主家庭金融资产配置规模的平均值为 46 010.51 元，比女性户主家庭金融资产配置规模的平均值 56 076.11 元要少。但就中位数来看，男性当家的家庭金融资产配置规模的中位数为 5000 元，大于女性户主家庭的 4000 元。这说明虽然女性户主家庭配置的金融资产规模均值较大，但贫富差距也越大。这一点同样在金融资产规模分组与户主性别分组的交叉表（表 3.11）中体现出来，相较男性户主的家庭，女性户主的家庭同时更多的分布在金融资产规模在 10 000 元以下以及 500 000 元以上的小组中。

表 3.11　金融资产规模与户主性别的关系

		金融资产总额分组							合计
		0	1	2	3	4	5	6	
男	频数	3550	504	768	480	238	301	88	5929
	比例/%	59.88	8.50	12.95	8.10	4.01	5.08	1.48	100
女	频数	1314	186	237	160	84	120	40	2141
	比例/%	61.37	8.69	11.07	7.47	3.92	5.60	1.87	100
总计	频数	4864	690	1005	640	322	421	128	8070
	比例/%	60.27	8.55	12.45	7.93	3.99	5.22	1.59	100

其次，按照户主婚姻状况分组，已婚家庭样本的金融资产规模均值为 47 965.97 元，中位数为 4500 元，分别低于未婚家庭样本的金融资产规模均值 66 167.68 元及中位数 9550 元。这说明已婚家庭在金融资产投资方面更为保守，当然，这也有可能是因为已婚家庭育有子女，家庭人口规模更大，负担了更多的支出。

再次，按照是否从事经营活动分组，从事经营活动的家庭所拥有的金融资产规模均值为 35 966.48 元，中位数为 3000 元，未从事经营活动的家庭所拥有的金融资产规模均值为 59 435.33 元，中位数为 6500 元。这应该是因为归属前者的家庭从事的生产经营活动不会涉及金融领域，因此这类家庭应该比其他家庭具有更多的实物资产而非金融资产。

最后，按照对未来的经济预期分组，对未来经济保持乐观态度的家庭所拥有的金融资产规模均值为 44 421.72 元，中位数为 4275 元，对未来经济保持悲观态度的家庭所拥有的金融资产规模均值 98 807.81 元和 11 000 元，两者差异显著。

以上通过分组比较，可以直接观察到各属性变量不同取值范围对居民家庭金融资产配置规模的影响，但无法区分这种影响是由每个变量取值的组内差异还是组间差异造成。也就是说，各属性变量是否会显著影响不同家庭的金融资产规模，我们不得而知。这里采用方差分析法对各变量影响家庭金融资产规模的显著性做一个初步的检验。

方差分析，又称"变异性分析"或"F 检验"，可区分如上所述的组内差异和组间差异，并通过分析研究不同来源的变异对总变异的贡献大小，从而确定可控因素对研究结果影响力的大小。对各变量进行方差分析的结果见表 3.12。由表中结果可以看出，单独对居民家庭金融资产规模有显著效应的变量有：地域、户主户籍、户主受教育程度、户主性别、户主风险态度、家庭规模、是否从事生产经营活动、家庭财富和经济预期，而户主年龄及婚姻状况两种变量在单因素情况下对居民家庭金融资产规模的差异没有显著性的影响。

虽然方差分析方法较为简便且易于理解，能在不考虑其他因素时，研究单个变量的变化是否会对不同居民家庭金融资产的规模产生显著性的影响，但这种方法也有它的不足。一方面，在单因素方差分析中，体现出较强显著性的变量可能是由于其他不显著变量不显著共同引起的；另一方面，效应非常显著的变量本身可能会对其他变量造成干扰，导致误差不能有效地分离出来。因此有必要构建合适的实证模型，来精准地分析在多种变量共同起作用的情况下，影响居民家庭金融资产配置规模的因素。

表 3.12 属性变量对家庭金融资产规模的单因素方差分析

因素	F 统计量	P 值
地域	63.74***	0.0000
户主户籍	143.05***	0.0000
户主年龄	1.22	0.1114
户主受教育程度	51.54***	0.0000
户主性别	4.01**	0.0453
户主婚姻状况	2.54	0.1112
户主风险态度	45.48***	0.0000
家庭规模	3.38***	0.0004
是否从事经营活动	27.85***	0.0000
家庭财富	216.29***	0.0000
经济预期	43.57***	0.0000

注：表中*、**、***分别表示10%、5%、1%的显著性水平。

3.3 模型构建与估计方法

本章前两节的内容对全部样本家庭的基本状况进行了基本描述，随后又对各属性变量进行了数据探索与挖掘，初步分析了其对居民家庭金融资产规模的影响。本节将结合相关理论与样本数据，设定合适的变量取值，根据已有信息构建影响居民家庭金融资产规模的实证计量模型。

3.3.1 变量选取

根据第 2 章对影响居民家庭金融资产配置的内部相关因素的提炼，本节实证分析影响居民家庭金融资产规模的因素包含以下三大类：第一，户主的个人特征变量，包括户主的年龄、户主的受教育水平、户主性别、户主婚姻状况、户主的风险态度；第二，家庭特征变量，包括家庭规模、是否从事经营活动、家庭财富；第三，其他变量，包括家庭所在省份归属的区域、家庭对未来经济形势的判断、户籍所代表的城乡差异。这些变量均与上节数据分析中的内容相吻合。

3.3.2 模型选择与设定

现代计量经济学包含众多种类的模型，每类模型都有自己的使用范围。笔者将根据已有数据的特点和所要研究的问题，构建恰当的计量经济学模型探究居民家庭金融资产规模的影响因素。

1）模型选择

毫无疑问，当建立计量经济模型时，如果数据平稳，首选应当是经典线性回归模型，如不适用，再改进或者更换模型。在对全部 8070 户家庭样本数据的分析过程中，笔者发现，有 358 户家庭的金融资产配置规模为 0，即该家庭未配置任何种类的金融资产。这样，所有居民家庭样本数据可分为两类，一类有大于 0 的自变量和因变量；另一类仅有自变量，没有因变量，即样本数据出现截断数据、删失数据的情形。经典的线性回归模型告诉我们，当解释变量每变化一个单位时，被解释变量的变化程度由回归系数体现，但这并不符合有些居民家庭没有拥有金融资产的情况。因此，经典线性回归模型在此并不适用，笔者选用更为合适的 Tobit 模型[①]。

Tobit 模型，也称样本选择模型、受限因变量模型，是因变量满足某种约束条件下取值的模型。标准的 Tobit 模型形式如下：

$$Y_i = \begin{cases} \beta_0 + \beta_1 X_{1i} + \beta_2 X_{2i} + \cdots + \beta_k X_{ki} + \varepsilon_i, & \text{if } \beta_0 + \beta_1 X_{1i} + \beta_2 X_{2i} + \cdots + \beta_k X_{ki} + \varepsilon_i = 0 \\ 0, & \text{otherwise} \end{cases} \quad (3.1)$$

2）模型设定

根据本节第一部分内容中所选取的指标，以居民家庭金融资产规模和居民家庭金融资产占比为因变量，分别设定 Tobit 回归模型。现将回归模型

---

① 实际上，这里所指的因变量为 0，是很特殊的情况，与因变量非 0（未被截断、不受限）的样本值在性质上有很大的区别，很有可能由居民家庭的投资理念所致。这样，即使自变量发生再大的变化，家庭可能仍然不会配置任何的金融资产，除非该家庭的投资理念发生了转变。

中出现的变量用字母表示（见表 3.13）。

表 3.13　变量、变量符号及变量说明一览表

变量名	变量符号	变量说明
金融资产规模	fa	定量变量
金融资产规模占比	fratio	定量变量
东部地区	east	虚拟变量
中部地区	middle	虚拟变量
西部地区	west	虚拟变量
户主户籍	city	虚拟变量
户主年龄	age	定量变量
户主年龄平方	AS	定量变量
户主受教育程度	edu	定量变量
户主性别	gender	虚拟变量
户主婚姻状况	married	虚拟变量
风险偏好	RP	虚拟变量
风险中性	RN	虚拟变量
风险厌恶	RA	虚拟变量
家庭规模	size	定量变量
是否从事经营活动	opr	虚拟变量
家庭财富	wealth	定量变量
经济预期	ant	虚拟变量

笔者先设定居民家庭金融资产配置规模的 Tobit 模型，其中，将户主年龄、户主受教育程度、家庭规模、家庭财富以定量变量引入，而地区变量、户主户籍、户主性别、婚姻状况、风险态度、是否从事经营活动、对未来的经济预期均以虚拟变量形式引入。模型设定形式为：

$$fa = \begin{cases} 0, & \text{if } RHS = 0 \\ \beta_0 + \beta_1 east + \beta_2 west + \beta_3 city + \beta_4 age + \beta_5 AS + \beta_6 edu + \beta_7 gender + \\ \beta_8 married + \beta_9 RP + \beta_{10} RN + \beta_{11} size + \beta_{12} opr + \beta_{13} wealth + \beta_{14} ant, & \text{if } RHS > 0 \end{cases} \quad (3.2)$$

接着，笔者以居民家庭金融资产占家庭财富的比重为因变量，设立补充模型 3.3。

$$Fratio = \begin{cases} 0, & \text{if } RHS = 0 \\ \beta_0 + \beta_1 east + \beta_2 west + \beta_3 city + \beta_4 age + \beta_5 AS + \beta_6 edu + \beta_7 gender + \\ \beta_8 married + \beta_9 RP + \beta_{10} RN + \beta_{11} size + \beta_{12} opr + \beta_{13} wealth + \beta_{14} ant, & \text{if } RHS > 0 \end{cases} \quad (3.3)$$

3.3.3 模型的估计与检验

由于本章中所采用的实证方法为截取回归，因此有必要对截取模型的估计与检验方法进行介绍，为实证分析部分做好充足的准备。

1）模型的估计

关于 Tobit 模型的估计方法，众多学者的研究表明，利用极大似然法产生的系数估计值具有通常意义上的全部优良特性，而利用 OLS 估计的系数并不适当。

（1）对 Tobit 模型采用 OLS 估计法时存在的问题。

假设 $y_i^* = \boldsymbol{x}_i' \boldsymbol{\beta} + \varepsilon_i$（$y_i^*$ 不可观测），扰动项 $\varepsilon_i | \boldsymbol{x}_i \sim N(0, \sigma^2)$。不失一般性，为简便起见，假定截取点为 $c=0$。假设可以观测到 $y_i = \begin{cases} y_i^*, & \text{若 } y_i^* > 0 \\ 0, & \text{若 } y_i^* \leq 0 \end{cases}$，下面分别计算子样本的条件期望 $E(y_i | \boldsymbol{x}_i; y_i > 0)$，以及整个样本的条件期望 $E(y_i | \boldsymbol{x}_i)$。

对于满足条件"$y_i > 0$"的子样本，

$$E(y_i | \boldsymbol{x}_i; y_i > 0) = E(y_i^* | \boldsymbol{x}_i; y_i > 0) = \boldsymbol{x}_i' \boldsymbol{\beta} + \sigma \lambda(-\boldsymbol{x}_i' \boldsymbol{\beta} / \sigma)$$

因此，在使用子样本进行回归时，由于忽略了非线性项 $\sigma \lambda(-\boldsymbol{x}_i' \boldsymbol{\beta} / \sigma)$，被纳入扰动项中，导致扰动项与解释变量 $\boldsymbol{x}_i$ 相关，故 OLS 估计是不一致的。对于整个样本，$E(y_i^* | \boldsymbol{x}_i) = E(y_i | \boldsymbol{x}_i; y_i > 0) \cdot P(y_i > 0 | \boldsymbol{x}_i)$，其中

$$P(y_i > 0 | \boldsymbol{x}_i) = P(y_i^* > 0 | \boldsymbol{x}_i) = \Phi(\boldsymbol{x}_i' \boldsymbol{\beta} / \sigma),$$

因此，$E(y_i | \boldsymbol{x}_i) = E(y_i | \boldsymbol{x}_i, y_i > 0) \cdot P(y_i > 0 | \boldsymbol{x}_i) = \Phi(\boldsymbol{x}_i' \boldsymbol{\beta} / \sigma)[\boldsymbol{x}_i' \boldsymbol{\beta} + \sigma \lambda(-\boldsymbol{x}_i' \boldsymbol{\beta} / \sigma)]$ 是解释变量 $\boldsymbol{x}_i$ 的非线性函数。如果使用 OLS 对整个样本进行线性回归，其非线性项将被纳入扰动项中，导致不一致的估计（陈强，2014）。

（2）极大似然法对 Tobit 模型的估计。

Tobit 提出用极大似然法估计这个模型。在截取数据的情况下，$y_i > 0$ 时的

概率密度依然不变，仍为 $\frac{1}{\sigma}\phi[(y_i - x_i'\boldsymbol{\beta})/\sigma]$，对于 $\forall\ y_i > 0$。而 $y_i \leqslant 0$ 时，分布却被挤到一个点"$y_i = 0$"上了，即 $P(y_i = 0|\boldsymbol{x}) = 1 - P(y_i > 0|\boldsymbol{x}) = 1 - \Phi(x_i'\boldsymbol{\beta}/\sigma)$。因此，该混合分布的概率密度函数可以写为：

$$f(y_i|\boldsymbol{x}) = [1 - \Phi(x_i'\boldsymbol{\beta}/\sigma)]^{I(y_i=0)} \left[\frac{1}{\sigma}\phi((y_i - x_i'\boldsymbol{\beta})/\sigma)\right]^{I(y_i>0)}$$

其中，$I(\cdot)$ 为示性函数，即如果括号里的表达式为真，取值为 1；反之，取值为 0。因此，可以写出整个样本的似然函数，然后使用 MLE 来估计（陈强，2014）。

2）Tobit 模型的正态性与异方差性检验

Tobit 模型虽然可以在因变量为截断或删失的情形下得到很好的估计，但其具有一个缺陷，就是对分布的依赖性很强，也就是说不够稳健。如果似然函数不正确，比如扰动项存在着异方差或不服从正态分布，则估计结果就会不一致。为此，在使用 Tobit 模型时，需要检验其正态性与同方差性（陈强，2014）。

为了检验正态性，可将 Tobit 模型的 MLE 一阶条件视为某种矩条件，并基于此进行"条件矩检验"。但研究发现，条件矩统计量的真实分布与渐进分布有相当的差距，存在较严重的显著性水平扭曲，故使用"参数自助法"来获得校正的临界值。为了检验同方差性的原假设"$H_0: \sigma_i^2 = \sigma^2$"，考虑替代假设"$H_1: \sigma_i^2 = \exp(z_i^2\alpha)$"，其中 z_i 通常等于解释变量 x_i。然后，可以通过辅助回归构建 LM 统计量来检验 $\alpha = 0$。具体正态性与异方差性检验的方法，我们参考相关学者的研究成果（Camreon 和 Trivedi，2010）。

3）CLAD 模型的估计

在完成 Tobit 模型的正态性及异方差性检验之后，如果发现扰动项不服从正态分布或者存在着异方差，"归并最小绝对离差法"（CLAD）是更为稳健的解决方法。其仅要求扰动项为独立同分布即可，即使在非正态与异方差的情况下也能得到一致的估计。而且，在一定的正则条件下，估计量服从渐近正态分布。

首先，将受限因变量模型，也称为归并数据模型，简洁地写为如下表达式：$y_i = \max(0, x_i'\boldsymbol{\beta} + \varepsilon_i)$，即如果 $x_i'\boldsymbol{\beta} + \varepsilon_i \geq 0$，则 $y_i = x_i'\boldsymbol{\beta} + \varepsilon_i$；反之，$y_i = 0$。

CLAD 法的目标函数为离差绝对值之和：

$$\min_{\beta} \sum_{i=1}^{n} \left| y_i - \max(0, x_i' \beta) \right| \quad (3.4)$$

选择使上式离差绝对值之和最小化的 β 向量，即可得到 CLAD 估计向量 $\hat{\beta}$。

3.4 实证分析

至此，本章不仅构建了居民家庭金融资产规模的 Tobit 实证模型，同时也为模型的估计与检验做了充分的准备。本节将对模型进行估计和检验，同时对模型的经济意义做出解释，并就得到的结论进行评价和分析。

3.4.1 变量的具体指标选取

上节已将模型中选取的解释变量做了简要的介绍，分别包含户主个人特征变量、家庭特征变量及其他变量三大类，具体包括地域不同（east/middle/west）、户籍差异（city）、户主年龄（age）及平方（AS）、户主受教育程度（Edu）、户主性别（gender）、婚姻状况（married）、风险态度（RP/RN/RA）、家庭规模（size）、是否从事经营活动（opr）、家庭财富（wealth）、经济预期（ant）等。笔者在本节中对上述变量选用其具体适用的数据指标，并用这些数据对模型进行估计，得到回归方程。

在所选用的解释变量中，地域变量、户籍差异、户主性别、婚姻状况、风险态度、是否从事经营活动、经济预期均为虚拟变量。其中，本研究继续将地域及风险态度变量各分为三种，分别为东部、中部、西部及风险偏好、风险中性、风险厌恶，当样本特征归属于某变量指标代表的含义时，取值为 1，否则取值为 0[①]。其他解释变量均为定量变量，其中户主年龄及平方项本身与指标含义完全重合，户主受教育程度用户主受教育年限来反

[①] 例如家庭样本位于东部地区时，对于该样本，east=1，middle=0，west=0；户主性别为男时，gender=1；婚姻状况为已婚时，married=1；对经济预期持乐观态度时，ant=1。

映,家庭规模由家庭构成人数来反映①。对于家庭财富,笔者用家庭全部资产的加总来代表,并未扣除家庭负债。虽然家庭资产总量由于包含负债获得的部分,并不能衡量家庭真实的财富状况,但考虑到家庭的金融资产是家庭总财产的构成部分,并非家庭净财产的一部分,因此,这个指标相较扣除负债的家庭净资产更为合理。

关于模型的被解释变量,笔者选用家庭金融资产规模及其在家庭财富中的所占比例两个指标来定义。同时,为了消除数据量纲差异对回归方程估计结果的影响,在数据处理上,笔者将家庭金融资产规模、家庭财富取自然对数来分析。

3.4.2 居民家庭金融资产配置规模的估计与检验

根据筛选出的8070个样本家庭的数据,运用极大似然估计法对居民家庭金融资产总量的Tobit模型(式3.2)进行拟合,得到的结果如表3.14所示,最右边一列为各变量的边际效应,其四舍五入后和估计系数值完全相同。

表3.14 居民家庭金融资产总量Tobit模型估计结果

变量	系数	标准差	W统计量	边际效应
东部地区	0.091	0.063	2.118	0.091
西部地区	-0.483	0.085	32.637***	-0.480
户主户籍	0.263	0.076	11.963***	0.261
户主年龄	-0.052	0.014	14.168***	-0.052
户主年龄平方	0.0005	0.0001	11.561***	0.0004
户主受教育程度	0.086	0.009	95.501***	0.085
户主性别	0.232	0.064	12.975***	0.231
户主婚姻状况	-0.042	0.158	0.070	-0.042
风险偏好	-0.101	0.092	1.202	-0.100
风险厌恶	-0.302	0.067	20.393***	-0.301

---

① 如前所述,中国家庭金融调查户主学历分为9种(没上过学、小学、初中、高中、中专/职高、大专/高职、大学本科、硕士研究生、博士研究生),我们分别对其取值为0、6、9、12、13、15、16、19、22。

续表

变量	系数	标准差	W 统计量	边际效应
家庭规模	-0.049	0.020	5.834**	-0.049
是否有经营活动	0.116	0.070	2.774*	0.116
家庭财富	0.631	0.016	1599.716***	0.628
经济预期	-0.053	0.103	0.267	-0.053
截距项	1.583	0.379	17.413***	
W 统计量		1828.592***		
截取样本数:		左侧: 358		右侧: 0
未截取样本数:		7712		总样本: 8070

注：表中*、**、***分别表示10%、5%、1%的显著性水平。

接下来笔者对 Tobit 模型进行必要的统计性检验。前面提到 Tobit 模型虽然能很好地处理数据存在截断情形下的问题，但其自身也存在缺陷，就是对分布的依赖性很强，不够稳健。如果似然函数不正确，比如扰动项存在异方差或不服从正态分布，则最大似然估计就不一致。因此，在使用 Tobit 模型时，需要检验其正态性与同方差性。利用附表中的 Stata 程序经过软件计算，得出的 NR^2 统计量结果如表 3.15 所示。

表 3.15 正态性与异方差性检验结果

检验项目	NR^2 统计量	P 值
正态性检验	3594.3254	0
异方差检验	3589.9249	0

从表 3.15 可以看出，正态性检验的 NR^2 统计量为 3594.3254，P 值为 0，拒绝"扰动项服从正态分布"的原假设，认为扰动项不服从正态分布；异方差检验的 NR^2 统计量为 3589.9249，P 值同样为 0，因此，我们同样拒绝"扰动项不存在异方差"的原假设，认为扰动项存在异方差。这样，我们为得到一致估计量，需要采用更为合适的估计模型。而 CLAD 方法（归并最小绝对离差法）仅要求扰动项为独立同分布即可，即使在非正态与异方差的情况下也能得到一致估计。而且，在一定的正则条件下，估计量服从渐进正态分布。因此，笔者对居民家庭金融资产配置效率采用 CLAD 估计，

CLAD 估计结果如表 3.16 所示。将表中结果与表 3.14 对比可发现，对于东部地区变量、户主户籍变量、户主年龄及平方变量、是否从事经营活动变量而言，CLAD 估计值与 Tobit 估计值相差较大，且显著性均发生变化，两模型结果相差较大。因此，我们可认定 Tobit 模型的估计有误，其系数估计值非一致估计量，需要使用 CLAD 方法进行估计。

表 3.16 CLAD 估计回归结果

变量	回归系数	P 值
东部地区	0.360***（0.0515）	0.000
西部地区	−0.411***（0.0706）	0.000
户主户籍	0.0383（0.0627）	0.541
户主年龄	−0.004 55（0.0117）	0.697
户主年龄平方	0.000423（0.000 111）	0.703
户主受教育程度	0.122***（0.007 13）	0.000
户主性别	0.151***（0.0528）	0.004
户主婚姻状况	−0.210（0.137）	0.124
风险偏好	0.0557（0.0759）	0.464
风险厌恶	−0.247***（0.0560）	0.000
家庭规模	−0.0860***（0.0166）	0.000
是否有经营活动	0.0862（0.0575）	0.134
家庭财富	0.574***（0.0129）	0.000
经济预期	−0.0734（0.0849）	0.388
截距项	1.323***（0.311）	0.000
N	8064	
Pseudo R^2	0.201 153 41	

注：表中括号内数据为各属性变量稳健的标准差，*、**、***分别表示 10%、5%、1% 的显著性水平。

3.4.3 居民家庭金融资产配置规模占比的估计与检验

现以金融资产规模占居民家庭财富的比重为因变量，对所有样本数据以极大似然法进行 Tobit 估计，得到的结果如表 3.17 所示，即居民家庭金融资产占比家庭总财富的 Tobit 模型回归结果。

表 3.17 居民家庭金融资产占比 Tobit 模型估计结果

变量	系数	标准差	W 统计量	边际效应
东部地区	0.035	0.006	36.534***	0.019
西部地区	-0.035	0.008	20.987***	-0.018
户主户籍	0.022	0.007	10.397***	0.012
户主年龄	-0.006	0.001	22.229***	-0.003
户主年龄平方	0.0001	0.00001	19.331***	0.00003
户主受教育程度	0.007	0.001	73.087***	0.004
户主性别	0.005	0.006	0.638	0.003
户主婚姻状况	-0.020	0.014	1.897	-0.011
风险偏好	0.007	0.008	0.644	0.004
风险厌恶	-0.016	0.006	7.226***	-0.009
家庭规模	-0.008	0.002	17.552***	-0.004
是否有经营活动	0.001	0.006	0.033	0.001
家庭财富	-0.048	0.001	1106.510***	-0.026
经济预期	-0.009	0.009	0.962	-0.005
截距项	0.842	0.035	592.687***	
W 统计量	1910.713***			
截取样本数：	左侧：358		右侧：0	
未截取样本数：	7712		总样本：8070	

注：表中*、**、***分别表示10%、5%、1%的显著性水平。

接下来笔者对 Tobit 模型进行正态性与是否存在异方差的统计性检验。利用附表中的 Stata 程序经过软件计算，得出的 NR^2 统计量结果如表 3.18 所示。可以看出，正态性检验的 NR^2 统计量为 5229.7333，P 值为 0，拒绝"扰动项服从正态分布"的原假设，认为扰动项不服从正态分布；异方差检验的 NR^2 统计量为 4983.3549，P 值同样为 0，因此，同样拒绝"扰动项不存在异方差"的原假设，认为扰动项存在异方差。这样，为得到一致估计量，需要采用 CLAD 估计模型。

表 3.18　正态性与异方差性检验结果

检验项目	NR^2 统计量	P 值
正态性检验	5229.7333	0
异方差检验	4983.3549	0

CLAD 估计结果如表 3.19 所示，将表中结果与表 3.17 对比可发现，对于户主性别变量、户主婚姻变量、风险偏好态度、是否有经营活动变量、经济预期变量而言，CLAD 估计值与 Tobit 估计值相差较大，且显著性均由不显著转为显著，两模型结果相差较大。因此，可认定 Tobit 模型的估计有误，其系数估计值非一致估计量，需要使用 CLAD 的估计模型。

表 3.19　CLAD 估计回归结果

变量	回归系数	P 值
东部地区	0.0192***（0.002 01）	0.000
西部地区	−0.0181***（0.002 84）	0.000
户主户籍	0.0235***（0.002 51）	0.000
户主年龄	−0.001 18**（0.000 458）	0.010
户主年龄平方	0.000 009 97**（0.000 004 38）	0.023
户主受教育程度	0.006 55***（0.000 303）	0.000
户主性别	0.008 79***（0.002 15）	0.000
户主婚姻状况	−0.0281***（0.005 06）	0.000
风险偏好	0.009 03***（0.002 93）	0.002
风险厌恶	−0.0238***（0.002 17）	0.000
家庭规模	−0.001 76**（0.000 685）	0.010
是否有经营活动	0.006 60***（0.002 31）	0.004
家庭财富	−0.0321***（0.000 553）	0.000
经济预期	−0.0137***（0.003 30）	0.000
截距项	0.441***（0.0124）	0.000
N	7082	
Pseudo R^2	0.064 703 65	

注：表中括号内数据为各属性变量稳健的标准差，*、**、***分别表示 10%、5%、1%的显著性水平。

3.4.4　回归结果分析与评价

上文中笔者根据样本状况及模型检验的统计准则，通过对所建立的模型进行估计，筛选出了最终的回归方程。在本部分内容中，笔者将着眼于经济理论，对居民家庭金融资产规模总量及所占比重两个 CLAD 回归模型的结果进行分析与评价，从经济意义上判断其结果是否具有合理性。

1）居民家庭金融资产规模总量模型

样本家庭所在的区域位置对居民金融资产配置规模有显著性的影响。根据模型估计结果来看，东部地区的回归系数为 0.360，且在 1% 的水平下显著，这说明和中部地区相比，位于东部地区的家庭拥有更多的金融资产；而西部地区变量的估计系数小于 0，同样在 1% 的水平下显著，表明西部地区的家庭所配置的金融资产量是最少的。上述结果具有经济意义上的合理性，因为就经济发展程度来说，东部地区经济最为发达，而西部地区的经济相对来说较为落后，显然配置的金融资产规模也会受到限制。

居民所配置的金融资产总量与家庭财富呈正相关关系。从模型的回归结果来看，居民财富变量的回归系数为 0.574，在 1% 的水平下显著，说明越富有的家庭拥有的金融资产越多，这同样体现了财富及经济收入状况对家庭资产配置规模有着重要的影响，也进一步验证了上述区域位置对居民金融资产拥有量影响的机理。如果更深层次地挖掘家庭财富与金融资产总量呈正相关关系的原因，其实也很好理解。根据马斯洛需求层次理论，当人在满足最基本的衣食住行等生存需求外，就开始寻求安全直至自我价值实现等更高层次的需求，而高层次的需求不仅仅需要有限的物质条件，同时需要更多的实物资产和金融资产来实现。因此，家庭富裕程度越高，拥有的金融资产量越多也就不足为奇了。

户主学历对居民家庭金融资产规模的影响也较为显著。衡量户主教育的变量回归系数为 0.122，且在 1% 的水平下显著，说明随着户主受教育年限的增加，家庭拥有的金融资产规模也是增大的。这应该是因为高学历的人工作相对稳定，收入也更高，因此其拥有的金融资产总量也相对较多。同时，考虑到学历高的户主拥有更多的知识和更好的理解能力，即使并非金融等经济类专业出身，也能更快地熟悉金融市场的规则与投资方法，了解金融产品的保值增值能力。这样，即便在控制财富的状况下，拥有较高学历的家庭也会倾向于配置更多的金融资产，以试图实现家庭财富的最大化。

通过考察风险态度变量与金融资产配置规模的关系可以发现，和持风险中性态度的家庭相比，风险厌恶的家庭所配置的金融资产规模较小，回归系数为负，且在 1%的水平下显著；而风险偏好的家庭本来理应配置更多的金融资产，但这一点在我们的模型中未得到验证，回归系数并不显著，这可能是跟调研数据的性质有关：由于我们所选取的数据为截面数据，调研年份为 2011 年，经查历史行情，在该年度上证指数全年暴跌 23%[①]。风险偏好的家庭虽然在同样的收益率下能够接受更高的风险程度，但在资本市场大幅度波动且趋势处于下降通道的情况下，也会适当的减少高风险金融资产的配置数量。

另外，对于其他相关属性变量和家庭金融资产规模选择的关系，根据模型实证的结果为：男性户主会比女性户主在家庭资产的配置上选择更多的金融资产量，这说明女性户主在投资方面更趋保守一些；而家庭人口规模与金融资产总量呈负相关关系，这说明随着家庭人口的增加，金融资产拥有量是减少的，这可能是因为人口更多的家庭会负担更高的住房及生活消费等实物支出，致使金融资产无法得到累积。

2）居民家庭金融资产规模占比模型

由金融资产规模占居民家庭总财富比重的 CLAD 模型的估计结果可以看出（表 3.19），总财富的回归系数小于 0，且在 1%的水平下显著，说明居民家庭金融资产占比与总财富存在负相关关系。这一点和上文金融资产规模总量模型得出的结果不同，虽然随着家庭总财富的增加，配置在金融资产上的绝对量是增加的，但金融资产配置量增加的速度要小于家庭总财富增加的速度，所以金融资产占比是随着家庭富裕程度的提高而降低的。这个结论和 Jang 等（2000）的研究结论相一致，他们以韩国家庭为研究对象，发现拥有更多财富的家庭持有金融资产的比重反而更低。

笔者发现，户主户籍变量的回归系数为 0.0235，且在 1%的水平下显著。说明和农村户主家庭相比，户主户籍为城市的样本家庭所配置的投资组合中金融资产占比较高。这可能是因为户主为城市户籍的家庭一般是以居住

[①] 数据来源：中经网实时行情，2011 年 1 月 4 日收盘指数为 2852.65 点，2011 年 12 月 30 日收盘指数为 2199.42 点。

在城市为主，其不仅拥有较高的家庭财富，而且其家庭成员受教育水平也高于非城市户籍的家庭，对金融资产的保值增值功能更为熟悉，也更有把握。这样，城市区位的家庭配置金融资产的比例自然会相对较高。

关于户主年龄和金融资产占比的关系，根据数据回归所得到的结果显示，户主年龄变量系数为负值，而户主年龄的平方回归系数为正值，且均在5%的水平下显著。说明随着户主年龄的增大，居民家庭金融资产占比呈现出先减少后增加的U型结构。这应该是因为在青年时期，随着收入的增加，人们尚能配置一定比例的金融资产，但随着年龄的增大，对房产的需求逐渐变高，人们开始将积累的绝大部分的财富转移到实物资产，即房地产投资上。因此，金融资产占比会出现下降的趋势。当户主年龄进一步增大时，收入水平得以提高，加之其他家庭成员的共同努力，家庭在房地产上的投资压力会逐渐减轻，使得家庭财富在满足了按揭房贷之后还有剩余。此时，为了实现财富的保值增值，家庭会将多余的财富以金融资产投资的形式进行配置，因此，金融资产占比又会开始上升，当房产的按揭贷款全部还清时，金融资产的占比会进一步提高。这样，金融资产占家庭财富的比重总体呈现出先下降后上升的生命周期现象。

此外，户主为已婚的样本家庭在金融资产配置比例上低于户主为未婚的家庭，说明在具有风险的金融资产投资方面，已婚家庭显得更为保守一些。风险偏好的家庭在金融资产配比的CLAD估计中回归系数为正，且在1%的水平下显著，说明和风险中性家庭相比，其投资理念更为激进，因此配置的金融资产比例更高。

从事经营活动的家庭金融资产配置比例高于不从事此类活动的家庭；由于生产经营活动并不涉及金融投资领域，因此这个结果看似有点不合常理，但如果经过仔细的推理我们可以发现，善于经营的家庭会比普通人更注重资产的保值增值，他们更倾向于减少当前的享受而将财富累计起来进行投资，因此出现这种结果也就不足为奇了。

经济预期和金融资产占比负相关，这可能是由于当经济形势好转时，实体经济运行良好，投资回报率会增加，加之在经济较热时期，房地产价格在不断的走高，这些都会致使更多的家庭转向房产等实物投资，减少金融资产配置量。

其他变量虽然在对居民家庭金融资产占比的影响程度大小上与前述总

量模型有所不同，但在影响方向上是一致的。东部地区的家庭配置在金融资产上的比重要高于中部地区的家庭，而西部地区的家庭所拥有的金融资产在家庭财富中所占的比重是最低的；户主的学历对金融资产在家庭财富中的比重有着正向的影响，这可能依然和金融产品具有良好的保值增值功能有关；男性户主在家庭资产的投资组合中会配置较多的金融资产，说明女性户主家庭投资态度更趋于保守；在户主风险态度变量上，风险厌恶型的家庭和持风险中性态度的家庭相比，金融资产配置比例更低，且在1%的水平下显著；和上文中家庭金融资产规模总量模型一样，随着家庭人口的增加，配置在金融资产上的比重也是逐渐减少的。

通过以上内容的分析，笔者认为居民家庭金融资产规模总量及占比这两个模型的结论都比较合理，基本可以刻画出影响居民家庭金融资产选择行为的各种因素，对居民家庭金融资产规模配置具有一定的经济解释意义。

4 内部视角：居民家庭金融资产配置的结构考察

第 3 章分析了居民家庭金融资产配置规模的总量特征及影响因素，本章以家庭金融资产配置结构的多样性作为研究对象，利用 CHFS 的调研数据，构造家庭金融资产配置多样性指数，对前面所列举的各种属性变量与其之间存在的关系进行实证分析。由于所用数据及研究方法与第 2 章存在共性，故有重复的地方本章不再赘述。

4.1 数据分析

如何对家庭金融资产配置结构进行精准的衡量是本章考察问题的关键。相关文献大多是围绕风险性金融资产如股票、基金、债券等占金融资产总量的比重来建立相关实证模型进行分析，本节尝试深度挖掘微观样本数据，通过家庭金融资产配置种类数及所构造的金融资产配置多样化指数作为衡量依据，来分析居民家庭金融资产配置结构的现状，并考察其与各属性变量之间存在的关系。

4.1.1 居民家庭金融资产配置结构的衡量及统计性描述

居民家庭金融资产配置结构，可直接表现为持有金融资产种类的多少及持有各项金融资产金额的大小。持有金融资产的种类数越多，可称家庭金融资产配置结构越趋于多样性；当不同的家庭持有相同种类的金融资产时，如果分配在每种金融资产上的投资金额不同，即可认为家庭金融资产结构配置存在不同。当一个家庭决定进入金融市场进行金融产品投资时，金融资产配置的决策可以划分为两个步骤进行：先是确定金融资产配置的种类，即在包括存款、股票、债券等各种金融产品之间进行选择，决定投资一种还是多种金融资产；之后，当决定参与某项金融资产后，再考虑投资该项金融资产的金额，即在金融资产规模总投资额一定的情况下，将预算分配到上一步确定的每项金融资产种类中去。这两个阶段均能反映居民家庭金融资产配置结构的多样性。因此，本书在设定金融资产配置多样化指标时遵循以下思路：首先判断样本家庭投资金融资产的种类有多少，其次结合每种金融资产投资额占家庭所有金融资产总额的比例，构造家庭金融资产配置多样化指数。

在中国家庭金融调查所涉及的调研问卷中，金融资产的种类被划分为活期存款、定期存款、股票、债券、基金、衍生品、金融理财产品、非人民币资产、黄金、现金、借出款等11项，其中每一项还可分为若干子项，比如债券可分为国债、公司债、金融债等，可以说涵盖了当前市面上可供家庭选择的所有投资对象。本书中所设定的金融资产种类及多样化指数的构建仅包含投资大类，不涉及具体的子项。金融资产种类（kind）即为每个样本家庭在11种金融资产中投资项目的数量，而考虑到投资额的金融资产配置多样化指数（div），借鉴 Abreu 等（2010）、Woerheide（1993）、Kirchner 等（2011）、曾志耕等（2015）的研究方法，构造如下：

$$div = 1 - \sum_{i=1}^{N} w_i^2, \quad N > 0 \quad (4.1)$$

式中，N 表示家庭投资金融资产的种类，w_i 为每种金融资产投资额在家庭全部金融资产总额中所占的比重。从公式（4.1）可知，当家庭仅配置一种金融资产时，该指数为0，配置多种金融资产时，该指数为小于1的正数，即该指数取值范围为[0，1)，而指数数值越大，说明家庭金融资产配置的多样化越强。该指数的构造和曾志耕等（2015）的多样化指数有所不同，其涵盖家庭全部金融资产的种类，并非仅仅代表风险性金融资产指数的多样化，是对家庭金融资产配置的全面描述。

通过对样本数据的分析，笔者将居民家庭金融资产种类的分布情况用图4.1和表4.1表示。数据结果显示，在所有8070户样本家庭中，配置有金融资产的家庭共7712户，占比95.56%，也就是说，仍有358户家庭没有配置任何一种金融资产，配置金融资产种类最多的家庭有2户，分别配置了8种金融资产，数量最为集中的家庭选择了1种或2种金融资产作为投资对象，此类家庭共 5874 户，占所有配置金融资产家庭数的 76.17%；而投资在 5 种（含 5 种）金融产品以上的家庭占比仅为 1.82%，全样本的金融资产配置种类均值为 1.84。上述数据表明，居民家庭配置的金融资产种类从整体上看是较为缺乏多样性的。如果对数据进一步分析可发现，在所有样本家庭所拥有的金融资产中，银行存款（包含活期存款及定期存款）所占的比例最高，为 51.09%，是居民家庭金融投资中最大的组成部分；现金其次，为所有金融资产中第二受欢迎的种类，占比为 20.82%；股票占比排名在第三位，为 16.15%；基金为 3.72%；而配置金融衍生品的比例在所有金融资产中最低，为 0.004%；黄金的占比略高于金融衍生品，为 0.63%。根据上述结果分析，在我国居民家庭所配置的金融资产中，银行存款和现金等无风险资产占比较高，而股票及基金等风险资产占比较低。

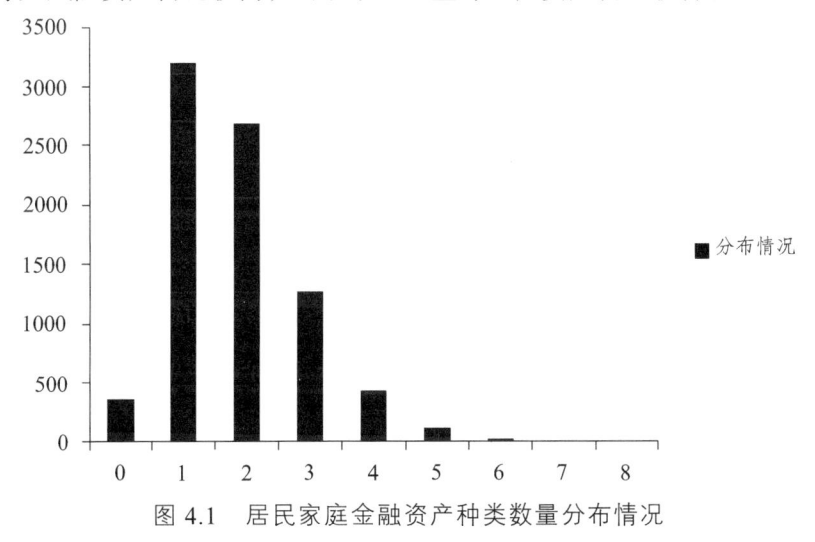

图 4.1　居民家庭金融资产种类数量分布情况

如果对居民家庭金融资产配置多样化指数进行描述性统计（表 4.1），可发现剔除掉 358 户没有配置金融资产的家庭后，观测样本的最小值为 0，最大值为 0.77，均值为 0.19[①]。可见，不管是从家庭金融资产配置的种类，还是从家庭金融资产配置多样化指数来说，我国居民家庭金融资产配置整体上较为缺乏多样性。

---

① 之所以剔除掉 358 户没有配置金融资产的家庭，是因为在我们多样化指数的构造中，分母为金融资产配置总额，其不能为 0。

表 4.1 居民家庭金融资产结构描述性统计

变量	观测值	均值	标准差	最小值	最大值
金融资产种类（kind）	8070	1.835 316	1.050 83	0	8
金融资产多样化指数（div）	7712	0.189 358	0.216 162	0	0.767 075

4.1.2 属性变量对居民家庭金融资产结构影响的对比分析

在进行实证分析之前，为了探测居民家庭各属性变量对金融资产配置结构的直观影响，笔者将属性变量按不同的取值进行分组，对比分析居民家庭金融资产配置结构，观察其多样化指标存在的差异，初步判断属性变量对其产生的影响。

1）家庭所在区位对金融资产配置结构的影响

由表 4.2 可以看出，东部地区的家庭所配置的金融资产种类平均数为 2，中部家庭为 1.72，西部家庭为 1.6，而多样化指数的平均数取值分别为 0.21、0.17 和 0.15。因此，不管是从金融资产配置种类数，还是家庭金融资产配置多样化指数，东部地区的家庭均高于中部家庭，而西部家庭的这两类指标值最低；如果分城市和乡村来看，城市家庭的金融资产种类数和多样化指数分别为 2.12 和 0.23，高于乡村家庭的 1.58 和 0.15，城市家庭的金融资产配置结构更趋多样化。

表 4.2 家庭金融资产配置结构的区位差异

区位	种类平均数	多样化指数平均数
东部	2.00	0.21
中部	1.72	0.17
西部	1.60	0.15
城市	2.12	0.23
乡村	1.58	0.15

将金融资产配置结构分组与东中西及城乡等区位因素作交叉列表分析（见表 4.3）可发现[①]，在每一组金融资产结构相同的情况下，分布在东部地

---

① 在附表中，我们做交叉分组分析时，为了研究的简便，将按金融资产种类数量分组为三大类，分别为组 1（3 种以下）、组 2（4~5 种）、组 3（6 种以上），附表多样性指数分组的方式与之相同。

区和拥有城市户籍的家庭数量占比相对较多,说明东部地区以及拥有城市户籍的家庭金融资产配置结构整体上比西部地区以及拥有农业户籍的家庭更加多元化。同时,随着金融资产种类的增多,样本家庭的分布更多的往东部地区和城市地区靠拢,金融资产多样性指数与区位分组的交叉列表(表4.4)同样体现出了这一点。这进一步说明,在我国,越是富裕的地方,家庭金融资产配置的多元化越强。

表 4.3　金融资产种类分组与区位分组交叉分析表

			地域			城乡		合计
			东	中	西	城市	乡村	
金融资产种类	0~3 种	频数	3406	2956	1143	3398	4107	7505
		比例/%	45.38	39.39	15.23	45.28	54.72	100
	4~5 种	频数	352	140	45	412	125	537
		比例/%	65.55	26.07	8.38	76.72	23.28	100
	6 种以上	频数	22	5	1	27	1	28
		比例/%	78.57	17.86	3.57	96.43	3.57	100
合计		频数	3780	3101	1189	3837	4233	8070
		比例/%	46.84	38.43	14.73	47.55	52.45	100

表 4.4　金融资产多样性指数分组与区位分组交叉分析表

			地域			城乡		合计
			东	中	西	城市	乡村	
金融资产多样性指数	0~0.3	频数	2336	2128	837	2306	2995	5301
		比例/%	44.07	40.14	15.79	43.50	56.50	100
	0.3~0.5	频数	813	593	196	896	706	1602
		比例/%	50.75	37.02	12.23	55.93	44.07	100
	0.5 以上	频数	481	248	80	528	281	809
		比例/%	59.46	30.66	9.89	65.27	34.73	100
合计		频数	3630	2969	1113	3730	3982	7712
		比例/%	47.07	38.50	14.43	48.37	51.63	100

2)户主年龄对金融资产配置结构的影响

表 4.5 为户主处在不同年龄阶段的家庭金融资产配置结构比较。分析表

中数据可发现，户主年龄在 30 周岁以下的家庭平均配置金融资产 2.15 种，多样化指数均值为 0.25，在关于年龄的几个分组中是最高值；61 周岁（含）以上的家庭平均配置金融资产 1.68 种，多样化指数均值为 0.15，两者均为所有年龄分组中的最低值。根据表中结果还可发现，不管是按照金融资产种类配置均值还是按照多样化指数均值进行排序，整体趋势皆呈下降状态，说明家庭金融资产配置越来越缺乏多样化，这可能是因为随着年龄的增大，家庭在金融投资方面趋于保守，并开始将资产逐渐集中到少量的金融产品上来。

表 4.5　家庭金融资产配置结构的年龄差异

年龄	30 周岁以下	31~45 周岁	46~60 周岁	61 周岁以上	全部
种类均值	2.15	1.99	1.72	1.68	1.84
多样化指数均值	0.25	0.22	0.17	0.15	0.19

3）家庭规模对金融资产配置结构的影响

随着家庭人口规模的增加，家庭金融资产结构的多样性呈现先上升后下降的驼峰走势（见表 4.6），三口之家的家庭金融资产配置的多样性最高，其次是两口之家，这与第 3 章中金融资产拥有量的走势一致。

表 4.6　家庭金融资产结构的人口规模差异

家庭规模	种类均值	多样化指数均值
一口之家	1.70	0.16
两口之家	1.83	0.17
三口之家	2.03	0.22
四口之家	1.77	0.19
五口之家	1.73	0.18
六口之家	1.62	0.16
七口之家	1.61	0.16

4）户主受教育水平对金融资产配置结构的影响

将家庭金融资产配置结构多样性指标按户主所受的教育年限进行排序（表 4.7）。可以看出，学历在小学及以下的家庭，金融资产配置种类均值为

1.2，多样化指数均值为 0.12；而学历在研究生水平的家庭，金融资产配置种类的均值为 2.89,多样化指数为 0.34，均为前者的两倍还多。很明显，家庭金融资产配置的多元化是随着户主受教育水平的提高而增加的，户主的学历程度越高，家庭金融资产的多元化越强。

表 4.7　家庭金融资产结构的学历水平差异

受教育水平	种类均值	多样化指数均值
小学及以下	1.20	0.12
初中	1.77	0.18
高中/中专/职高	1.99	0.22
大专/高职	2.40	0.28
大学本科	2.54	0.31
研究生	2.89	0.34

表 4.8、表 4.9 为全部样本按照金融资产配置结构与户主受教育水平分组的交叉列表，表中数据显示，随着户主受教育水平的提高，居民家庭配置金融资产的种类逐渐集中到更高类别的分组中，多样性指数也是往更高的取值上转移。同样，在户主学历较低的样本家庭中，其配置的金融资产也更多的分布在种类数较低的组中，多样化指数也是如此。这也进一步验证了家庭金融资产配置结构随着户主学历的提高而呈现出更强的多元化。

表 4.8　金融资产种类与户主受教育水平的关系

学历		金融资产种类分组			合计
		0~3 种	4~5 种	6 种（含）以上	
小学及以下	频数	2391	38	1	2430
	注 1	98.40%	1.56%	0.04%	100%
	注 2	31.86%	7.08%	3.57%	30.11%
初中	频数	2563	129	4	2696
	注 1	95.07%	4.78%	0.15%	100%
	注 2	34.15%	24.02%	14.29%	33.41%

续表

学历		金融资产种类分组			合计
		0~3 种	4~5 种	6 种（含）以上	
高中/中专/职高	频数 注 1 注 2	1520 91.62% 20.25%	136 8.20% 25.33%	3 0.18% 10.71%	1659 100% 20.56%
大专/高职	频数 注 1 注 2	525 84.13% 7.00%	94 15.06% 17.50%	5 0.80% 17.86%	624 100% 7.73%
大学本科	频数 注 1 注 2	447 78.56% 5.96%	109 19.16% 20.30%	13 2.28% 46.43%	569 100% 7.05%
研究生	频数 注 1 注 2	59 64.13% 0.79%	31 33.70% 5.77%	2 2.17% 7.14%	92 100% 1.14%
合计	频数 注 1 注 2	7505 93.00% 100%	537 6.65% 100%	28 0.35% 100%	8070 100% 100%

注 1：本资产种类分组家庭数在该类学历总家庭数中占比。
注 2：该类学历家庭数在本资产种类分组总家庭数中占比。

表 4.9 金融资产多样化指数与户主受教育水平的关系

学历		金融资产多样化指数分组			合计
		0~0.3	0.3~0.5	0.5 以上	
小学及以下	频数 注 1 注 2	1807 80.06% 34.09%	345 15.29% 21.54%	105 4.65% 12.98%	2257 100% 29.27%
初中	频数 注 1 注 2	1863 71.68% 35.14%	508 19.55% 31.71%	228 8.77% 28.18%	2599 100% 33.70%
高中/中专/职高	频数 注 1 注 2	1004 62.63% 18.94%	402 25.08% 25.09%	197 12.29% 24.35%	1603 100% 20.79%

续表

学历		金融资产多样化指数分组			合计
		0~0.3	0.3~0.5	0.5以上	
大专/高职	频数	326	176	110	612
	注1	53.27%	28.76%	17.97%	100%
	注2	6.15%	10.99%	13.60%	7.94%
大学本科	频数	260	151	142	553
	注1	47.02%	27.31%	25.68%	100%
	注2	4.90%	9.43%	17.55%	7.17%
研究生	频数	41	20	27	88
	注1	46.59%	22.73%	30.68%	100%
	注2	0.77%	1.25%	3.34%	1.14%
合计	频数	5301	1602	809	7712
	注1	68.74%	20.77%	10.49%	100%
	注2	100%	100%	100%	100%

注1：本资产多样化指数分组家庭数在该类学历总家庭数中占比。
注2：该类学历家庭数在本资产多样化指数分组总家庭数中占比。

5）户主风险态度对金融资产配置结构的影响

按照户主的风险态度进行分组（表4.10），风险偏好的家庭金融资产配置种类数的均值为2.12，多样化指数均值为0.25，风险中性家庭两者数据分别为2.01和0.22，风险厌恶的家庭金融资产配置种类数均值为1.7，多样化指数均值为0.16，说明风险态度会显著影响居民家庭金融资产配置的结构。类似的结论还可以从金融资产种类与户主风险态度的交叉表（表4.11和表4.12）中观察到，风险偏好的家庭相较风险厌恶的家庭，更多地集中在金融资产配置种类更多及金融资产配置多样化指数更高的分组中。

表4.10　家庭金融资产结构的风险态度差异

风险态度	种类均值	多样化指数均值
风险偏好	2.12	0.25
风险中性	2.01	0.22
风险厌恶	1.70	0.16

表 4.11　金融资产种类与户主风险态度的关系

		金融资产种类分组			合计
		0~3 种	4~5 种	6（含）种以上	
风险偏好	频数	955	137	8	1100
	比例/%	86.82	12.45	0.73	100
风险中性	频数	1909	174	12	2095
	比例/%	91.12	8.31	0.57	100
风险厌恶	频数	4641	226	8	4875
	比例/%	95.20	4.64	0.16	100
总计	频数	7505	537	28	8070
	比例/%	93.00	6.65	0.35	100

表 4.12　金融资产多样化指数与户主风险态度的关系

		金融资产种类分组			合计
		0~0.3	0.3~0.5	0.5 以上	
风险偏好	频数	606	268	181	1055
	比例/%	57.44	25.40	17.16	100
风险中性	频数	1259	509	254	2022
	比例/%	62.27	25.17	12.56	100
风险厌恶	频数	3436	825	374	4635
	比例/%	74.13	17.80	8.07	100
总计	频数	5301	1602	809	7712
	比例/%	68.74	20.77	10.49	100

6）家庭财富对金融资产配置结构的影响

笔者将家庭金融资产结构种类均值及多样化指数均值均进一步分为三类，分别将其与家庭财富做交叉表（表 4.13、表 4.14）。表中结果显示，金融资产配置种类较多及多元化指数较高的家庭更多地集中在家庭财富总量更大的分组中，说明家庭金融资产配置结构的多样化和家庭财富总量的分布较为一致，总财富越多的家庭在金融资产配置上也更分散，更趋于多元化。

表 4.13　家庭金融资产结构的财富差异

种类分组		家庭财富分组						合计
		1	2	3	4	5	6	
种类分组	0~3 种	978	1926	1339	1706	732	824	7505
	4~5 种	1	24	56	129	111	216	537
	5 种以上	0	0	0	5	7	16	28
	合计	979	1950	1395	1840	850	1056	8070

表 4.14　家庭金融资产结构的财富差异

多样化指数分组		家庭财富分组						合计
		1	2	3	4	5	6	
多样化指数分组	0~0.3	733	1455	961	1128	489	535	5301
	0.3~0.5	114	314	284	442	194	254	1602
	0.5 以上	9	89	102	212	151	246	809
	合计	856	1858	1347	1782	834	1035	7712

7）其他属性变量对金融资产配置结构的影响

按户主性别分组，户主为男性的家庭配置的金融资产种类均值为 1.83，多样化指数均值为 0.19，而户主为女性的家庭配置的金融资产种类均值为 1.84，多样化指数均值同样为 0.19，说明在金融资产配置结构的多元化方面，男女相差不大；当按照户主婚姻状况分组，已婚家庭样本配置的金融资产种类均值为 1.82，多样化指数为 0.189，未婚家庭样本的两者指标分别为 2.14 和 0.24，均高于前者，说明已婚家庭在金融资产投资方面更为保守；按是否从事经营活动分组，从事经营活动的家庭金融资产配置种类均值为 1.63，多样化指数均值为 0.16，而未从事经营活动的家庭两者指标均较高，分别为 2.01 和 0.21，和前文的原因一样，从事经营活动的家庭不会涉及金融领域，所以配置的金融资产不管是从规模上还是结构上，均低于未从事经营活动的家庭；按照对未来的预期分组，对未来经济保持乐观态度的家庭所配置的金融资产种类均值为 1.82，多样化指数均值 0.19，对未来经济保持悲观态度的家庭所配置的金融资产种类均值及多样化指数均值分别为 2.05

和 0.23，和前者存在一定的差异。

上文通过分组比较，可直接观察到各属性变量不同取值范围对居民家庭金融资产配置结构的影响，但依旧无法区分这种影响是由随机误差还是由系统误差造成，同第 3 章一样，本章采用方差分析法对各变量影响家庭金融资产结构的显著性做一个初步的检验，方差分析的结果见表 4.15。由表中数据可以看出，单个因素变化对居民家庭金融资产结构有显著效应的变量有：地域、户主户籍、户主年龄、户主受教育程度、户主婚姻状况、户主风险态度、家庭规模、是否从事生产经营活动、家庭财富和经济预期，仅有户主性别一种变量在单因素情况下对居民家庭金融资产结构的差异没有显著性的影响。

表 4.15 属性变量对家庭金融资产配置多样性的单因素方差分析

因素	金融资产种类	金融资产多样化指数
地域	96.76***（0.0000）	51.12***（0.0000）
户主户籍	560.04***（0.0000）	280.4***（0.0000）
户主年龄	4.44***（0.0000）	3.77***（0.0000）
户主受教育程度	136.32***（0.0000）	83.99***（0.0000）
户主性别	0.11（0.7444）	0.31（0.5793）
户主婚姻状况	28.19***（0.0000）	19.59***（0.0000）
户主风险态度	112.66***（0.0000）	102.45***（0.0000）
家庭规模	16.79***（0.0000）	10.77***（0.0000）
是否从事经营活动	266.86***（0.0000）	119.88***（0.0000）
家庭财富	320.94***（0.0000）	144.96***（0.0000）
经济预期	28.04***（0.0000）	24.53***（0.0000）

注：表中数据为各属性变量方差分析的统计量及所对应的 P 值，*、**、***分别表示显著性水平的 10%、5%、1%的显著性水平。

上述方差分析方法在不考虑其他因素时，研究了单个变量的变化是否会对不同居民家庭金融资产的配置结构产生显著性的影响，虽然简便且易于理解，但容易使结果发生一定的偏差。例如，假设"户主年龄越大，家庭拥有的金融资产规模也大，家庭金融资产的配置多样性就更强"，一旦当年龄大的户主受教育程度较低，在单独分析学历水平对家庭金融资产配置的影响时，就会得出"户主学历低的家庭相较户主学历高的家庭在金融资产的结构配置上多样性更强"，但显然这并非户主受教育年限这个变量所引起的。因此，为了更精准地分析在多种变量共同起作用的情况下，影响居民家庭金融资产配置结构的因素有哪些，我们需要建立更合适的模型对其进行实证分析。

4.2 模型构建

本节选取的变量与第 3 章一致，也与本章第一节相同。当然，我们不仅要选取合适的变量来研究居民家庭金融资产配置结构，还需要构建合适的模型来进行实证分析。在数据序列平稳的情况下，首先考虑的是经典多元线性回归，此模型不适用时，考虑改进或更换其他模型。遵循该思路，笔者先分析多元线性回归模型在研究居民家庭金融资产配置结构时是否适用，然后具体问题具体分析，针对实际情况提出改进的办法。

从第 3 章可知，在所有 8070 户家庭样本中，并非所有的家庭都配置了金融资产。本章第一节也指出，共有 7712 户家庭配置了金融资产，仍有 358 户家庭没有配置任何一种金融资产；在 7712 户配置金融资产的家庭中，共有 3192 户家庭仅配置了一种金融资产，根据笔者构造的多样化指数，这些家庭计算的多样化指数为 0。经典的线性多元回归模型是对分散在所有坐标轴中的数据进行回归分析，回归系数体现当解释变量变化一单位时，被解释变量的变化程度及方向，其不适合被解释变量取值范围全部为非负的情况。因此，经典线性回归模型在此并不适用，需要选用更为合适的模型。

在本章要研究的内容中，两种因变量的指标数据均出现截断的情形，但含义有所不同：当种类数作为因变量时，取值为 0 代表家庭不配置任何的金融资产，即不参与金融市场；当多样化指数作为因变量时，取值为 0 代表参与金融资产配置的家庭仅配置了 1 种金融资产。不管采用哪种指标作为因变量来衡量居民家庭金融资产配置结构，被解释变量为 0 或正数的产生机制是一样的，这符合 Tobit 模型的特征（陈强，2014）。因此，当模型所用数据的观测值出现被截取的情况时,和第 3 章的做法一样,笔者采用 Tobit 模型来解决因变量受限的问题。其有区别于经典的多元线性回归模型,在处理截取样本的情况下,能更加精确地刻画被解释变量如何受到解释变量的影响。当完成 Tobit 回归估计之后,对其进行正态性与同方差性的检验,判断是否需要用 CLAD 方法对其进行完善。由于第 3 章已经就有关 Tobit 的具体形式及估计检验方法做了详细讨论,本章不再重复。

根据所选取的解释变量,笔者以金融资产的种类数及多样化指数为因变量,构建居民家庭金融资产配置结构的 Tobit 模型,回归模型中出现的变量字母说明见表 4.16。

表 4.16 变量、变量符号及变量说明一览

变量名	变量符号	变量说明
金融资产种类	kind	定量变量
多样化指数	div	定量变量
东部地区	east	虚拟变量
中部地区	middle	虚拟变量
西部地区	west	虚拟变量
户主户籍	city	虚拟变量
户主年龄	age	定量变量
户主年龄平方	AS	定量变量
户主受教育程度	edu	定量变量
户主性别	gender	虚拟变量
户主婚姻状况	married	虚拟变量
风险偏好	RP	虚拟变量
风险中性	RN	虚拟变量
风险厌恶	RA	虚拟变量
家庭规模	size	定量变量
是否从事经营活动	opr	虚拟变量
家庭财富	wealth	定量变量
经济预期	ant	虚拟变量

首先，设定居民家庭金融资产配置种类数的 Tobit 模型，其中，将户主年龄、户主受教育程度、家庭规模、家庭财富以定量变量引入，而地区变量、户主户籍、户主性别、婚姻状况、风险态度、是否从事经营活动、对未来的经济预期均以虚拟变量形式引入，模型设定形式为：

$$kind = \begin{cases} 0 & if\ RHS = 0 \\ \beta_0 + \beta_1 east + \beta_2 west + \beta_3 city + \beta_4 age + \beta_5 AS + \beta_6 edu + \beta_7 gender + \\ \beta_8 married + \beta_9 RP + \beta_{10} RN + \beta_{11} size + \beta_{12} opr + \beta_{13} wealth + \beta_{14} ant & if\ RHS > 0 \end{cases} \quad (4.2)$$

接着，笔者以上文所构造的家庭金融资产配置多样化指数作为因变量，设立模型 4.3（笔者将据此对居民家庭金融资产配置的结构问题进行实证分析。）：

$$div = \begin{cases} 0 & if\ RHS = 0 \\ \beta_0 + \beta_1 east + \beta_2 west + \beta_3 city + \beta_4 age + \beta_5 AS + \beta_6 edu + \beta_7 gender + \\ \beta_8 married + \beta_9 RP + \beta_{10} RN + \beta_{11} size + \beta_{12} opr + \beta_{13} wealth + \beta_{14} ant & if\ RHS > 0 \end{cases} \quad (4.3)$$

4.3 实证分析

本节对模型中所用的变量选取适当的数据，对 Tobit 模型进行最大似然估计得到回归结果，然后在必要的统计检验基础上对模型进行完善，判断是否需要采用 CLAD 估计模型，并以似然比为依据，经过删减选取适当的变量后得到最优回归方程。最后，对方程的经济意义做出解释，得出研究结论。

4.3.1 居民家庭金融资产配置种类的估计与检验

根据筛选出的样本数据，首先运用极大似然估计法对居民家庭金融资产种类的 Tobit 模型（式 4.2）进行拟合，得到的结果见表 4.17。表中左边三列体现了居民家庭金融资产配置种类数回归方程的估计结果，右边一列为各变量的边际效应，从数据可以看出，边际效应和系数估计值略微有差异，但区别不大。

表 4.17 居民家庭金融资产种类 Tobit 模型估计结果

变量	系数	标准差	W 统计量	边际效应
东部地区	0.016	0.025	0.428	0.014
西部地区	−0.010	0.033	0.094	−0.009
户主户籍	0.109	0.030	13.323***	0.094
户主年龄	−0.018	0.005	10.641***	−0.015
户主年龄平方	0.0002	0.000	8.592***	0.0001
户主受教育程度	0.034	0.003	98.174***	0.030
户主性别	0.064	0.025	6.307**	0.055
户主婚姻状况	−0.078	0.062	1.555	−0.068
风险偏好	0.033	0.036	0.855	0.029
风险厌恶	−0.139	0.026	27.888***	−0.121
家庭规模	−0.028	0.008	12.256***	−0.024
是否有经营活动	−0.065	0.027	5.551**	−0.056
家庭财富	0.178	0.006	811.819***	0.154
经济预期	0.020	0.041	0.244	0.017
截距项	0.054	0.149	0.130	
W 统计量		997.856***		
截取样本数：	左侧：358		右侧：0	
未截取样本数：	7712		总样本：8070	

注：表中*、**、***分别表示10%、5%、1%的显著性水平。

现对 Tobit 模型的扰动项进行正态性检验和异方差性检验，结果见表4.18。结果显示，正态性检验的 NR^2 统计量为 508.65，P 值接近于 0，故拒绝"扰动项服从正态分布"的原假设。异方差检验的 NR^2 统计量为 1177.35，P 值同样接近于 0，因此，同样拒绝"扰动项不存在异方差"的原假设，认为扰动项存在异方差。这样，需要考虑在非正态情况下也成立的 CLAD 估计法。

表 4.18　正态性与异方差性检验结果

检验项目	NR^2 统计量	P 值
正态性检验	508.64695	3.54e-111
异方差检验	1177.3497	2.20e-256

和最大似然估计法相比，用 CLAD 估计方法仅要求扰动项为独立同分布，即使在非正态与异方差的情况下也能得到一致估计。而且，在一定的正则条件下，估计服从渐进正态分布，利用 CLAD 方法估计的结果如表 4.19 所示。

表 4.19　CLAD 估计回归结果

变量	回归系数	P 值
东部地区	0.0120（0.0235）	0.610
西部地区	-0.001 71（0.0317）	0.957
户主户籍	0.0765***（0.0286）	0.008
户主年龄	-0.0118**（0.00521）	0.024
户主年龄平方	9.32e-05*（4.95e-05）	0.06
户主受教育程度	0.0297***（0.003 30）	0.000
户主性别	0.0665***（0.0241）	0.006
户主婚姻状况	-0.126**（0.0592）	0.033
风险偏好	-0.0444（0.0342）	0.195
风险厌恶	-0.192***（0.0253）	0.000
家庭规模	-0.0478***（0.007 65）	0.000
是否有经营活动	-0.0792***（0.0262）	0.003
家庭财富	0.158***（0.00601）	0.000
经济预期	-0.0571（0.0393）	0.146
截距项	0.344**（0.142）	0.016
N	8060	
Pseudo R^2	0.103 376 69	

注：表中括号内数据为各属性变量稳健的标准差，*、**、***分别表示 10%、5%、1%的显著性水平。

将表 4.18 中 CLAD 估计结果与表 4.16 中 Tobit 估计结果对比可发现，对于户主婚姻状况这一变量，由不显著变为显著，其他变量的显著性在这两种估计法上并没有质的不同，但部分变量的系数估值相差较大。我们知道，如果 Tobit 模型的设定正确（比如，满足正态性与同方差性），则两者的估计结果应相差不多。从这个角度看，在两模型估计结果相差较大的时候，我们应使用 CLAD 模型对居民家庭金融资产种类数进行估计。

4.3.2 居民家庭金融资产配置多样化指数的估计与检验

前文以居民家庭金融资产配置种类为因变量建立了回归模型。在家庭的金融决策中，不仅要考虑投资金融资产的种类，还要决定配置在某项金融资产上的金额大小，因此，笔者又构造了金融资产配置多样化指数。现在，笔者以多样化指数为因变量对回归模型并进行估计，来考察属性变量对其的影响。表 4.20 左边三列为居民家庭金融资产配置多样化指数回归方程的估计结果，右边一列为各变量的边际效应。

表 4.20　居民家庭金融资产多样化指数 Tobit 模型估计结果

变量	系数	标准差	W 统计量	边际效应
东部地区	-0.001	0.009	0.013	-0.0004
西部地区	-0.005	0.012	0.199	-0.002
户主户籍	0.024	0.010	5.468**	0.011
户主年龄	-0.004	0.002	3.333*	-0.002
户主年龄平方	0.0001	0.0001	1.417	0.0001
户主受教育程度	0.011	0.001	84.378***	0.005
户主性别	0.024	0.009	7.507***	0.010
户主婚姻状况	-0.017	0.021	0.649	-0.008
风险偏好	0.001	0.012	0.002	0.0002
风险厌恶	-0.049	0.009	29.235***	-0.021
家庭规模	-0.003	0.003	1.335	-0.001
是否有经营活动	-0.014	0.010	2.156	-0.006

续表

变量	系数	标准差	W 统计量	边际效应
家庭财富	0.050	0.002	433.827***	0.022
经济预期	0.001	0.014	0.002	0.0002
截距项	−0.457	0.053	74.526***	
W 统计量		644.047***		
截取样本数：	左侧：3192		右侧：0	
未截取样本数：	4520		总样本：7712	

注：表中 *、**、*** 分别表示 10%、5%、1% 的显著性水平。

现对多样化指数的 Tobit 模型进行正态性及异方差性的检验，结果见表 4.21。结果显示，正态性检验的 NR^2 统计量为 7422.3253，P 值为 0，拒绝"扰动项服从正态分布"的原假设，认为扰动项不服从正态分布；异方差检验的 NR^2 统计量为 7365.597，P 值同样为 0，因此，同样拒绝"扰动项不存在异方差"的原假设，认为扰动项存在异方差。这样，需要用 CLAD 方法对模型进行估计。

表 4.21　正态性与异方差性检验结果

检验项目	NR^2 统计量	P 值
正态性检验	7422.3253	0
异方差检验	7365.597	0

CLAD 估计结果见表 4.22。将表中结果与上文 Tobit 模型估计结果对比可发现，对于东部地区变量、婚姻变量、风险偏好变量、家庭规模变量、是否从事经营活动变量、经济预期变量而言，CLAD 估计值与 Tobit 估计值相差较大，且显著性均由不显著转为显著，而对于户主年龄及年龄的平方量变量而言，系数的显著性由显著变为不显著，两模型结果相差较大。因此，可认定 Tobit 模型的估计有误，其系数估计值非一致估计量，需要使用 CLAD 的估计模型。

表 4.22　CLAD 估计回归结果

变量	回归系数	P 值
东部地区	0.0222**（0.0103）	0.03
西部地区	-0.001 28（0.0158）	0.935
户主户籍	0.0397***（0.0117）	0.001
户主年龄	0.002 24（0.002 33）	0.335
户主年龄平方	-2.90e-05（2.30e-05）	0.206
户主教育程度	0.0119***（0.001 54）	0.000
户主性别	0.0279***（0.0104）	0.007
户主婚姻	-0.100***（0.0237）	0.000
风险偏好	0.0245*（0.0132）	0.062
风险厌恶	-0.0754***（0.0104）	0.000
家庭规模	-0.00905**（0.003 62）	0.012
是否有经营活动	-0.0193*（0.0112）	0.085
家庭财富	0.0533***（0.003 73）	0.000
经济预期	-0.0351**（0.0152）	0.021
截距项	-0.528***（0.0701）	0.000
N	5335	
Pseudo R^2	0.058 060 72	

注：表中括号内数据为各属性变量稳健的标准差，*、**、***分别表示 10%、5%、1%的显著性水平。

4.3.3　居民家庭金融资产配置结构的回归结果分析与评价

在上节内容中，笔者根据样本数据的特征，选定了适合主题研究的 Tobit 模型，然后以居民家庭金融资产配置种类及多样化指数分别为因变量建立了回归方程。在经过最大似然法的估计后，可以发现，所建立的 Tobit 模型无法通过扰动项的正态性检验，因此，笔者更换为符合要求的 CLAD 方法对归并模型予以估计，并得到了最终的回归结果。然而这些结果是否具有经济意义上的合理性需要进一步讨论，在本部分内容中，笔者将从经济意义出发，对两个归并模型的结果进行分析与评价。

1）居民家庭金融资产配置种类模型

样本家庭所在的区域位置对居民金融资产配置规模的影响。从第一节属性变量对居民家庭金融资产配置影响的分组对比可以发现，东部家庭配置的金融资产的种类数均值要高于中部地区高于西部地区，但从 CLAD 回归结果来看，虽然东部地区比中部地区的家庭配置金融资产的种类数要多，而西部地区的家庭配置的金融资产种类数最低，不过并未体现出统计上的显著性，这可能和样本的数量分布有关。就户主户籍来看，城市地区的家庭变量的回归系数为 0.0765，且在 1% 的水平下显著，说明城市家庭配置的金融资产种类数要高于农村家庭，验证了我们在数据分析中得到的初步结论。

关于年龄和家庭金融资产配置种类的关系，可以看到，户主年龄变量系数为负，年龄平方的变量系数为正，且均体现出了统计意义上的显著性。由此可见，居民家庭金融资产配置种类随着户主年龄的增大呈现出先减少后增加的 U 型结构。这一点跟第 3 章内容中居民家庭金融资产配置规模的结论相同，说明居民家庭金融资产配置的种类和金融资产的总量基本是一致的。当总量配置多时，资产的种类自然也多；当金融资产总量配置较少时，种类均值也较低。

户主受教育年限这一变量显著为正，说明学历越高的家庭配置金融资产的种类越多，户主的受教育程度对金融资产的配置种类起到越大的正向促进作用。通过第 3 章的结论可知，户主的学历水平越高，所配置的家庭金融资产规模也越大，当金融资产配置总量较大时，如何通过更好地配置金融资产的结构实现其保值增值功能就显得尤为重要。然而大部分金融资产是存在一定风险的，如果投资者判断错误，则面临损失的可能性会加大。户主通过接受教育可以进行更为理性的投资，即投资的金融资产种类越多，风险的分散程度也就越高。

家庭金融资产配置的种类和居民财富成正相关关系。在 CLAD 的估计结果中，家庭财富变量的估计系数为 0.158，且在 1% 的水平下显著，说明随着家庭财富的增加，居民家庭金融资产配置的种类是递增的。其实，关于居民财富与家庭金融资产配置的关系，不管是上一章配置规模，还是本章配置结构，都是直观的，当家庭财富、收入越高时，家庭自然会配置更多种类及更大规模的金融资产。

风险态度与居民家庭金融资产配置种类的关系。前文数据探索中的分组对比表明，风险偏好的家庭在金融资产配置种类数上要高于风险中性的家庭，风险厌恶的家庭所配置的金融资产种类数最低，这符合我们直观的逻辑关系。但在 CLAD 估计结果中，风险偏好相较于风险中性的家庭来说，虽然估计系数为正，但并未体现出统计意义上的显著性；而风险厌恶的家庭在金融资产配置种类上确实低于风险中性的家庭，且在 1% 的水平下显著。

对于其他变量，CLAD 估计结果显示，户主性别变量估计系数为 0.0665，且在 1% 的统计水平下显著，表明男性户主的家庭比女性户主的家庭配置了更多的金融资产种类，体现为男性的投资更为积极，女性投资较为保守；而已婚的家庭相对未婚的家庭来说，配置了更少种类的金融资产，这应该是由于已婚的家庭有家庭责任在身，需要考虑的事情更多，因此在投资上来讲也更为稳健；随着家庭人口规模的增加，家庭所配置的金融资产种类数是减少的，体现为当人口增加时，家庭所负担的各种支出也随之上升，比如购房、购物及其他生活支出，因此所配置的金融资产不管是在总量上还是在结构上都不具规模；从事经营活动的家庭比未从事经营活动的家庭配置了更少的金融资产种类，这是由于该类家庭所从事的经营活动并不涉及金融领域，因此金融资产配置的种类必然会较少；经济预期估计系数为负，但并未体现出统计上的显著性。

2）居民家庭金融资产配置多样化指数模型

前面提到的居民家庭金融资产配置多样化指数，其不仅考虑了金融资产配置的种类，还兼顾了配置在每种金融资产上的投资金额。因此，当以多样化指数作为因变量进行 CLAD 估计时，产生的结果可能会和种类模型有所不同。

东部地区变量的系数估计值由不显著转为显著，表明和中部地区的家庭相比，位于东部地区的家庭确实在金融资产配置上更趋多样化，而西部地区变量依然没有体现出统计意义上的显著性；户主年龄及年龄平方的变量系数均变为不显著，说明如果根据多样化指数来判断，生命周期因素对家庭金融资产配置结构方面的影响并不是很大，这一点和曾志耕（2015）的研究成果一致，其考察了风险金融资产配置结构与家庭特性之间的关系，同样在年龄因素的影响方面没有得到显著性的验证；而在风险态度变量上，风险偏好的家庭比风险中性的家庭在金融资产配置上更趋多样化，这一点得到了统计意义上的检验；同样，在经济预期上，对未来经济持乐观态度的家庭反而比持悲观态度的家庭配置的金融资产多样化指数更低，笔者在第 3 章中对此进行了解释，可能是由于看好未来中国经济的家庭将更多的家庭财富配置到了房产及其他实体投资方面，因此，在金融资产的配置方面就会相应的减少。

其他变量对家庭金融资产配置多样化指数的影响程度与前述配置种类模型虽然有所不同，但在影响方向上是一致的。户主户籍变量的估计系数为正，且在1%的统计水平下显著，表明城市家庭在金融资产配置结构上相对乡村家庭更趋多样化；户主的学历水平对家庭金融资产配置结构方向有着正向的促进作用，户主受教育年限越多，家庭金融资产配置的多样化程度也越高；男性户主家庭相较户主为女性的家庭，在金融资产配置结构方面更趋多样化；已婚家庭的金融资产配置多样化指数要高于未婚家庭；家庭规模变量与家庭金融资产配置多样化指数负相关，家庭人口越多，家庭金融资产配置结构越缺乏多样性；家庭财富对家庭金融资产配置的结构影响显著，随着家庭财富的增加，家庭金融资产配置结构的多样化程度也越强。

笔者认为，以上两个因变量指标基本可以代表家庭金融资产配置结构的多样化水平，回归模型得出的结论也都比较合理，可以在较高程度上刻画出影响居民家庭金融资产配置多样化的各种因素，对居民家庭金融资产结构配置具有一定的经济解释意义。

5 内部视角：居民家庭金融资产配置的效率考察

家庭金融的研究对象为居民的金融资产选择行为，其最终目的在于探究居民如何根据自身家庭的实际情况做出投资组合决策，通过最优的金融资产跨期配置来实现投资收益的最大化。因此，本章着眼于研究居民家庭金融资产配置的效率，研究思路与第 3、4 章相同，首先对衡量金融资产配置效率的指标进行选取与设定，其次运用微观数据对其特征进行统计性描述，在对各属性变量进行分组的基础上，实证分析了居民家庭金融资产配置效率的影响因素，最后得出研究结论。

5.1 数据分析

家庭金融资产配置效率，即居民配置金融资产的有效性，同第 4 章资产配置结构多样化一样，是一个非常难以衡量的指标。一方面，由于家庭所拥有的账户数据众多，不仅涉及储蓄存款、股票、基金、债券等金融产品，而且每种金融产品的账户也不止一个，居民很难准确描述自身家庭的金融资产盈亏状况；另一方面，由于考虑到自身的隐私保护，即使有能力准确描述，一些居民也不愿意提供准确的家庭金融资产信息。在目前微观数据较为匮乏的背景下，取得居民家庭整体样本的数据已属不易，再加上居民家庭复杂的异质性特征及各不相同且难以观察的效用函数，如何衡量家庭金融投资组合的有效性更是难上加难。本节尝试利用 CHFS 的调研数据，计算居民家庭金融资产配置的加权夏普比率，作为家庭金融资产配置有效性的替代变量，并探究对其可能产生影响的各种因素及影响程度大小。

5.1.1 居民家庭金融资产配置效率的微观衡量[①]及统计性描述

本部分内容的研究重点为家庭金融资产配置的效率,旨在从微观层面探讨居民家庭投资组合的有效性问题。在衡量配置效率高低时,由于家庭配置各项金融资产的目的在于追求收益最大化,故投资回报率应是最为精确的度量指标,但由于无法获得每个家庭各类金融资产账户的精确数据,因此,家庭准确的投资回报率无法计算得出。同时,由于居民具有复杂的异质性特征以及难以观察的效用函数,我们甚至无法得知家庭的最优投资组合是否存在,也无法判断每个家庭是否能够理性地依据自身风险偏好进行资产配置。为了研究的顺利进行,我们在此尝试寻找一个合适的标准来衡量家庭金融资产投资组合的优劣,希望该标准具有明确的经济意义并且简单易用。在标准的金融学理论下,若所有投资者都面临已知且相同的服从正态分布的资产收益率,如果考虑无风险资产,那么投资组合有效前沿为资本市场线,而其斜率即为夏普比率,这样理性投资者所持投资组合的夏普比率都相同。而在家庭投资组合存在巨大差异的事实下,投资组合的夏普比率必然不尽相同。这意味着夏普比率可以用来衡量投资组合的表现,可以在一定程度上反映投资组合的有效性。事实上,夏普比率作为可以同时对收益与风险加以综合考虑的三大经典指标之一[②],在金融领域常用来作为基金绩效评价的标准。因此,我们可以将其引入作为衡量家庭金融资产配置效率的替代指标,据此来研究居民家庭投资组合有效性的群体性差异。夏普比率的计算公式如下:

$$Sharpe\ Ratio = \frac{E(R_p) - R_f}{\sigma_p} \quad (5.1)$$

其中,$E(R_p)$ 为投资组合的预期回报率,R_f 为无风险利率,σ_p 为投资组合的标准差。我们在上一章的内容中已经提到,在 CHFS 的项目调查中,

---

[①] 这里采用微观衡量的说法,是为了与第 6 章第 3 节中的宏观衡量区分开来。这两部分对居民家庭金融资产配置效率的衡量口径是不一样的。

[②] 另外两种可用来衡量风险调整收益的指标,分别是特雷诺指数(Treynor ratio)和詹森指数(Jensen index)。

金融资产共包括 11 项，如果对其进行细分，活期存款、定期存款、金融理财产品、现金及借出款风险较小，可视为无风险资产；股票、债券、基金、衍生品、非人民币资产及黄金等为风险性金融资产。由于夏普比率的计算对象为风险资产组合，因此，笔者首先将无风险资产排除。另外，由于在笔者选取的所有样本家庭中，仅有 1 户持有衍生品资产，同时，非人民币资产组合的具体种类我们不得而知，因此在计算夏普比率时将该两类资产剔除。这样，在经过对所有金融资产的筛选后，股票、债券、基金、黄金等金融产品纳入笔者计算夏普比率的考量范围。

若要计算某项资产的夏普比率，需要知道该资产的收益率，然而根据调查数据，笔者仅仅知道某项金融资产的投资额，但并不知道构成该项资产具体的账户数据。例如股票，虽然知道家庭投资股票的总金额及股票投资额占所有金融资产的比重，但无法得知该家庭投资了哪几种股票以及每种股票的收益情况。笔者借鉴 Pelizzon & Weber（2008）、Grinblatt et al.（2011）、吴卫星（2015）等人的研究成果，采用指数替代这一平均化的方式来处理，从而求得收益序列数据。

对于持有股票的收益，采用上证指数及深证指数月度收益率加权平均来代替，权重为两市各自成交额在总成交额中所占的比重；对于持有基金的收益，采用上证基金指数及深证基金指数按月成交额加权的月平均收益率来代替；对于持有债券的收益，采用中证综合债指数的月平均收益率来代替；对于持有黄金的收益，采用黄金现货价格计算得到的月度平均收益率来代替。在此笔者截取计算所用数据的时间区间为 2003 年 2 月到 2013 年 12 月，因为在这个区间内，中国经济的发展呈现出明显的周期性，同时以股市为代表的金融市场也经历了一个完整的周期（吴卫星等，2015）。得到相关金融资产的收益序列数据后，就可以依照夏普比率的计算公式计算出每种风险金融产品的夏普比率，然后通过每个家庭所持有该种风险资产占家庭全部金融资产的比重计算出家庭的加权夏普比率。不同于已有的研究成果，本书计算得出的加权夏普比率不仅包括股票、债券、基金等金融产品，还加入了黄金，是对家庭风险性金融资产配置有效性更为全面的描述。

笔者首先根据上文中所列举的指数数据，计算得出股票、债券、基金和黄金等四项风险性金融资产各自的夏普比率（见表 5.1）。从表中数据可以看出，股票的夏普比率最低，为 0.0399，其次是黄金、基金，债券的夏普比率最高，为 0.2370。这是由于在整个经济周期中，股市经历了一轮完整的牛熊，收益其实变化不大，但波动率较大。债券则与之相反，其波动较小，因此夏普比率最高。

表 5.1　各种资产的夏普比率

金融资产	股票	债券	基金	黄金
夏普比率	0.0399	0.2370	0.1608	0.1173

接着笔者将各种资产的夏普比率，以每项金融资产在金融总资产中所占的比例为权重，计算得出每个样本家庭整体的加权夏普比率。如果家庭没有参与该几种风险性金融资产中的任意一项，则认为代表其家庭金融投资配置效率的夏普比率为 0。对居民家庭金融资产配置效率的统计性描述如表 5.2 所示，可发现在所有样本家庭中，金融资产配置效率的均值为 0.009，最大值也仅为 0.237，说明我国居民家庭金融资产配置效率是比较低的。出现这种现象是因为根据我们前文对四种风险性金融资产的筛选，没有配置其中任何一种金融资产的家庭户数为 7207 户，即样本中夏普比率为 0 的家庭占据样本总数的比例为 89.3%，极大地降低了整体样本配置金融资产的有效性。

表 5.2　居民家庭金融资产效率描述性统计

变量	观测值	均值	标准差	最小值	最大值
夏普比率（Sharpe）	8070	0.008 972 4	0.032 347 8	0	0.237 012

5.1.2　属性变量对居民家庭金融资产效率影响的对比分析

参照第 3、4 章的做法，笔者在进行实证分析之前，将居民各属性变量按不同的取值进行分组，对比分析居民家庭金融资产配置有效性指标存在的差异，以初步判断属性变量对金融资产配置效率的直观影响。

1）家庭所在区位对金融资产配置效率的影响

表 5.3 的统计结果显示，位于东部地区的家庭金融资产配置的有效性指数均值为 0.0126，中部地区家庭的有效性指数均值为 0.0054，西部地区家

庭的这一指标值为 0.0068，东部地区＞西部地区＞中部地区；如果分城市和乡村来看，城市家庭金融资产配置的夏普比率均值为 0.0155，高于乡村家庭的金融资产配置夏普比率均值 0.0030，即城市家庭金融资产配置更有效率。

表 5.3　家庭金融资产配置效率的区位差异

区位	观测值	夏普比率平均数
东部	3780	0.012 627 3
中部	3101	0.005 360 4
西部	1189	0.006 773 1
城市	3837	0.015 534 6
乡村	4233	0.003 024 1

将金融资产配置效率与东中西及城乡等区位因素作交叉列表分析（表 5.4）可发现，相较中部地区的家庭来说，位于东部地区和西部地区的家庭更多的分布在家庭金融资产配置效率较高的小组中，在金融资产配置效率较低的小组中占比低于中部地区，而东部地区与西部地区之间的差异并不十分明显；对于城市和乡村地区的家庭来说，城市家庭分布在金融资产配置效率较高分组中的占比要高于乡村家庭在同种情形下的占比，在效率较低的分组中的占比情况则是相反的，说明城市家庭在金融资产的配置上要比农村家庭更有效率。

表 5.4　金融资产有效性指数分组与区位分组交叉分析表

			地域			城乡		合计
			东	中	西	城市	乡村	
金融资产有效性指数	0~0.1	频数	3595	3029	1149	3602	4171	7773
		比例/%	95.11	97.68	96.64	93.88	98.54	96.32
	0.1~0.2	频数	165	63	33	210	51	261
		比例/%	4.37	2.03	2.78	5.47	1.20	3.23
	0.2 以上	频数	20	9	7	25	11	36
		比例/%	0.53	0.29	0.59	0.65	0.26	0.45
合计		频数	3780	3101	1189	3837	4233	8070
		比例/%	100	100	100	100	100	100

2）户主年龄对金融资产配置结构的影响

将不同年龄阶段的户主与家庭金融资产配置效率之间存在的对应关系列表5.5。分析表中的数据可发现，30周岁及以下年龄段的户主所在的家庭金融资产配置夏普比率的均值为0.013，在关于年龄的结果分组中是最高的；户主为61周岁（含）以上的家庭所配置金融资产的夏普比率均值为0.007，为所有年龄分组中的最低值。就整体数据来看，当按照年龄分组时，居民家庭金融资产配置效率的平均值呈下降趋势，这说明家庭配置金融资产的有效性随着年龄的增大是逐渐降低的。

表 5.5　家庭金融资产配置效率的年龄差异

年龄	30周岁以下	31～45周岁	46～60周岁	61周岁以上	全部
夏普比率均值	0.013 037 5	0.011 034 2	0.007 397 5	0.006 960 1	0.008 972 4

3）家庭规模对金融资产配置效率的影响

表5.6显示了居民家庭金融资产配置效率与家庭人口规模之间的关系。从表中的数据可以发现，三口之家的家庭金融资产配置的夏普比率均值为0.0135，在所有分组中最高；其次是两口之家，夏普比率均值为0.0101，整体呈现先上升后下降的驼峰走势，和第3、4章考察的金融资产配置规模和金融资产配置结构的趋势相似。

表 5.6　家庭金融资产配置效率的人口规模差异

家庭规模	观测值	夏普比率均值
一口之家	507	0.006 032 2
两口之家	1688	0.010 108 8
三口之家	2434	0.013 457 1
四口之家	1535	0.006 092
五口之家	1105	0.006 740 9
六口之家	527	0.003 898 6
七口之家	179	0.003 554 1

4）户主受教育水平对金融资产配置效率的影响

将居民家庭金融资产配置有效性指标按户主所受的教育年限进行分组（见表 5.7）发现，学历在小学及以下的家庭，金融资产配置夏普比率的均值为 0.0023；随着学历水平的上升，居民配置金融资产的效率也是递增的，学历为研究生水平的家庭，金融资产配置的夏普比率均值为 0.0357。很明显，户主所受的教育水平对家庭配置金融资产的效率有显著的正向促进作用。

表 5.7　家庭金融资产配置效率的学历水平差异

受教育水平	观测值	夏普比率均值
小学及以下	2430	0.002 289
初中	2696	0.005 244 3
高中/中专/职高	1659	0.011 467 9
大专/高职	624	0.023 509 4
大学本科	569	0.027 632 2
研究生	92	0.035 741 2

表 5.8 显示了全部样本按照户主受教育水平与金融资产配置效率之间的交叉分组列表，表中数据显示，随着户主受教育水平的提高，居民家庭金融资产配置效率逐渐集中到更高取值的分组中，这进一步验证了家庭金融资产配置效率与户主受教育水平正相关。

表 5.8　金融资产有效性指数与户主受教育水平的关系

学历		金融资产效率分组			合计
		0~0.1	0.1~0.2	0.2 以上	
小学及以下	频数 注 1 注 2	2403 98.89% 30.91%	19 0.78% 7.28%	8 0.33% 22.22%	2430 100% 30.11%
初中	频数 注 1 注 2	2635 97.74% 33.90%	55 2.04% 21.07%	6 0.22% 16.67%	2696 100% 33.41%

续表

学历		金融资产效率分组			合计
		0~0.1	0.1~0.2	0.2 以上	
高中/中专/职高	频数	1584	69	6	1659
	注1	95.48%	4.16%	0.36%	100%
	注2	20.38%	26.44%	16.67%	20.56%
大专/高职	频数	563	57	4	624
	注1	90.22%	9.13%	0.64%	100%
	注2	7.24%	21.84%	11.11%	7.73%
大学本科	频数	509	49	11	569
	注1	89.46%	8.61%	1.93%	100%
	注2	6.55%	18.77%	30.56%	7.05%
研究生	频数	79	12	1	92
	注1	85.87%	13.04%	1.09%	100%
	注2	1.02%	4.60%	2.78%	1.14%
合计	频数	7773	261	36	8070
	注1	96.32%	3.23%	0.45%	100%
	注2	100%	100%	100%	100%

注1：本资产有效性指数分组家庭数在该类学历总家庭数中占比
注2：该类学历家庭数在本资产有效性指数分组总家庭数中占比

5）户主风险态度对金融资产配置结构的影响

按照户主的风险态度进行分组（表 5.9），持风险偏好态度的家庭金融资产配置的夏普比率均值为 0.0151，持风险中性态度的家庭金融资产配置的夏普比率均值为 0.0120，而持风险厌恶态度的家庭该指标的均值为 0.0063。可见，同居民家庭金融资产配置规模和配置结构一样，家庭金融资产配置的有效性也受到户主风险态度的影响。类似的结论可以在金融资产配置效率与户主风险态度的交叉列表（表 5.10）中观察到，除金融资产配置的夏普比率均值在 0.2 以上而户主风险态度为风险偏好的样本数量较少外，其他的分组数据均显示出，风险偏好的家庭相较风险厌恶的家庭，更多地集中在金融资产配置效率较高的分组中，同时更少的集中在金融资产配置效率较低的分组中。

表 5.9　家庭金融资产配置效率的风险态度差异

风险态度	观测值	夏普比率均值
风险偏好	1100	0.015 140 5
风险中性	2095	0.012 006 2
风险厌恶	4875	0.006 276 9

表 5.10　金融资产配置效率与户主风险态度的关系

		金融资产种类分组			合计
		0~0.1	0.1~0.2	0.2 以上	
风险偏好	频数	1041	56	3	1100
	比例/%	94.64	5.09	0.27	100
风险中性	频数	1988	96	11	2095
	比例/%	94.89	4.58	0.53	100
风险厌恶	频数	4744	109	22	4875
	比例/%	97.31	2.24	0.45	100
总计	频数	7773	261	36	8070
	比例/%	96.32	3.23	0.45	100

6) 家庭财富对金融资产配置结构的影响

为了探究居民家庭金融资产配置效率与家庭财富之间存在的关系，笔者将两种指标进行分类并做交叉列表（见表 5.11）。表中数据显示，金融资产配置效率较高的家庭更多的是集中在家庭总财富量更大的分组中，说明家庭金融资产配置效率和家庭财富总量的分布较为一致，总财富越多的家庭在金融资产配置上也更有效率。

表 5.11　家庭金融资产配置效率的财富差异

		家庭财富分组						合计
		1	2	3	4	5	6	
有效性指数分组	0~0.1	976	1924	1371	1766	779	957	7773
	0.1~0.2	3	20	20	66	66	86	261
	0.2 以上	0	6	4	8	5	13	36
	合计	979	1950	1395	1840	850	1056	8070

7）家庭金融资产种类对金融资产配置结构的影响

和第 3、4 章不同，笔者在考察家庭金融资产配置效率的时候，添加了金融资产多样化指标这一变量，以观察家庭金融资产配置效率是否受金融资产配置结构的影响，两者的数据分组如表 5.12 所示。可以发现，金融资产配置结构与金融资产配置效率之间呈正相关关系，这一点在多样化指数与有效性指数的分组对比中体现的较为明显。这说明金融资产配置多元化水平较高的家庭在配置效率上要高于金融资产配置多元化水平较低的家庭。

表 5.12　金融资产效率与金融资产结构的关系

		金融资产种类分组			多样化指数分组			合计
		0～3 种	4～5 种	5 种以上	0～0.3	0.3～0.5	0.5 以上	
有效性指数分组	0～0.1	7342	413	18	5227	1524	1022	7773
	0.1～0.2	140	112	9	59	71	131	261
	0.2 以上	23	12	1	15	7	14	36
	合计	7505	537	28	5301	1602	1167	8070

8）其他属性变量对金融资产配置效率的影响

如果按照户主性别对所有样本进行分组，户主为男性的家庭金融资产配置的夏普比率均值为 0.0087，低于女性户主家庭金融资产配置的夏普比率均值为 0.0098；当按照户主的婚姻状况进行分组时，已婚样本家庭配置的金融资产夏普比率均值为 0.0088，未婚家庭配置金融资产的夏普比率均值为 0.0129，结合前文内容来看，这应该是由于已婚家庭金融资产配置更为保守，因此多元化不足导致；按是否从事经营活动分组，从事经营活动的家庭金融资产配置夏普比率均值为 0.0039，未从事经营活动家庭金融资产配置效率均值为 0.0133，和第 3、4 章所述原因可能相同，从事经营活动的家庭不会涉及金融领域，因此规模、结构及配置效率均不如未从事经营活动的家庭；按照对未来经济形势的预期进行分组可发现，对未来保持乐观态度的家庭金融资产配置夏普比率均值为 0.0086，对未来经济持悲观态度的家庭所配置金融资产的夏普比率均值为 0.0135，两者存在较大的差异。

从上文对各属性变量进行的分组比较，可以直接观察到居民家庭金融资产配置效率在属性变量取值不同时存在的差异。为了区分随机误差及系统误差所造成的影响，这里沿用第3、4章的属性变量分类标准，采用方差分析的方法，对各变量影响家庭金融资产配置效率的显著性做一个初步的检验。需要说明的是，在前文列出的属性变量基础上，笔者添加了居民家庭金融资产配置结构这一新的研究变量，希望探测出金融资产配置结构与金融资产配置效率之间有无显著性的关系以及影响方向如何。方差分析的结果见表5.13，由表中数据可以看出，单个因素变化对居民家庭金融资产结构有显著效应的变量有：金融资产结构、地域、户主户籍、户主年龄、户主受教育程度、户主婚姻状况、户主风险态度、家庭规模、是否从事生产经营活动、家庭财富和经济预期，仅有户主性别一种变量在单因素情况下对居民家庭金融资产结构的差异没有显著性的影响。

表5.13 属性变量对家庭金融资产配置效率的单因素方差分析

因素	F统计量	P值
金融资产结构	338.56***	0.0000
地域	46.73***	0.0000
户主户籍	312.67***	0.0000
户主年龄	1.86***	0.0000
户主受教育程度	71.24***	0.0000
户主性别	2.01	0.1561
户主婚姻状况	4.89**	0.0271
户主风险态度	46.66***	0.0000
家庭规模	10.68***	0.0000
是否从事经营活动	172.27***	0.0000
家庭财富	128.12***	0.0000
经济预期	13.27***	0.0003

注：表中*、**、***分别表示10%、5%、1%的显著性水平。

通过本节的数据分析，可以直接观察到居民家庭各属性变量对金融资产配置效率的影响，但是正如第3、4章所述，这种逐个对某单一变量影响的描述性分析具有一定缺陷，其不能精准的分析在多种变量共同起作用的情况下，影响居民家庭金融资产配置效率的因素有哪些，也不能定量的显示各变量是以什么样的方式给金融资产配置带来多大的影响。因此，为了更系统清晰地了解居民家庭金融资产配置效率的影响因素及其作用，需要建立更合适的模型并进行实证分析。

5.2 模型构建

本节选取的变量与第 3、4 章基本一致，不同的是加入了居民家庭金融资产配置多样化指数这一变量，这在第 4 章中已有详细介绍。笔者选取多样化指数来代表金融资产配置的结构变量，以研究金融资产配置效率是否受到金融资产配置结构的影响及影响方向如何。

根据所选取的影响居民家庭金融资产配置效率的变量，我们应当选择适合变量特征的计量模型来进行实证分析。从第 3、4 章可知，首选的用以分析解释变量对被解释变量影响的实证模型为经典的多元线性回归模型，但其是否适合本章内容的研究需要进行判别。

笔者所构建的因变量——居民家庭金融资产配置效率指标，用样本家庭的夏普比率代表，是四种风险性金融资产夏普比率根据各自投资额占家庭金融总资产的比例为权重的加权值。由于数据的可得性，在选择可以计算夏普比率的金融资产基础时，股票、债券、基金及黄金被纳入考量范围，但并非所有的家庭都有配置这四类金融资产。当家庭没有参与其中的任何一项资产时，则认为该家庭的夏普比率为 0，即其配置的金融资产均为无风险金融资产。这样，根据前文的描述，经典的线性回归模型并不适用被解释变量取值范围全部为非负的情况，需要选择更为合适的实证模型。

根据笔者所选取的指标及样本数据，在所有 8070 户样本家庭中，共有 7207 户没有配置上述任何一种风险金融资产，因此代表这些家庭的金融资产配置效率的指标——家庭加权夏普比率均取值为 0。此时，一部分家庭具有不为 0 的解释变量和被解释变量，另外一部分家庭只有解释变量，其被解释变量为 0，数据出现了截断，笔者在此仍然采用 Tobit 模型来解决因变量受限的问题。当完成 Tobit 回归结果的估计之后，进行正态性与同方差性的检验，判断是否需要用 CLAD 估计方法对其进行调整，进而完成实证结果的分析与经济意义的评价。

笔者以家庭加权夏普比率作为衡量居民金融资产配置有效性的代理指标，结合各属性变量，来构建居民家庭金融资产配置效率的 Tobit 模型。这里先列出本章回归模型中出现的变量字母（见表5.14）。

5.14 变量、变量符号及变量说明一览表

变量名	变量符号	变量说明
金融资产有效性	sharpe	定量变量
东部地区	east	虚拟变量
中部地区	middle	虚拟变量
西部地区	west	虚拟变量
户主户籍	city	虚拟变量
户主年龄	age	定量变量
户主年龄平方	AS	定量变量
户主受教育程度	edu	定量变量
户主性别	gender	虚拟变量
户主婚姻状况	married	虚拟变量
风险偏好	RP	虚拟变量
风险中性	RN	虚拟变量
风险厌恶	RA	虚拟变量
家庭规模	size	定量变量
是否从事经营活动	opr	虚拟变量
家庭财富	wealth	定量变量
经济预期	ant	虚拟变量

笔者下面设定居民家庭金融资产配置有效性的Tobit模型，其中，将金融资产配置多样化指数、户主年龄、户主受教育程度、家庭规模、家庭财富以定量变量引入，而地区变量、户主户籍、户主性别、婚姻状况、风险态度、是否从事经营活动、对未来的经济预期均以虚拟变量形式引入，模型设定形式为：

$$sharpe = \begin{cases} 0, & \text{if } RHS = 0 \\ \beta_0 + \beta_1 div + \beta_2 east + \beta_3 west + \beta_4 City + \beta_5 age + \beta_6 AS + \beta_7 edu + \beta_8 gender + \\ \beta_9 married + \beta_{10} RP + \beta_{11} RN + \beta_{12} Size + \beta_{13} opr + \beta_{14} wealth + \beta_{15} ant, & \text{if } RHS > 0 \end{cases} \quad (5.2)$$

5.3 实证分析

本节将在上节模型设定的基础上，对模型中所用的变量选取适当的数据，并用这些数据对居民家庭金融资产配置效率的 Tobit 模型进行估计，得到回归结果，然后对其进行必要的统计性检验，判断是否需要更换 CLAD 估计模型。最后，对选定模型的回归结果做出经济意义上的解释，得出本章的研究结论。

上节模型中所涉及的变量主要有金融资产配置多样化指数（div）、地域不同（east/middle/west）、户籍差异（city）、户主年龄（age）及平方（AS）、户主受教育程度（edu）、户主性别（gender）、婚姻状况（married）、风险态度（RP/RN/RA）、家庭规模（size）、是否从事经营活动（opr）、家庭财富（wealth）、经济预期（ant）等。其中，笔者之所以用多样化指数而非金融资产种类数来作为居民家庭金融资产配置结构的代理变量，是因为考虑到多样化指数囊括的信息更全面，不仅涵盖了金融资产种类的信息，同时涵盖了每一类金融资产的投资金额大小，更能精确地反映出居民家庭金融资产配置结构的多样性。其他指标所代表的意义与第 3、4 章相同，此处不再赘述。

5.3.1 Tobit 模型估计与检验

根据筛选出的样本数据，笔者利用家庭的加权夏普比率作为有效性的衡量标准，运用极大似然估计法对居民家庭金融资产配置效率的 Tobit 模型（式 5.2）进行拟合，得到的回归结果如表 5.15 所示，左边三列为全部变量的回归结果，右边一列为各变量的边际效应值。

表 5.15 居民家庭金融资产有效性 Tobit 模型估计结果

变量	系数	标准差	W 统计量	边际效应
多样化指数	0.298	0.014	426.199***	0.037
东部地区	0.014	0.007	4.325**	0.002
西部地区	0.035	0.010	12.414***	0.005
户主户籍	0.037	0.008	20.682***	0.005

续表

变量	系数	标准差	W 统计量	边际效应
户主年龄	0.003	0.001	3.867**	0.0004
户主年龄平方	−0.0003	0.000	4.142**	−0.0001
户主受教育程度	0.005	0.001	28.055***	0.001
户主性别	0.003	0.006	0.216	0.0004
户主婚姻状况	0.008	0.015	0.323	0.001
风险偏好	0.014	0.008	3.235*	0.002
风险厌恶	−0.017	0.007	6.897***	−0.002
家庭规模	−0.005	0.002	5.059**	−0.001
是否有经营活动	−0.038	0.007	26.554***	−0.005
家庭财富	0.031	0.002	169.870***	0.004
经济预期	0.005	0.009	0.279	0.001
截距项	−0.758	0.047	256.972***	
W 统计量		969.091***		
截取样本数:	左侧: 6849		右侧: 0	
未截取样本数:	863		总样本: 7712	

注: 表中*、**、***分别表示10%、5%、1%的显著性水平。

接下来笔者对 Tobit 模型进行必要的统计性检验。前文中提到 Tobit 模型虽然能很好地处理数据存在截断情形下的问题,但其自身也存在缺陷,就是对分布的依赖性很强,不够稳健。如果似然函数不正确,比如扰动项存在异方差或不服从正态分布,则最大似然估计就不一致。因此,在使用 Tobit 模型时,需要检验其正态性与同方差性。利用 NR^2 统计量的检验结果见表 5.16。

表 5.16 正态性与异方差性检验结果

检验项目	NR^2 统计量	P 值
正态性检验	7638.7962	0
异方差检验	7636.9358	0

从表 5.16 的检验结果中可以看出，正态性检验的 NR^2 统计量为 7638.7962，P 值为 0，拒绝"扰动项服从正态分布"的原假设，认为扰动项不服从正态分布；异方差检验的 NR^2 统计量为 7636.9358，P 值亦为 0，因此，同样拒绝"扰动项不存在异方差"的原假设，认为扰动项存在异方差。这样，为了得到一致估计量，需要采用更为合适的估计模型。当笔者沿用前文的办法使用 CLAD 模型对数据进行建模估计时，发现其无法收敛，这应当是由于数值计算在迭代过程中产生的问题。因此，笔者改用"样本选择模型"对居民家庭金融资产配置有效性进行实证分析，其同样是在扰动项不服从正态分布或存在异方差时的解决方法（陈强，2014）。

5.3.2 样本选择模型的建立与设定

在对某些研究主题做实证分析时，有时被解释变量的取值并非都能观测到，这时其能否被观测到不仅与本身所受的影响因素有关，而且还可能与另外的其他变量有关，在这种情况下所适用的模型就被称之为"样本选择模型"，而对这种模型适用的估计方法称之为 Heckman 两步法。在本章关于居民家庭金融资产配置有效性的考察中，根据对有效性的定义可知，只有配置了股票、债券、基金、黄金等四种风险性金融资产的时候，才能观测到其夏普比率。也就是说，如果家庭未参与到风险性金融资产的投资中来，其实是无法观测到其配置效率的，只不过为了更为方便地进行主题分析，在前文中将该类家庭配置金融资产的有效性视作 0。在对 Tobit 模型的检验结果不满足假设条件时，同时也是为了更严谨地进行分析，需要改用样本选择模型对问题继续探究。笔者将所有的观测样本分为两种情况：第一，该家庭是否决定参与投资包含股票、债券、基金、黄金等四种金融资产的风险性金融市场；第二，在家庭参与如上风险性金融市场后，可以先观测到其家庭的金融资产配置效率，再来分析其影响因素及程度大小。这样，适用于本章样本选择模型的设定形式如下：

第一步，参与决策方程。$z_i^* = X_i^* \gamma + u_i$，若 $z_i^* > 0$，则 $z_i = 1$。其中，X_i 为影响是否参与到风险性金融市场上来的选择变量，其在这里不仅包含前文中所介绍的所有解释变量，同时加入了"居民家庭房产的持有状况"虚

拟变量[①]。而且，$Prob(z_i=1|x_i) = \Phi(X_i'\gamma)$，$Prob(z_i=0|x_i) = 1-\Phi(X_i'\gamma)$。其中，$\Phi$ 为标准正态分布的累计分布函数。

第二步，回归方程。$Sharpe_i = Y_i^*\beta + \varepsilon_i$，当 $z_i=1$ 时，Y_i 为影响夏普比率的变量，在这里指的就是前文中所介绍的所有解释变量。假设 $(u_i,\varepsilon_i) \sim N(0,0,1,\sigma_\varepsilon,\rho)$，则有 $E(Sharpe_i|z_i=1, X_i, Y_i) = Y_i'\beta + \rho\sigma_\varepsilon\lambda(X_i'\gamma)$。

λ 为逆米尔斯比率，$\lambda(X_i'\gamma) = \dfrac{\varphi(X_i'\gamma)}{\Phi(X_i'\gamma)}$，$\varphi$ 为标准正态分布的概率密度函数。

根据上述模型，就可对居民家庭金融资产配置的有效性进行实证分析。由于前文只对 Tobit 模型的估计方法进行了介绍，在本章实证研究之前，为了能够更好地解析样本选择模型的估计，笔者下面对计量经济学中的 Heckman 两步法稍加说明。

5.3.3 样本选择模型的 Heckman 估计方法

首先，假设所要研究的回归模型为 $y_i = x_i'\beta + \varepsilon_i (i=1,2,\cdots n)$，其中，被解释变量 y_i 是否能被观测到取决于二值选择变量 z_i（取值为 0 或 1），当 $z_i=1$ 时，y_i 可观测，当 $z_i=0$ 时，y_i 不可观测。而决定二值变量 z_i 的方程为选择方程：

$$z_i = \begin{cases} 1, & z_i^* > 0 \\ 0, & z_i^* \leq 0 \end{cases}, \quad z_i^* = w_i'\gamma + u_i$$

其中，z_i^* 为不可观测的潜变量。假设 u_i 服从正态分布，则 z_i 为 Probit 模型，故 $P(z_i=1|w_i) = \Phi(w_i'\gamma)$。可观测样本的条件期望为：

$$E(y_i|z_i^* > 0) = E(x_i'\beta + \varepsilon_i | w_i'\gamma + u_i > 0) = E(x_i'\beta + \varepsilon_i | u_i > -w_i'\gamma)$$
$$= x_i'\beta + E(\varepsilon_i | u_i > -w_i'\gamma) = x_i'\beta + \rho\sigma_\varepsilon\lambda(-w_i'\gamma)$$

[①] 之所以在这里新加入"居民房产的持有状况"变量，是由于在对样本选择模型进行 Heckman 两步法估计时，需要保证模型选择方程所包含的所有变量，至少有一个元素不在回归方程的解释变量中。关于这一点，在下文会有详细的介绍。

其中，$E(\varepsilon_i)=E(u_i)=0$，并将 Probit 扰动项的标准差 σ_u 标准化为 1。之所以在这种数据为样本选择的情况下不能用 OLS 方法来直接估计，是因为会遗漏非线性项 $\rho\sigma_\varepsilon\lambda(-w_i'\gamma)$。一般来说，$w_i$ 与 x_i 相关，故 OLS 将导致不一样的估计，除非"$\rho=0$"。考察解释变量 x_{ik} 变动的边际效应可知，

$$\frac{\partial E(y_i|z_i^*>0)}{\partial x_{ik}}=\beta_k+\rho\sigma_\varepsilon\frac{\partial\lambda(-w_i'\gamma)}{\partial x_{ik}}$$

其中，右边第一项为 x_{ik} 对 y_i 的直接影响，而第二项则是通过改变个体被选入样本的可能性而产生的间接影响（即选择性偏差）（陈强，2014）。

如果知道 γ，就知道 $\lambda(-w_i'\gamma)$，从而可以把它作为解释变量引入回归方程中。基于此，Heckman（1979）提出"两步估计法"：

第一步，用 Probit 估计方程 $P(z_i=1|w)=\varPhi(w_i'\gamma)$，得到估计值 $\hat{\gamma}$，计算 $\hat{\lambda}(-w_i'\hat{\gamma})$。

第二步，用 OLS 回归 $y_i\rightarrow x_i,\hat{\lambda}_i$，得到估计值 $\hat{\boldsymbol{\beta}},\hat{\rho},\hat{\sigma}_\varepsilon$。

在这里需要注意的是，为了让此方法很好地起作用，要求 x_i 严格地是 w_i 的一个子集：即任何一个 x_i 都是 w_i 的一个元素，而 w_i 的某些元素不在 x_i 中。这里有两层含义：第一，回归模型中作为解释变量出现的任何一个元素，也应该是选择方程中的一个解释变量。这是因为如果在 w_i 中包含 x_i 中的所有元素，代价并不大；而若不正确地排除某些元素，则会导致不一致性。第二，在 w_i 中至少有一个元素不在 x_i 中。这意味着，需要一个对 y 没有偏效应但可以影响选择的变量。这是因为，尽管逆米尔斯比率是 w_i 的一个非线性函数，但它常常可以用一个线性函数很好地近似。若 $w_i=x_i$，则 $\hat{\lambda}$ 可能与 x_i 的元素高度相关，导致 $\hat{\beta}_i$ 很高的标准误。因此，如果没有一个影响选择而又不影响 y 的变量，那么，要将回归方程中的样本选择与函数形式误设区分开来，即便可能，也是极其困难的（伍德里奇，2010）。

5.3.4 样本选择模型的 Heckman 估计结果

在 Tobit 模型不满足正态性与异方差性的假设条件下，笔者根据上文的分析，选用更为合适的样本选择模型进行 Heckman 两步法的估计。根据估计方法的要求，需要选取一个能够影响选择方程（即决定是否参与股票、

债券、基金、黄金等四种风险性金融资产），但不能影响回归方程（各影响因素对 Sharpe 比率的回归）的变量。在这里，笔者选定房产的持有状况（House）这一虚拟变量。若家庭拥有自有住房，则其取值为 1，否则为 0。这是由于相关学者的研究成果表明，其能对风险性金融资产投资的市场参与产生影响（朱光伟等，2014；尹志超等，2014）。但很明显，其对居民家庭的金融资产配置效率并不能产生直接的影响，这一点笔者也对其预先进行了验证。因此，可将其列入选择方程，但不列入回归方程中。

基于前文的铺垫，笔者采用样本选择模型进行 Heckman 两步法估计，估计的结果见表 5.17 和表 5.18。

表 5.17 居民家庭风险性金融资产参与方程的估计结果

变量	系数	标准差	P 值
多样化指数	2.742 242***	0.119 849 7	0.000
东部地区	0.125 225 8**	0.060 718 7	0.039
西部地区	-0.255 831***	0.091 425 8	0.005
户主户籍	0.374 017 9***	0.071 588 2	0.000
户主年龄	0.042 413 7***	0.013 371 6	0.002
户主年龄平方	-0.000 427 6***	0.000 130 3	0.001
户主受教育程度	0.043 171 2***	0.008 465 7	0.000
户主性别	-0.007 555 2	0.055 636	0.892
户主婚姻状况	0.153 126 1	0.137 561 4	0.266
风险偏好	0.227 352 3***	0.070 550 3	0.001
风险厌恶	-0.170 204 6***	0.059 129 4	0.004
家庭规模	-0.045 696 8**	0.021 834 7	0.036
是否有经营活动	-0.354 311 8***	0.066 097 1	0.000
家庭财富	0.332 370 5***	0.022 070 8	0.000
经济预期	0.008 311 2	0.078 660 4	0.916
房产持有状况	-0.234 804 4***	0.076 996 9	0.002
截距项	-7.660 812***	0.410 059 3	0.000
Wald		68.46	
N		7712	

注：表中*、**、***分别表示 10%、5%、1%的显著性水平。

表 5.17 为 Heckman 两步法中第一步的回归结果,即居民家庭风险性金融市场参与的估计结果。从表中数据可以看出,除户主性别变量、婚姻状况变量及经济预期变量不显著外,其他变量均体现出了统计意义上的显著性。表 5.18 为 Heckman 两步法中第二步的回归结果,即本章研究的重点——居民家庭金融资产配置有效性的估计结果。从表中数据可以看出,在所有的解释变量中,仅有多样化指数变量、西部地区变量、户主受教育程度变量以及家庭财富变量体现出了统计意义上的显著性,其他变量均不显著。

表 5.18 居民家庭金融资产配置有效性的回归估计

变量	系数	标准差	P 值
多样化指数	0.148 507 9***	0.041 654 5	0.000
东部地区	0.001 491 8	0.006 077 6	0.806
西部地区	0.033 114***	0.009 430 8	0.000
户主户籍	0.000 136	0.008 984	0.988
户主年龄	-0.000 364 2	0.001 352 9	0.788
户主年龄平方	8.47e-06	0.000 013 5	0.529
户主受教育程度	0.003 343 2***	0.001 022 7	0.001
户主性别	0.006 973 5	0.004 916 7	0.156
户主婚姻状况	-0.003 557 7	0.011 952 6	0.766
风险偏好	-0.006 026 4	0.006 733 5	0.371
风险厌恶	-0.009 173	0.005 984	0.125
家庭规模	-0.003 559 3	0.002 220 4	0.109
是否有经营活动	-0.011 342 3	0.008 361 3	0.175
家庭财富	0.009 294 2*	0.004 955 9	0.061
经济预期	0.009 012 7	0.006 652	0.175
截距项	-0.219 215 4*	0.131 132 8	0.095
Wald		68.46	
未删减样本		863	

注:表中*、**、***分别表示 10%、5%、1%的显著性水平。

5.3.5 居民家庭金融资产配置效率的回归结果分析与评价

上文笔者构建了样本选择模型，添加了房产持有状况这一虚拟变量进入选择方程，并用 Heckman 两步法对其进行了估计，得到了居民家庭金融资产配置有效性的回归结果。接下来，笔者从经济意义出发，对上述得出的模型结果进行分析与评价。

1）居民家庭风险性金融资产的市场参与结果

样本家庭所在的区域位置对居民风险性金融资产市场参与的影响。估计结果显示，相对于中部地区，位于东部地区的家庭更有可能参与风险性金融资产的投资，而位于西部地区的家庭参与风险性金融资产投资的可能性是最低的。就户主户籍来看，城市地区的家庭变量的回归系数为正，且在 1%的统计水平显著，说明城市家庭参与风险性金融资产投资的可能性要高于农村家庭。

关于户主年龄及年龄平方项与家庭参与风险性金融资产投资的关系。数据显示，随着年龄的增大，居民家庭参与风险性金融资产投资的可能性呈现出一种先上升后下降的倒 U 型结构。在第 3、4 章的关于居民家庭金融资产规模和结构的分析中，家庭金融资产配置与年龄之间的关系为 U 形结构，这说明风险性金融资产的投资与无风险金融资产的投资之间存在着较大的差异。事实上，关于风险性金融资产投资与年龄之间呈现倒 U 形的生命周期理论，在众多学者关于居民家庭股市参与及股市参与比例的研究中都得到过类似的结论（周月书和刘茂彬，2014；尹志超等，2015）。

户主学历对居民家庭风险性金融资产投资决策的影响。衡量户主教育的变量 Probit 回归系数为 0.043，且在 1%的水平显著，表明当户主受教育程度增加时，家庭越有可能参与到风险性金融市场中来。这是因为高学历的户主对金融知识的掌握会更为广泛，同时，其高学历带来的高收入水平也使家庭具备一定的风险承担能力，能够接受一定限度的亏损，这些都有助于家庭参与风险金融市场的投资。

家庭财富与居民参与风险性金融资产投资之间存在正相关关系。表中的数据显示，家庭财富变量的回归系数为 0.332，且在 1%的水平下显著，因此，财富越多的家庭越有可能参与到风险金融资产的投资中来。

风险态度对家庭是否投资于股票等风险金融资产影响显著。从表中数据可以看出，风险偏好家庭的回归系数为正，风险厌恶家庭的回归系数为负，且均在1%的统计水平下显著。说明当户主持保守的投资态度时，参与股票等风险性金融资产的可能性就低，而风险偏好的家庭在风险金融资产的参与度上确实是高于风险中性家庭的。

对于其他变量，选择方程的估计结果显示，多样化指数变量系数为正，当家庭金融资产配置更趋于多样化时，显然会有助于参与风险性金融市场；随着家庭人口规模的增大，居民在参与风险性金融资产投资方面会逐渐趋于保守，这应该是因为家庭人口越多，投资决策会越谨慎，因此风险金融市场的参与度也越低；从事生产经营活动的家庭相较未从事生产经营活动的家庭，在风险资产投资方面表现得更为保守，这应该是因为他们将更多的家庭财富配置在了实物资产上所致；房产持有状况，是包含在选择方程中但没有包含在回归中的变量，数据显示，持有房产的家庭确实在风险金融资产的参与度上低于不持有房产的家庭，说明房产等实物投资可以挤出对金融资产，尤其是风险性金融资产的投资，这一点已在众多学者的研究成果中得到了体现（吴卫星和齐天翔，2007；尹志超等，2014）。

2）居民家庭金融资产配置有效性的回归结果

相比较居民家庭参与风险性金融资产投资的影响因素，由于本章主题的设定，笔者更关注居民家庭金融资产配置效率的影响因素及其程度大小。表5.18为样本选择模型Heckman两步估计方法第二步，即居民家庭金融资产配置效率影响因素的回归结果。表中数据显示，多样化指数变量、西部地区家庭、户主受教育程度变量及家庭财富变量对居民家庭夏普比率起到了正向的促进作用，且均体现出了统计意义上的显著性。

首先，关于多样化指数与居民家庭金融资产配置效率之间存在的关系。多样化指数是第4章中居民家庭金融资产配置结构的计算指标，其构造方式中不仅包含了居民家庭金融资产配置的种类，而且还考虑了每种资产配置份额的大小，能较好地反映出居民家庭配置金融资产的多元化程度。根据Heckman两步法的估计结果，多样化指数这一变量的回归系数为0.148，且在1%的水平下显著，说明当居民家庭配置金融资产结构的多样性越强时，其配置效率也越高。这应该是由于多元化配置行为可以分散风险性金融资产面临的不确定性所致。"不要把所有的鸡蛋都放在一个篮子里",尤其当经济波动越为剧烈时,这种分散风险的作用体现得越为明显。

其次,区位对居民家庭金融资产配置效率的影响。表中结果显示,和位于中部地区的家庭相比,西部地区的家庭金融资产配置效率更高。东部地区的家庭虽然在估计结果上要高于中部地区的家庭,但并未体现出统计意义上的显著性。之所以西部地区家庭的平均夏普比率高于中部地区,这可能是由于根据本章对夏普比率的测算,在四种金融资产中股票资产的夏普比率最低,而中部地区的家庭参与股市的比率较高所致,这说明中国股市未能很好地给居民带来财富的增加。中国家庭金融调查2013年的数据显示,从全国来看,高达68.6%的家庭炒股亏损,15.6%的家庭盈亏平衡,只有15.8%的家庭炒股获得了盈利;而分地区来看,西部地区的家庭盈利比率最高,为16.9%,其次是东部家庭,为16.1%,中部地区家庭的盈利比率最低,为13.9%,这也在一定程度上印证了本书的回归结论(甘犁等,2015)。

再次,户主受教育程度对居民家庭金融资产配置有着显著的正向促进作用。衡量户主学历的变量回归系数为0.003,且在1%的统计水平下显著,表明户主所受教育的年限越长,学历越高,其家庭配置金融资产的有效性也会越高。家庭金融资产配置行为是一个复杂的决策过程,尤其是风险金融资产收益具有很大的不确定性,波动也较为剧烈,这就需要居民花费大量的时间和精力去搜集有关的信息帮助家庭进行投资分析。户主受教育年限的提高有助于其金融知识的积累,而金融知识的掌握不仅可以强化居民筛选和分析相关信息的能力,还可以提高居民家庭的投资技巧,从而带来其配置金融资产效率的改善。

最后,家庭财富的增加也可以提高居民配置金融资产的有效性。财富变量的回归系数为0.009,且在10%的统计水平下显著,表明财富拥有量更多的家庭在配置家庭金融资产上显得更为有效。一方面,根据前文的结论,富裕的家庭配置金融资产的种类较多,多样化指数也较强,这可以分散风险金融资产所面临的不确定性,使居民家庭在配置金融资产组合时,选择的结果是最优的。另一方面,富裕的家庭拥有的闲置资金较多,有更多的财富可以支配,这就使其在支付完成参与风险金融市场应缴纳的手续费后,所受的流动性约束仍然较小,从而使得他们能更好地配置金融资产,并根据自身的实际情况选择较优的投资组合。因此，这类家庭的投资组合会更为有效。

笔者认为，通过构建加权夏普比率作为家庭金融资产配置效率的衡量指标，与样本选择模型的建立及估计，可以较好地刻画出影响居民家庭金融资产配置有效性的各种因素，最后得出的结论是比较合理的，对居民家庭金融资产配置效率具有一定的经济解释意义。

6 外部视角：金融市场与居民家庭金融资产配置

随着我国经济的快速发展，居民家庭的财富与日俱增，仅就储蓄存款而言，截至 2014 年 12 月 31 日，居民部门的拥有量就已高达 50.69 万亿元。在居民家庭财富总量迅速增长的同时，居民家庭的金融资产配置行为也日趋复杂化。家庭的金融资产配置与金融市场发展密不可分，金融市场的不断发展与完善为居民家庭提供了更多元化的投资渠道及更为丰富的投资工具。反过来，在居民家庭通过投资金融产品获得财富增值的同时，金融市场也会因为居民的投资行为而不断发展壮大。显然，居民家庭金融资产的配置行为与金融市场的发展之间存在着相互影响的关系。

本章拟使用从国家统计局、中国金融年鉴、中国统计年鉴、中国人民银行统计季报、wind 咨询数据库所搜集的宏观数据，建立从 1992—2013 年的 22 个样本，通过小样本最优预测模型及小样本格兰杰因果关系检验的研究方法，从居民家庭金融资产配置的规模、结构、效率三方面实证分析金融市场与家庭金融资产配置的关联性。同时，也考察居民金融资产配置与不同金融资产收益及风险之间存在的关系。

6.1 居民家庭金融资产配置规模与金融市场发展的关联性

6.1.1 变量与数据选取

根据《中国金融年鉴》的统计口径，居民住户部门持有的金融资产主要包括通货、存款、保险准备金及证券四大类。对于证券类金融资产来说，主要可分为股票和债券，由于两者之间存在着较大差异，笔者分别对其予以研究。虽然债券涉及的种类较多，包括国债、金融债、中央银行债及企业债等，但考虑到居民的投资基本以国债为主，对其他债券的投资额较小，因此本书使用居民持有的国债数量衡量对债券的投资额[①]。

由于我国股票市场从 1992 年才真正开始交易，故本书数据以 1992 年为起点，并以年作为时间跨度单位。各年的《中国金融年鉴》设有居民住户部门的金融资金流量表，从中可以得到通货、存款、股票、国债及保险准备金五种金融资产的年度增量。考虑到通货膨胀的影响，本书对每项数据均以 1992 年为基期，以 CPI 为依据进行了数据处理，每列数据共 22 项，如表 6.1 所示。每年度各类金融资产占金融资产总量的比重如表 6.2 所示。

表 6.1 我国居民金融资产总量　　　　　单位：亿元

年度	通货	存款	国债	股票	保险准备金	金融资产总额
1992	3447.32	12 172.07	743.13	399.95	130.80	17 968.98
1993	3993.31	13 549.44	836.99	521.32	167.74	20 079.02
1994	3966.31	15 248.98	945.82	449.26	174.82	21 630.49
1995	3655.86	17 657.30	1172.82	397.34	203.73	23 795.11
1996	3808.95	21 018.03	1683.66	536.15	258.59	28 056.30
1997	4363.72	24 486.19	2615.29	984.00	401.47	33 316.91
1998	4860.64	29 709.31	3381.37	1407.61	566.68	40 353.16
1999	5959.78	34 146.34	4273.48	1910.06	890.42	47 660.98
2000	6480.17	37 631.03	4678.19	2740.15	1570.86	53 426.56
2001	6911.83	42 806.60	5033.62	3344.60	2189.87	60 751.94
2002	7692.15	50 979.97	5328.84	3720.76	3604.35	72 074.09
2003	8712.51	59 363.30	5506.11	4046.26	5209.38	83 762.51
2004	9134.84	65 326.15	4913.24	4269.01	6850.52	91 722.03
2005	10 065.17	74 975.21	4949.57	4208.96	8885.49	105 450.84
2006	11 191.52	84 620.42	5083.27	4486.11	10 960.03	121 258.35
2007	12 001.29	85 766.06	4736.69	5316.85	13 459.07	132 636.79
2008	12 882.83	102 299.54	4053.00	6328.19	16 392.19	152 990.51
2009	14 499.15	122 984.74	4424.13	7914.30	20 360.85	183 533.57

---

① 根据笔者的测度，2013 年居民对国债的投资量占据债券投资总量的 84.36%。

续表

年度	通货	存款	国债	股票	保险准备金	金融资产总额
2010	16 453.38	138 822.06	4332.76	9952.70	22 215.47	207 614.89
2011	17 702.43	151 818.57	3776.53	10 825.02	23 783.37	228 239.07
2012	18 586.35	172 172.66	4746.20	11 316.12	28 777.69	262 316.41
2013	19 415.41	190 173.72	6121.48	11 334.71	33 315.19	291 989.89

表 6.2 居民金融资产中各类金融资产占比（%）

年度	通货	存款	国债	股票	保险准备金
1992	19.18	67.74	4.14	2.23	0.73
1993	19.89	67.48	4.17	2.60	0.84
1994	18.34	70.50	4.37	2.08	0.81
1995	15.36	74.21	4.93	1.67	0.86
1996	13.58	74.91	6.00	1.91	0.92
1997	13.10	73.49	7.85	2.95	1.20
1998	12.05	73.62	8.38	3.49	1.40
1999	12.50	71.64	8.97	4.01	1.87
2000	12.13	70.44	8.76	5.13	2.94
2001	11.38	70.46	8.29	5.51	3.60
2002	10.67	70.73	7.39	5.16	5.00
2003	10.40	70.87	6.57	4.83	6.22
2004	9.96	71.22	5.36	4.65	7.47
2005	9.54	71.10	4.69	3.99	8.43
2006	9.23	69.79	4.19	3.70	9.04
2007	9.05	64.66	3.57	4.01	10.15
2008	8.42	66.87	2.65	4.14	10.71
2009	7.90	67.01	2.41	4.31	11.09
2010	7.92	66.87	2.09	4.79	10.70
2011	7.76	66.52	1.65	4.74	10.42
2012	7.09	65.64	1.81	4.31	10.97
2013	6.65	65.13	2.10	3.88	11.41

关于金融市场发展，其衡量方法由于选取角度的不同而趋于多样化，笔者采取大多数文献的研究方法，将金融市场的规模作为金融发展的主要参考依据，即以各金融市场规模与国内生产总值的比值来衡量该金融市场的发展水平，该指标可以反映出一国的国民经济发展对某一金融市场的依赖程度。1992—2013年各金融市场资产规模与GDP年度序列数据如表6.3所示，各项数据均以1992年为基期参考当年通货膨胀率进行了调整。根据表6.3的数据，可以计算出各金融市场的发展深度指标，其中：

存款市场深度=金融机构存款量/GDP
国债发行深度=国债发行额/GDP
证券化率=股市流通市值/GDP
金融市场整体深度=存款市场深度+国债发行深度+证券化率

各金融市场发展深度指标如表6.4所示。

表6.3　各金融市场资产总量与GDP值（已扣除物价影响）　　单位：亿元

年度	金融机构存款量	国债发行额	股市流通市值	GDP
1992	23 468.00	460.78	157.26	27 068.30
1993	25 830.06	332.44	595.49	30 971.57
1994	28 447.33	798.97	670.49	34 036.08
1995	32 323.83	906.36	559.11	36 671.72
1996	37 991.65	1023.39	1587.90	39 640.30
1997	44 392.69	1299.50	2804.20	42 797.38
1998	51 974.61	2068.59	3120.51	46 101.30
1999	59 926.55	2211.87	4525.10	49 684.62
2000	67 921.23	2554.91	8825.90	54 739.03
2001	78 250.00	2661.05	7880.28	60 080.97
2002	93 876.43	3259.42	6857.15	66 460.38
2003	112 920.07	3408.46	7152.51	74 119.06
2004	125 645.06	3616.89	6105.89	83 953.70
2005	147 360.05	3613.58	5455.01	95 391.79

续表

年度	金融机构存款量	国债发行额	股市流通市值	GDP
2006	169 568.70	4490.69	12 639.84	110 029.80
2007	187 822.67	11161.71	44 891.86	129 285.70
2008	212 364.67	3898.43	20 595.81	144 286.55
2009	274 223.81	8224.42	69 392.46	158 563.22
2010	318 993.57	8784.21	85 766.81	181 607.54
2011	341 080.71	7206.25	69 500.46	204 017.35
2012	376 866.98	6635.01	74 612.44	219 380.17
2013	417 854.64	8098.12	79 892.21	235 385.47

表 6.4　各金融市场深度指标

年度	存款市场深度	国债发行深度	证券化率	金融市场整体发展深度
1992	0.867	0.017	0.006	0.890
1993	0.834	0.011	0.019	0.864
1994	0.836	0.023	0.020	0.879
1995	0.881	0.025	0.015	0.921
1996	0.958	0.026	0.040	1.024
1997	1.037	0.030	0.066	1.133
1998	1.127	0.045	0.068	1.240
1999	1.206	0.045	0.091	1.342
2000	1.241	0.047	0.161	1.449
2001	1.302	0.044	0.131	1.478
2002	1.413	0.049	0.103	1.565
2003	1.523	0.046	0.097	1.666
2004	1.497	0.043	0.073	1.612
2005	1.545	0.038	0.057	1.640
2006	1.541	0.041	0.115	1.697
2007	1.453	0.086	0.347	1.886

续表

年度	存款市场深度	国债发行深度	证券化率	金融市场整体发展深度
2008	1.472	0.027	0.143	1.642
2009	1.729	0.052	0.438	2.219
2010	1.756	0.048	0.472	2.277
2011	1.672	0.035	0.341	2.048
2012	1.718	0.030	0.340	2.088
2013	1.775	0.034	0.339	2.149

这里需要说明的是，整个金融市场除了这里列举的存款市场、国债市场及证券市场外，还有货币市场以及保险市场等。但由于后面这些市场规模较小，且货币市场的主要参与者为银行间会员，因此，为了抓住核心以及便于研究，笔者主要研究前三个金融市场，并将其作为居民参与全部金融市场总规模的替代，用前三个金融市场规模的总和值占国内生产总值的比重衡量金融市场发展的整体深度。

6.1.2 数据描述

这里先对相应变量的数据序列进行一般描述性分析。综合表 6.3 和表 6.4 中的数据，对各金融资产总量数据取自然对数，对各市场深度指标放大相应的倍数，可以得出以下图示。

图 6.1 为我国居民存款总量数据与存款市场深度的对比。从图中可以看出，居民持有的存款总量逐年平稳增加，存款市场深度除少数年份有下降外，大部分年份内都有较快增长。两个变量的序列数据均逐年递增，说明银行等传统类金融机构在整个金融市场中仍占据主要地位，对我国国民经济的运转发挥着重要作用。

图 6.2 为我国居民家庭国债持有量与国债发行深度的对比。从图中可以看出，居民国债持有量在最初几年增速较快，之后趋缓，这是由于最初时国债利率与存款利率存在较大的利差，之后利差不断缩小导致国债吸引力变弱。而国债发行深度除 2007 年由于特别国债的发行导致其较高外，整体趋势为先快后慢，而且近些年还在逐渐下降。这是由于国债发行数量一般

与一国的 GDP 紧密联系，1992 年开始的最初几年内，我国经济发展迅速，国债发行量大幅度增加；而随着我国经济增速逐渐放缓，加之如今已经步入"新常态"阶段，国债发行量逐渐趋于稳定。

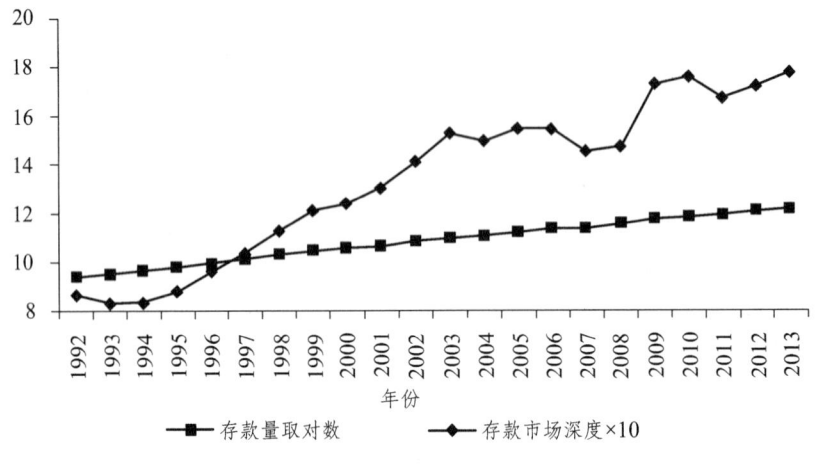

图 6.1 居民存款量与存款市场深度对比

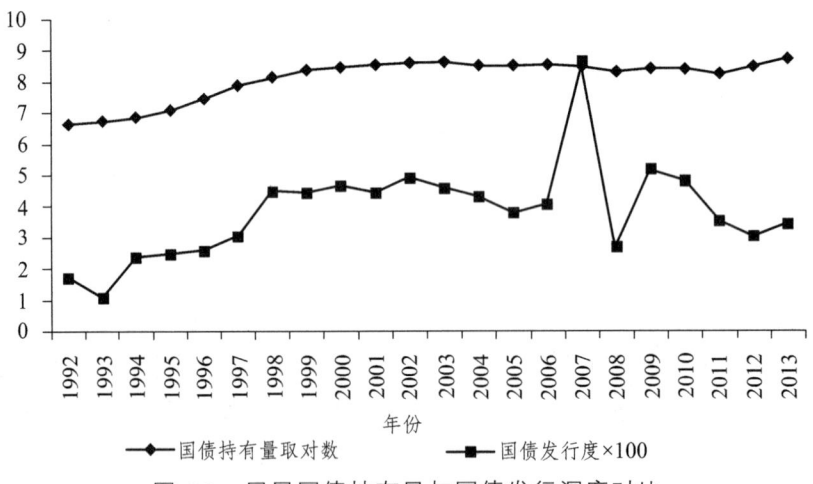

图 6.2 居民国债持有量与国债发行深度对比

图 6.3 为我国居民国债持有量与证券化深度的对比。从图中可以看出，我国居民对股票类金融资产的投资量虽然增速缓慢，但逐渐上升。证券化率的波动较大，这是由证券市场的牛熊市决定的。牛市来临时，居民持有的股票价值较大，证券化率较高；反之较低。总体来看，证券市场的规模

6 外部视角：金融市场与居民家庭金融资产配置 | 127

逐渐增大，且在我国经济中的地位不断上升。

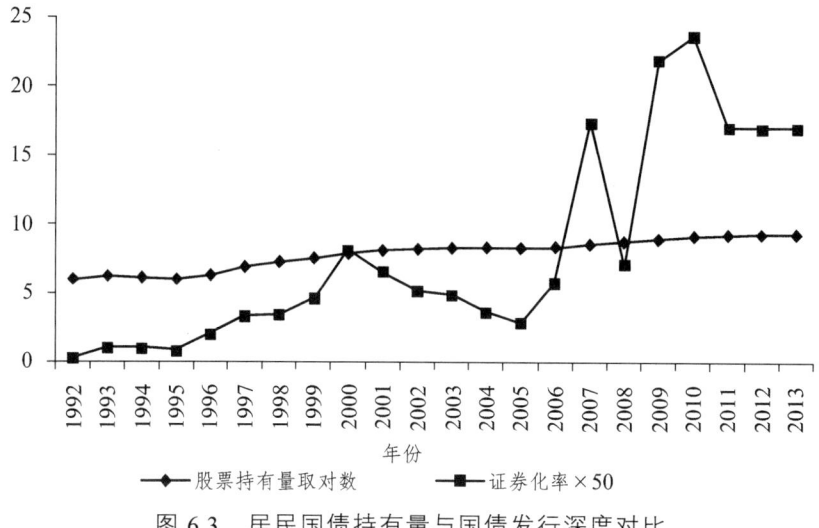

图 6.3 居民国债持有量与国债发行深度对比

图 6.4 为我国居民持有金融资产的总量与金融市场整体发展深度的对比。从图中可以看出，我国居民持有的金融资产总量在扣除通货膨胀因素的影响下仍然有一个稳定的增速，而金融市场整体的发展深度虽然在个别年份有所下降，但整体趋势上升，说明金融体系对我国国民经济的渗透程度逐渐增强。

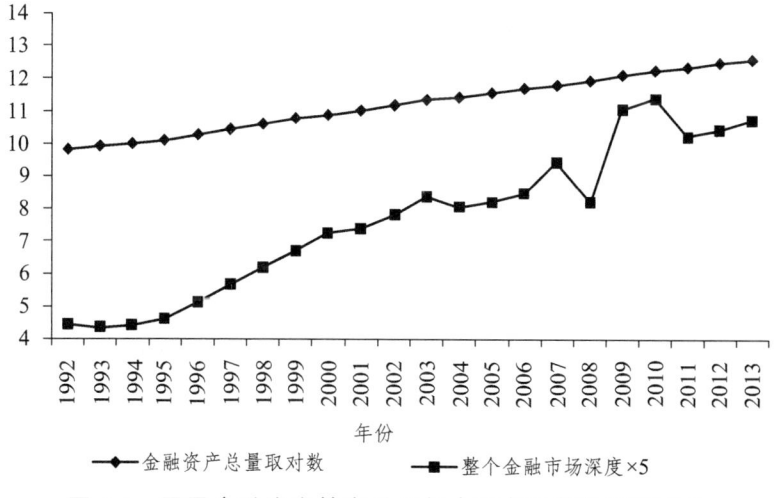

图 6.4 居民金融资产持有总量与金融市场整体深度对比

6.1.3　计量研究方法

现行对宏观经济变量之间存在的相关关系刻画比较准确的研究方法为Granger因果检验。但目前为止，Granger因果关系的所有检测方法有一个隐含着的共同前提，即研究的对象都是大样本数据。前文已提到，由于我国证券市场真正建立的时间较晚，始于1992年，因此，我们搜集到的样本数据只有22年的序列数据，属小样本数据。在这种情况下，如果沿用因果关系检验中通行的AIC准则来确定模型的最优滞后长度会出现较大的估计偏差。为了克服这种弊端，Hurvich等（1990）在AIC准则的基础上，提出了一种专门适用于小样本预测方程滞后长度的估计方法，简称AICC准则。应用该准则，经过蒙特卡洛模拟检验，可以大大提高在小样本情况下真实滞后长度的选中概率。基于Hurvich等人的研究，张明玉（1999）将AICC准则推广到了自回归移动平均模型（ARMA），并建立了适用于小样本的最优预测模型，这种方法相较一般情况下的ARMA模型，可以排除所有不显著的回归自变量，得到最优程度的预测模型。具体建立的步骤如下：

假设一般情况下自回归移动平均模型ARMA(p,q)表示为

$$Y_t = \theta_1 Y_{t-1} + \theta_2 Y_{t-2} + \cdots + \theta_p Y_{t-p} + V_t + T_1 V_{t-1} + T_2 V_{t-2} + \cdots + T_q V_{t-q} \quad (6.1)$$

（1）假定p与q的最大值为m。

（2）对于所有的自变量$Y_{t-1}, Y_{t-2}, \cdots, Y_{t-p}, V_{t-1}, V_{t-2}, \cdots, V_{t-q}$，首先计算只有任意一个自变量存在时的AICC，记其中的最小值为$AICC_1$；然后计算具有任意两个自变量存在时的AICC，记其中最小值为$AICC_2$；依此类推，直至计算出所有自变量存在时的$AICC_{2m}$。

（3）选出$AICC_1$，$AICC_2$，$\cdots$，$AICC_{2m}$中的最小值$AICC_{min}$，对应于$AICC_{min}$的模型即是基于ARMA模式的适用于小样本的最优预测模型。

利用上述建立的最优预测模型，进行小样本因果关系检测的步骤如下。

假设X_t与Y_t是任意两个随机变量，如果要检测X_t是否为Y_t的原因，则：

（1）检测X_t与Y_t是否为稳定的随机过程，对于不稳定的随机过程，需要经过差分处理，直至成为稳定的随机过程。

（2）对于稳定的随机过程，需要再进行零均值处理，使得随机变量样本值的平均值为零。

（3）选取最大滞后长度 m，一般情况下，可取 $m=T/5$，T 为样本总数。

（4）以 $Y_{t-1}, Y_{t-2}, \cdots, Y_{t-m}, V_{t-1}, V_{t-2}, \cdots, V_{t-m}$ 为候选自变量，利用最小 AICC 准则，按照上文所提出的方法，建立关于 Y_t 的最优预测模型，假设对应于最优预测模型的 AICC 为 $AICC_u$。

（5）以 X_t 作为 Y_t 的输入，建立以 $X_t, X_{t-1}, \cdots, X_{t-m}, Y_{t-1}, Y_{t-2}, \cdots, Y_{t-m}, V_{t-1}, V_{t-2}, \cdots, V_{t-m}$ 为候选择变量，利用最小 AICC 准则，按照上述提出的方法，建立以 X_t 作为 Y_t 输入时关于 Y_t 的最优预测模型，假设对应此最优预测模型的 AICC 为 $AICC_m$。

根据对因果关系定义的理解，一个变量能否对另一个变量起到因果作用，要看加入这个变量后原模型中对原变量的预测能力是否得到提高。而这里 AICC 计算数值的大小，不仅考虑了预测方程的估计误差，也考虑了其模型误差，能较为理想地反映出预测能力的强弱。若其数值越小，说明对模型的预测能力越强，若加入一个变量后能使得原模型中另一变量预测模型的 AICC 值变小，则说明加入的这个变量提高了另一变量的预测能力。为此，张明玉（1999）定义了一个因果关系强度系数 CE 作为反映因果关系强弱的指标，其公式为：

$$CE = AICC_u / AICC_m \quad (6.2)$$

当 $CE>1$ 时，说明加入 X_t 后提高了 Y_t 的预测能力，因此，X_t 构成 Y_t 的原因，且 CE 数值越大，这种因果关系越明显；当 $CE<1$ 时，说明加入 X_t 后并不能提高 Y_t 的预测能力，X_t 不构成 Y_t 的原因。

6.1.4 实证解释

基于上文介绍的研究方法，这里对居民家庭金融资产配置规模与金融市场发展之间存在的关联性关系进行实证分析。首先对所有序列数据进行单位根检验，结果如表 6.5 所示。

表 6.5 序列平稳性检验结果

序列名	差分次数	DF 统计量	检验水平	临界值	N 阶单整序列
Sg	1	−4.006	0.01	−2.67	I(1)
Sd	1	−3.978	0.01	−2.67	I(1)

续表

序列名	差分次数	DF 统计量	检验水平	临界值	N 阶单整序列
Bg	0	−2.814	0.01	−2.67	I（0）
Bd	0	−3.506	0.01	−2.67	I（0）
Stg	1	−2.371	0.05	−1.95	I（1）
Std	1	−6.858	0.01	−2.67	I（1）
Ag	1	−3.207	0.01	−2.67	I（1）
Ad	1	−6.278	0.01	−2.67	I（1）

注：表中序列数据 Sg、Bg、Stg、Ag 进行检验前取了自然对数，临界值参考前文中有关小样本 DF 统计量的检验方法。

单位根检验结果显示，除 Bg、Bd 两列数据为平稳序列外，其他所有序列数据均为一阶单整序列。这就要求在建立各序列最优预测模型及进行因果关系检验前先对非平稳数据进行差分处理，使之成为平稳数据序列。然后，对各序列数据进行零均值处理，使得随机变量样本值的平均值为零，再用其进行各序列最优预测模型的估计。结合上文提出的 AICC 准则，我们得到了最优预测模型的估计结果，如表 6.6 所示。基于最优预测模型的小样本 Granger 因果检验结果如表 6.7 所示，如果加入新增变量后可以改善原模型的预测能力，则其构成原变量的因。

表 6.6　各序列最优预测模型

变量序列名	最优预测模型	$AICC_u$
Sg	AR（2）	−111.9935
Sd	MA（2，3，4）	−91.011 47
Bg	AR（2，3）MA（1，3，4）	−45.859 79
Bd	AR（2）MA（3）	−161.6726
Stg	MA（1）	−59.665 66
Std	MA（1，2，4）	−78.904 25
Ag	MA（1）	−125.8902
Ad	MA（1）	−63.652 37

注：最优预测模型中 AR（2）代表只有 2 阶滞后项，下同。

表 6.7 Granger 因果检验

假设	最优预测模型	$AICC_m$	CE	结论
Sg 是 Sd 的因	Sg（0，-1，-2）MA（3）	-118.342	0.7691	肯定原假设
Sd 是 Sg 的因	Sd（0，-1，-2）	-131.9831	0.8485	肯定原假设
Bg 是 Bd 的因	Bg（-1）AR（1，3）MA（2，3，4）	-176.9221	0.9138	肯定原假设
Bd 是 Bg 的因	Bd（-1，-2）AR（1，2，4）MA（1，2，3，4）	-148.3836	0.3091	肯定原假设
Stg 是 Std 的因	Stg（-1）AR（1，4）MA（1，2，3）	-85.524 06	0.9226	肯定原假设
Std 是 Stg 的因	Std（-2）MA（1）	-60.960 93	0.9788	肯定原假设
Ag 是 Ad 的因	Ag（-1，-2）AR（1，2，3，4）MA（1，3，4）	-99.330 06	0.6408	肯定原假设
Ad 是 Ag 的因	Ad（0，-1，-2）	-127.6989	0.9858	肯定原假设

注：最优预测模型中列中给出的是模型中的解释变量，如 Sg（0，-1，-2）MA（3）表示解释变量为"Sg 本身、一阶滞后、二阶滞后及 MA 的三阶滞后"。由于表中计算出的 AICC 值均小于 0，因此得到 CE 值的判断标准应相反；如果 CE 值大于 1，则否定原假设，表示新增变量不构成因变量的原因；如果 CE 值小于 1，则肯定原假设，即新增变量构成因变量的原因。

表 6.7 中基于小样本最优模型基础上的格兰杰因果检验关系表明，Sg 与 Sd、Bg 与 Bd、Stg 与 Std、Ag 与 Ad 之间互为因果关系，即不管是银行存款与存款市场发展深度之间、国债持有量与国债发行度之间、股票居民持有量与股票市场发展深度之间，还是整体金融资产持有总量与金融市场整体发展深度之间，均互为因果关系。

6.1.5 研究结论

本节的实证分析表明，我国居民家庭各金融资产持有量与该金融市场的发展深度之间都存在着相互影响、相互关联的关系。

就居民存款与国债投资来说，由于我国居民受传统文化的影响，目前投资观念还较为保守，加之金融市场整体上提供的金融产品较少且存在投资风险，二者一直是居民家庭财富投资的主要渠道。因此，在存款与国债市场上,居民的投资力量是不可忽视的,其投资额能较大程度的影响产品所在市场的发展程度。相反,对于居民家庭来说,存款不仅能满足家庭在日后对于交易资金的需求,而且由于理财产品刚性兑付被打破以及民间借贷存在不稳定性,存款也逐渐成为居民家庭寻求投资收益的一项产品,自然存款市场的发展会对居民投资产生一定的影响。国债同存款有一定的差别,其发行额度是由国家依据宏观经济状况、财政政策以及政府预算等综合因素来决定的,能直接对面向个人投资者的发行量做出限制,因此,居民家庭对国债的投资会受到国债发行度的影响。我国的资本市场同发达国家完善的资本市场有所区别,我国主要的参与者是散户,即普通的居民家庭。因此居民在股票等金融产品上的投资对股票市场的发展深度有着决定性的影响。相反,虽然我国股票市场的波动性较大,在股票市场成立以来的二十多年间,经历了数次大起大落。但不可否认的是,股市整体的运行机制是不断向好的,这显然会吸引越来越多的居民家庭参与到金融市场中来,使其加大对股票等金融产品的投资。

总之,我国居民对各项金融资产的投资额度均与该金融产品所在市场的发展程度存在互相影响的关系,金融资产投资规模与金融市场整体的发展也存在着互相影响的关系。显然,在我国国民经济的运行过程中,居民家庭已成为重要的组成部分,其产生的影响力不容忽视。

6.2 居民家庭金融资产配置结构与金融市场发展的关联性

6.2.1 数据描述

本部分通过各分类金融资产的投资额占居民持有金融资产总量的比重这一配置结构指标,分析其与各金融市场发展之间存在的互动关系,选用的数据取自表6.2及表6.4。下面对相应的序列变量进行一般性的描述分析。为了便于结果的展示,本书对个别变量序列放大了一定的倍数。

图6.5为居民持有存款占金融资产总量的比重与存款市场深度的对比。可以看出,存款占比呈现先升后降的趋势,而存款市场深度则整体上升。出现这种现象的原因是,随着经济、金融市场的发展以及居民家庭理财观

念的增强，居民的家庭财富不仅仅配置在存款上，而且有相当大的比重配置在其他金融资产上，导致存款增长速度和其他金融资产相比有所降低，在金融资产中的配置比例下降。从绝对数上看，居民存款总量逐年增加，企业存款也在增加，金融机构整体存款规模的增长速度较快，甚至在大部分年份中超过了 GDP 增长，使存款市场深度曲线呈上升趋势。

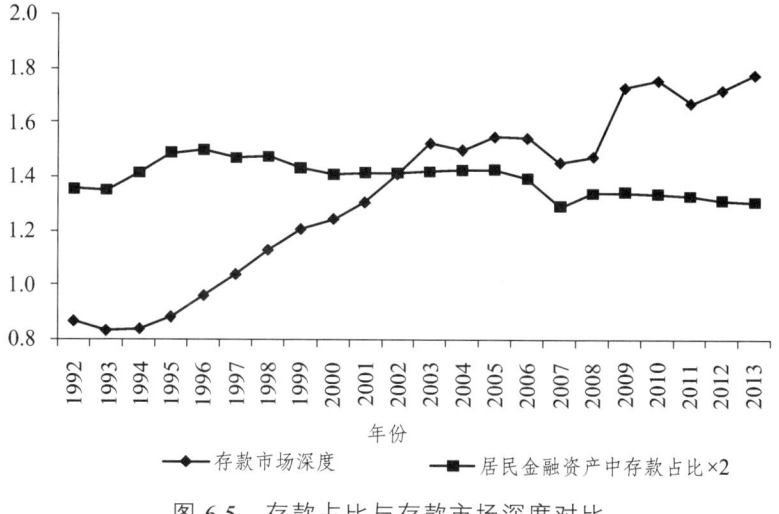

图 6.5　存款占比与存款市场深度对比

图 6.6 为居民国债投资额占金融资产总量的比例与国债发行度的对比。可以看出，在金融总资产中，国债投资额所占的比例呈现出先升后降的趋势，而国债发行度开始上升较快，之后呈现较为稳定的走势（除在 2007 年特别国债的发行导致数据极高外）。上文已对国债发行度走势进行了解释，这里不再赘述。居民金融资产中国债占比在 1999 年出现转折，这可能是由于在此时点后国债的票面收益率和存款利率之间的息差变得很小，导致国债对居民进行资产投资时的吸引力降低。

图 6.7 为居民金融资产中股票占比与证券化率的对比。可以看出，我国居民金融资产中股票比例曲线与证券化率曲线波动较大，走势规律不明显。这源于我国股票市场发展时间较短，很多机制还不完善，而且股票本身的风险使居民对其的选择较为谨慎；另外，股市的牛熊轮动对居民选择金融资产进行投资时的影响较大，牛市来临时，相较于其他金融资产，居民投资于股票的倾向性更强，而熊市来临时，证券类产品的吸引力则大幅下降。

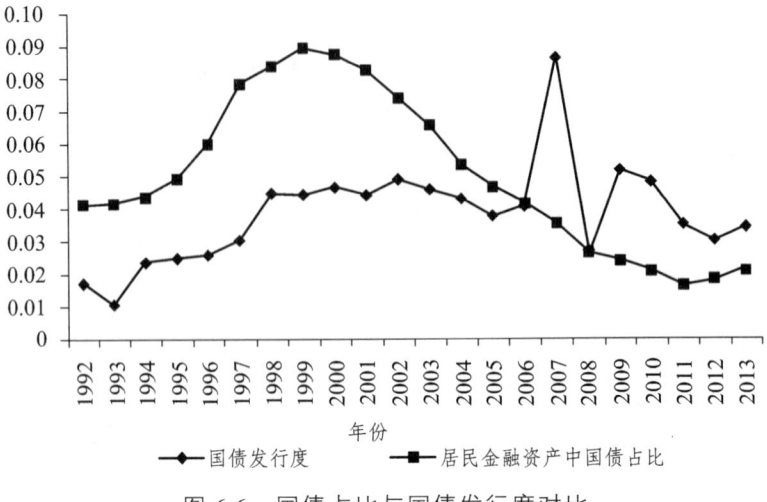

图 6.6 国债占比与国债发行度对比

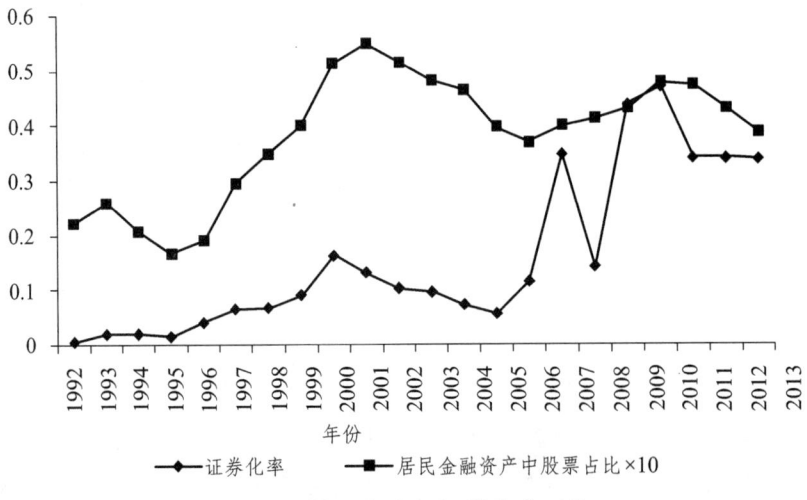

图 6.7 股票占比与证券化率对比

6.2.2 实证解释

沿用上文的研究方法，这里对居民家庭金融资产配置结构与金融市场发展之间存在的关联性进行实证分析。首先对各变量序列数据进行单位根检验，其中部分序列数据在前面已经做了检验，此处只对其加以整理，总的检验结果如表 6.8 所示。

表 6.8　序列平稳性检验结果

序列名	差分次数	DF 统计量	检验水平	临界值	N 阶单整序列
Sr	1	-3.600	0.01	-2.67	$I(1)$
Sd	1	-3.978	0.01	-2.67	$I(1)$
Br	2	-4.647	0.01	-2.67	$I(1)$
Bd	0	-3.506	0.01	-2.67	$I(1)$
Str	1	-2.341	0.05	-1.95	$I(1)$
Std	1	-6.858	0.01	-2.67	$I(1)$

表 6.8 显示，除 Bd 外，其他序列均为非平稳序列。对其取差分呈平稳序列，之后进行零均值处理，进一步使之成为白噪声序列，然后采用上文介绍的方法进行小样本最优预测模型的估计，结果如表 6.9 所示。

表 6.9　各序列最优预测模型

变量序列名	最优预测模型	$AICC_u$
Sr	MA(1)	-144.77
Sd	MA(2, 3, 4)	-91.01147
Br	AR(2)	-187.5942
Bd	AR(2)MA(3)	-161.6726
Str	MA(1)	-207.9562
Std	MA(1, 2, 4)	-78.90425

基于各序列小样本的最优预测模型的估计结果，对相应各序列之间存在的 Granger 因果关系进行检验，结果如表 6.10 所示。

表 6.10　各序列最优预测模型

假设	最优预测模型	$AICC_m$	CE	结论
Sd 是 Sr 的因	Sd(0, -1, -2)	-156.1254	0.9273	肯定原假设
Sr 是 Sd 的因	Sr(-1, -2) AR(1, 2, 3, 4) MA(1, 2, 3)	-120.5285	0.7551	肯定原假设
Bd 是 Br 的因	Bd(0, -1, -2)	-192.4349	0.9748	肯定原假设

续表

假设	最优预测模型	$AICC_m$	CE	结论
Br 是 Bd 的因	Br（-1，-2）AR（2，3，4）MA（1，2，3，4）	-152.6152	1.0593	否定原假设
Std 是 Str 的因	Std（-1）MA（1）	-209.5774	0.9923	肯定原假设
Str 是 Std 的因	Str（-1，-2）AR（1，2，3，4）MA（1，2，4）	-185.3283	0.4258	肯定原假设

检验结果显示，Bd 是 Br 的因，Sd 与 Sr 以及 Std 与 Str 之间互为因果关系，即国债市场深度是国债持有比例的原因，而存款持有比例与存款市场深度、股票持有比例与股票市场深度之间存在着相互影响的关系。

6.2.3 研究结论

与上节结论相似，本节的实证分析表明，除极个别序列之间不存在相互的因果关系外，居民金融资产配置结构整体上与金融市场发展之间存在着相互影响的关系。

居民所持有的各项金融资产之间的比例能很好地反映出同一时间区间内各项金融资产之间的替代关系，一种资产持有比例的上升表明当年对其他各项金融资产需求的下降，方便我们进行横向比较。如果居民家庭对某项金融资产投资的倾向度提升，将更多的家庭财富转移到该项金融资产对其进行投资，在居民投资占据主导的条件下，该市场的发展程度自然更高。我国的存款市场及股市显然为该种情况。这就解释了为什么在我们的实证检验结果中，存款持有比例及股票持有比例分别会对其两种金融产品所在市场的发展程度有影响。至于国债市场的发行度，前文中已提到，国债发行是国家综合国民经济运转情况、宏观经济形势及财政预算等多种条件，在考虑现行居民对国债持有总量的基础上做出的，居民在总资产中投资国债的比例对其影响并不大，因此，居民持有国债的比例对当年国债发行度的影响并没有得到统计意义上的体现。相反，根据检验结果，各金融市场的发展深度对各项金融资产投资占金融资产总投资的比重均能产生一定的影响。这是因为金融市场发展程度越深，越能代表其在国民经济运转中的地位越重要，经济发展对其的依赖性越强，自然会引发居民对其产生的信心，从而居民家庭会增加对该项金融资产的投资，使得其投资的增长速度快于其他发展程度较慢的金融市场所提供的金融产品。因此，各金融市场的发展对该市场所提供金融产品的吸引力有一定的正向促进作用。

6.3 居民家庭金融资产配置效率与金融市场发展的关联性

6.3.1 居民家庭金融资产配置效率的宏观衡量

在第 5 章，笔者用夏普比率作为衡量居民家庭金融资产配置效率的代理变量。夏普比率研究的对象均为风险资产，正如下文的内容所示，本章纳入的资产不仅包含股票，同时还包括存款及国债，并同样将该两种资产视为风险资产。因此，这里类比夏普比率的定义，用零代表其中的无风险利率，采用式（6.3）作为各种金融资产配置效率的代理变量。

$$Efficiency_p = R_p / \sigma_p \quad (6.3)$$

式中，R_p 为某种金融资产的收益率大小，σ_p 为其标准差。

由于金融资产的风险一般由其标准差来衡量，因此该公式表示在投资某项金融资产时，每承担一单位的风险所能获得的收益率高低，可以代表家庭配置金融资产的效率。据此，接下来要确定我国居民家庭的金融资产、计算不同金融资产的收益率及标准差。

本节的基础数据来源及金融市场发展的衡量见本章 6.1 节。不同的金融资产有不同的收益衡量指标。① 存款。选取一年期存款基准利率来衡量其收益率，如果一年有多次调整，就按期限进行加权平均作为当年收益率取值。② 股票。先分别计算沪市和深市股市收益率，沪市取上证 A 股指数日度收益率，按年度相加得年收益率，深市取深证成分指数日度收益率，按年度相加得年收益率；再根据上证及深证年度成交量加权平均得到我国股票市场的年度收益率。③ 国债。选用 3 年期利率作为当年的国债利率，对于一年内多期发行的凭证式、记账式及无记账式国债，采用加权平均法计算国债年度收益率。④ 通货。由于这部分资产主要指居民家庭为了满足日常生活需要持有的现金，不仅不会创造收益，相反还存在着机会成本，因此不对其计算收益率。⑤ 保险准备金。这部分资产占居民资产总量的比重并不大，且由于赔付问题的存在，其收益率不好衡量，为了简化问题，本书不对其计算收益率。

关于存款风险及国债风险指标的计算，本书借鉴孔丹凤和吉野直行（2010）的做法，采用三年的收益率标准差公式，如式（6.4）所示。例如，1992 年的存款风险指标为 1990—1992 年三年存款利率与其平均利率的标准差。关于股票价格风险指标的计算，由于其波动频率比较高，可先对上证 A 股指数日度收益率按年取标准差，再对深证成分指数日度收益率按年取标准差，最后根据两市年度成交额所占的权重计算股市年度标准差。

$$\sigma = \sqrt{\frac{n\sum x^2 - \left(\sum x\right)^2}{n(n-1)}} \qquad (6.4)$$

考虑到收益率及风险数据的可得性，本节将主要研究存款、股票和国债三种金融产品的配置效率与金融市场发展的关系。根据上文所述的指标衡量方法，计算得出各类金融资产的收益率、风险性和配置效率的数据序列，分别如表 6.11、表 6.12、表 6.13 所示。

表 6.11　居民金融资产中各类金融资产收益率（%）

年度	存款	国债	股票
1992	7.56	9.50	118.32
1993	9.54	13.96	11.55
1994	10.98	13.96	-12.87
1995	10.98	14.25	-10.98
1996	9.07	12.73	100.88
1997	7.02	9.18	33.02
1998	4.99	7.11	-16.73
1999	2.89	3.23	19.92
2000	2.25	2.89	40.61
2001	2.25	2.89	-25.83
2002	2.00	2.21	-16.34
2003	1.98	2.32	13.18

续表

年度	存款	国债	股票
2004	2.05	2.74	-14.05
2005	2.25	3.32	-6.11
2006	2.36	3.22	86.01
2007	3.29	4.33	77.55
2008	3.80	5.59	-95.14
2009	2.25	3.73	65.29
2010	2.33	3.83	-12.20
2011	3.29	5.49	-23.68
2012	3.23	5.10	4.58
2013	3.00	5.00	-5.81
2014	2.96	5.00	42.71
2015	2.06	4.92	21.62

表6.12 居民金融资产中各类金融资产标准差

年度	存款	国债	股票
1992	1.223	2.466	0.758
1993	1.074	2.443	0.521
1994	1.717	2.575	0.697
1995	0.831	0.167	0.459
1996	1.104	0.807	0.452
1997	1.980	2.602	0.370
1998	2.040	2.842	0.216
1999	2.066	3.021	0.306
2000	1.432	2.344	0.232
2001	0.368	0.196	0.225
2002	0.143	0.393	0.248
2003	0.150	0.365	0.183

续表

年度	存款	国债	股票
2004	0.034	0.280	0.210
2005	0.141	0.502	0.220
2006	0.160	0.310	0.219
2007	0.568	0.614	0.357
2008	0.729	1.186	0.457
2009	0.790	0.949	0.307
2010	0.873	1.046	0.232
2011	0.579	0.989	0.188
2012	0.536	0.868	0.181
2013	0.154	0.259	0.190
2014	0.146	0.058	0.176
2015	0.530	0.046	0.404

表 6.13 居民金融资产中各类金融资产配置效率

年度	存款	国债	股票
1992	0.062	0.039	1.561
1993	0.089	0.057	0.222
1994	0.064	0.054	−0.185
1995	0.132	0.851	−0.239
1996	0.082	0.158	2.231
1997	0.035	0.035	0.892
1998	0.024	0.025	−0.773
1999	0.014	0.011	0.652
2000	0.016	0.012	1.752
2001	0.061	0.147	−1.147
2002	0.140	0.056	−0.658
2003	0.132	0.064	0.718
2004	0.596	0.098	−0.668
2005	0.160	0.066	−0.277
2006	0.148	0.104	3.923
2007	0.058	0.071	2.170

续表

年度	存款	国债	股票
2008	0.052	0.047	-2.081
2009	0.028	0.039	2.125
2010	0.027	0.037	-0.527
2011	0.057	0.056	-1.261
2012	0.060	0.059	0.254
2013	0.195	0.193	-0.306
2014	0.203	0.866	2.429
2015	0.039	1.065	0.535

6.3.2 数据描述

图6.8为居民家庭存款配置效率与存款市场发展深度的对比。为了方便比较，我们将存款市场深度缩小到原来的1/10绘制在图中。可以看出，除少数年份有所下降外，代表存款市场发展程度的存款市场深度曲线在大部分年份都平稳上升，说明银行等传统类金融机构在整个金融市场中仍占据主要地位，对我国国民经济的运转起到了不可或缺的作用。存款配置效率曲线则呈现出周期波动的特点。2004年存款配置效率出现异常高值，这是由于在此前三年中，存款收益率调整幅度不大，和其他年份相比没有显著差异，衡量存款投资风险的标准差较小，导致该年度存款配置效率相比其他年份较高。

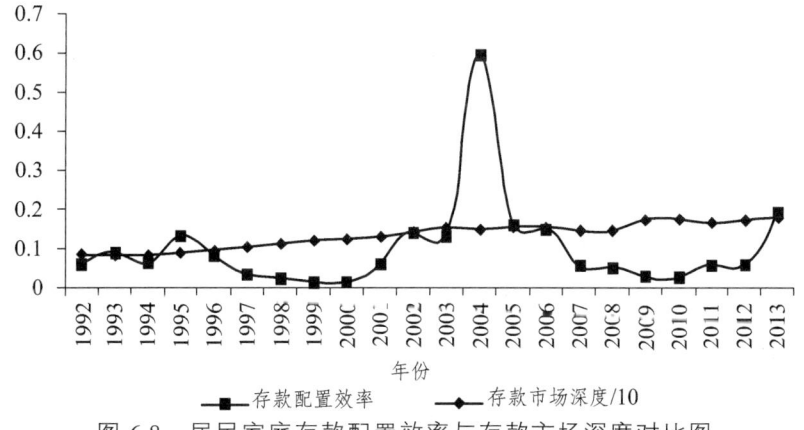

图6.8 居民家庭存款配置效率与存款市场深度对比图

图6.9为居民家庭国债配置效率与国债市场发行度之间的关系对比图。从图中可以看出，居民家庭在1995年对国债的投资效率最高。原因类似于

前文中存款市场的投资，由于在之前几年国债市场收益率较为稳定，调整幅度并不明显，导致我们计算得出的标准差较小，因此和其他年份相比，其配置效率较高。除此之外，将其他年份的配置效率数据与国债发行度数据相比较，整体趋势大体一致，都呈现出先增加后减少再增加的走势。

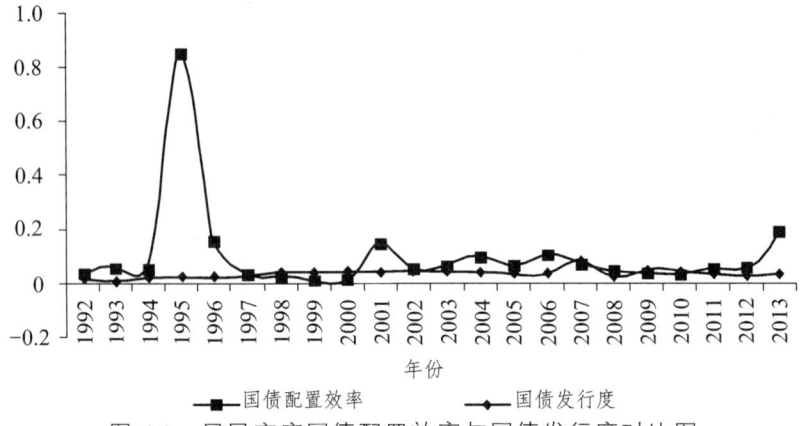

图 6.9　居民家庭国债配置效率与国债发行度对比图

图 6.10 为居民家庭股票投资的配置效率与证券化率的对比。同图 6.8 类似，为了更直观地看出股票配置效率与证券化率之间存在的关系，我们将证券化率曲线放大 10 倍绘制在图中。可以看出，股票配置效率波动较大，未呈现出明显的规律，与证券化率之间的关系并不明确。这可能是我国的股票市场尚在发展、完善过程中，股市的波动较大所致。

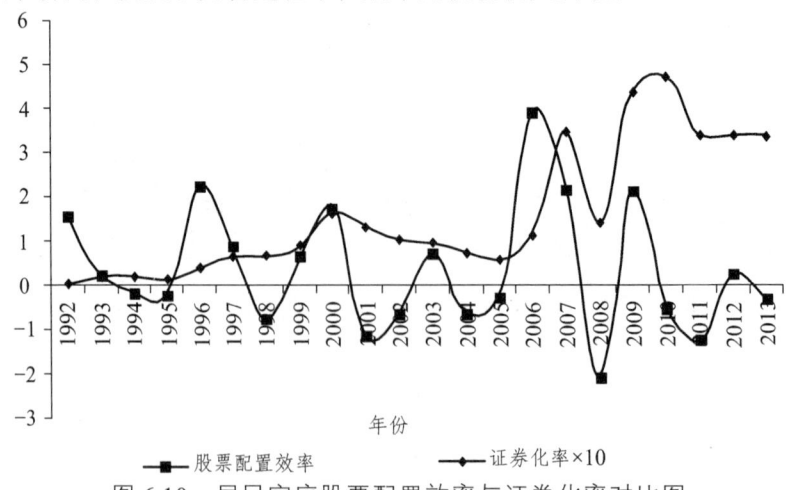

图 6.10　居民家庭股票配置效率与证券化率对比图

6.3.3 实证解释

上面我们通过描绘宏观部分居民金融资产的配置效率与各金融市场发展深度的曲线，直观地观察了相应变量之间的关系。但从对比图中可以发现，其两两之间的关系并不是十分明显，因此需要采用统计分析方法对其进行精准的分析。在此部分内容中，笔者沿用上两节的实证方法，对居民家庭投资各项金融资产的配置效率与其所在金融市场发展程度之间的因果关系进行验证。与上两节的实证研究方法相同，笔者首先对各序列数据进行单位根检验，结果如表 6.14 所示。

表 6.14 序列平稳性检验结果

序列名	差分次数	DF 统计量	检验水平	临界值	N 阶单整序列
Se	0	−3.274	0.01	−2.67	$I(0)$
Sd	1	−3.978	0.01	−2.67	$I(1)$
Be	0	−4.114	0.01	−2.67	$I(0)$
Bd	0	−3.506	0.01	−2.67	$I(0)$
Ste	0	−5.017	0.01	−2.67	$I(0)$
Std	1	−6.858	0.01	−2.67	$I(1)$

表 6.14 显示，Sd 与 Std 为一阶单整序列，其他序列均为平稳数据。我们首先对非平稳序列取差分，之后进行零均值处理，得到白噪声序列，然后采用上文中的办法进行小样本最优预测模型的估计，结果如表 6.15 所示。

表 6.15 各序列最优预测模型

变量序列名	最优预测模型	$AICC_u$
Se	MA（4）	−69.080 88
Sd	MA（2, 3, 4）	−91.011 47
Be	AR（3）	−52.020 65
Bd	AR（2）MA（3）	−161.672 6
Ste	AR（2）	31.698 64
Std	MA（1, 2, 4）	−78.904 25

基于各序列小样本的最优预测模型的估计结果，对相应各序列之间存在的 Granger 因果关系进行检验，结果如表 6.16 所示。

表 6.16　Granger 因果关系检验

假设	最优预测模型	$AICC_m$	CE	结论
Sd 是 Se 的因	Sd（-1, -2）AR（1, 2, 3, 4）MA（1, 3, 4）	-67.436 93	1.0244	否定原假设
Se 是 Sd 的因	Se（-1）AR（1）MA（2, 4）	-95.040 68	0.9576	肯定原假设
Bd 是 Be 的因	Bd（-1, -2）AR（1, 2, 4）MA（1, 2, 3, 4）	-148.3836	0.3506	肯定原假设
Be 是 Bd 的因	Be（0, -1, -2）	-165.885	0.9746	肯定原假设
Std 是 Ste 的因	Ste（-1, -2）AR（1, 2, 3, 4）MA（1, 2, 4）	-56.162 99	-0.5644	肯定原假设
Ste 是 Std 的因	Ste（0, -1, -2）AR（1）MA（3, 4）	-84.6853	0.9317	肯定原假设

表中结果显示，Se 是 Sd 的因，Bd 和 Be 以及 Std 和 Ste 是互为因果的关系；即存款配置效率会对存款市场深度产生影响，而配置国债的效率与国债发行度的变动，以及配置股票资产的效率与证券化率是相互影响的关系。

6.3.4　研究结论

根据本节对金融资产配置效率的定义，其可用来表示每承担一单位的风险可获得多少单位的报酬。这样如果计算得出某一金融资产的配置效率高，显然相较于其他种类的金融资产，该资产对居民家庭来说具有更大的吸引力，居民会将更多的家庭财富转移至该品种的金融资产。这就解释了为什么从宏观视角来说，每一项金融资产的配置效率都会对其所在金融市场的发展程度产生影响。就居民持有的存款资产来说，除了满足日后交易以及保值的需要，当然也有投资的需要，因此，存款投资的效率也无疑会对存款市场深度产生一定的影响。同理，国债、股票两种金融资产也不例外，其配置效率的提升会促进其所在金融市场的发展。反过来，存款市场相较国债市场以及股票市场来说有些特殊，因为在我国居民部门整体所持有的金融资产结构中，存款投资总额很多。其不仅相对于我国居民部门所持有的其他金融资产,即使和世界上其他很多国家的存款所占金融资产比重相比,其比例也高出很多,似乎没有什么理由和原因能使这一比例继续上升。但是,由于国家宏观调控的需要,存款市场的收益率都会在不同的年份有不同的调整,衡量其风险性的标准差也在发生着变化,这样就会导致存款市场的配置效率有较大的波动,但存款市场的深度变化不大。因此,对于存款投资来说,存款市场深度的发展对存款市场配置效率产生的影响体现的并不十分明显。对于国债市场和股票市场来说,其发展程度越高,越有利于该市场的稳定,市场运转的机制也会变得更加完善,其收益也越不容易产生较大的波动,因此,衡量其风险的标准差较小,从而计算得出的配置效率也较高。

总之,和居民金融资产配置规模及配置结构与金融市场发展的关系类似,居民金融资产的配置效率和各金融市场的发展程度之间也大致是存在着相互影响的关系。也就是说,居民家庭配置金融资产的规模、结构与效率所反映出的信息对各金融市场发展所产生的作用大体上是一致的。

6.4 居民家庭金融资产配置与金融资产的风险收益

居民家庭持有不同的金融资产,金融资产配置会随着不同金融产品收益率和风险性的变化而调整。本节以存款、股票和国债作为研究对象,运用适合小样本情况下的实证分析方法,研究这三种金融产品的配置与其金融市场收益率和风险之间的关系以及三种金融资产之间存在的替代问题。

6.4.1 数据描述

本节所用的各类金融资产的收益率、风险性的数据序列见表 6.11、表 6.12。图 6.11 为居民持有的存款比例与存款收益率及风险衡量指标的比较。为了方便比较,本书将一年期存款利率放大 10 倍绘制在图中。可以看出,居民持有的存款比例与存款收益率变动方向大体一致,均呈现出先上升后下降的趋势。由于收益率数据在图中被放大了数倍,因此其波动自然也会放大。虽然图中显示居民存款比例波动较小,但因为基数较大,即使是较小幅度的比例变化,其对应的总量绝对数变化也是巨大的。而存款风险性衡量指标和存款比率之间的关系并不是很明显，图中显示，1997—1999 年及 2007—2010 年两个时间区间存款收益率的波动较大，主要原因是在这两个时间段内分别发生了东南亚金融危机及美国次贷危机，为了保持国民经济持续、健康的发展，央行多次调整存款利率，所以此期间的收益率波动与其他时间段相比较高。

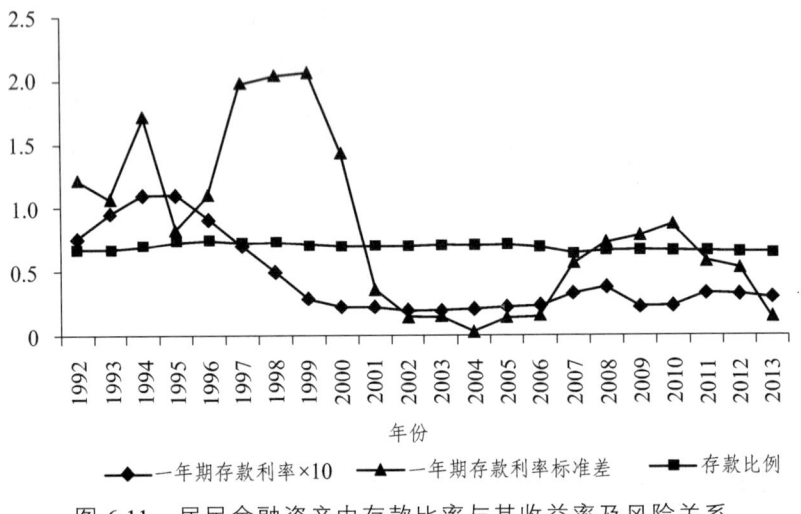

图 6.11　居民金融资产中存款比率与其收益率及风险关系

图 6.12 为居民持有的国债比例与其收益率及风险水平的比较。可以发现，在居民所投资的金融资产组合中，国债所占的比例先上升后下降，这是由于从 1992 年后的几年，国债规模较小，政府为了提高居民对国债的认购热情，将国债票面利率定得比存款利率高（即便从 1996 年后逐渐调低国债收益率，但其和存款利率相比仍然存在一定的利差，因此，居民对其的投资依然在增多）。1999 年之后，国债利率与银行存款利率越来越接近，且认购手续相对繁琐，居民对其的投资热情也逐渐降低。从图中还可以看出，不管是国债收益率，还是衡量国债风险性的收益率标准差，均与图 6.11 中存款利率及标准差走势大致相同，这是因为在我国国债的发行利率都是比照银行存款利率设定的。

图 6.13 为居民持有的股票比率与其收益率及风险水平的比较。可以看出，除去 1996 年、2001 年和 2008 年股市收益率变动异常外，其他时间段股票持有比例曲线与股票收益率曲线走势大致相同。而衡量股市风险的收

益率标准差曲线则与股票持有比例曲线走势基本相反，这符合我们正常的思维逻辑，即在其他条件都相同的情况下，一项金融资产的风险越大，所持比例就会越小。

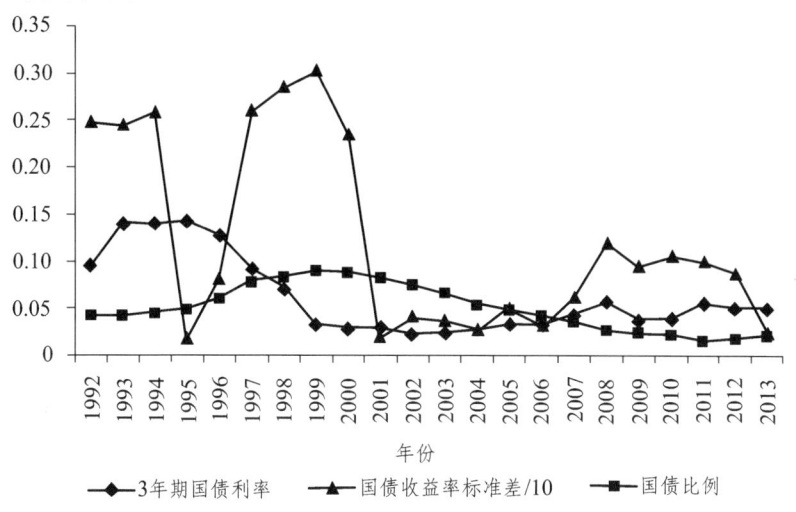

图 6.12　居民金融资产中国债比率与其收益率及风险关系

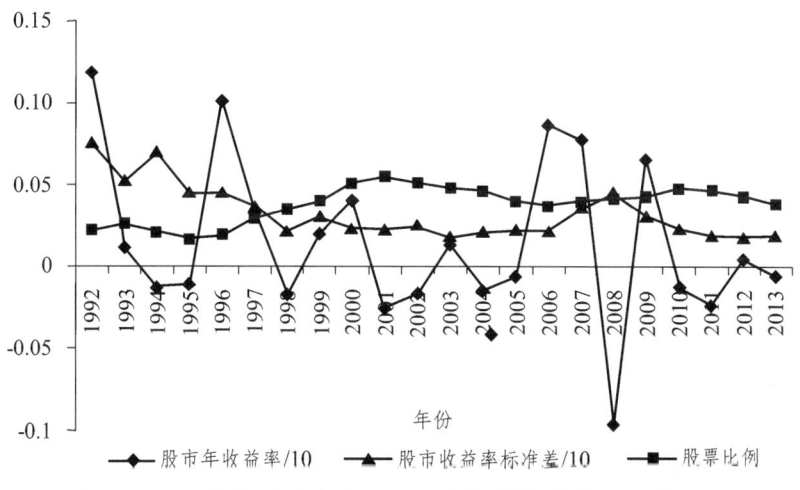

图 6.13　居民金融资产中股票比率与其收益率及风险关系

6.4.2　研究方法

假设居民家庭在选择金融资产时，考虑的首要因素是该项金融资产的风险性水平及未来预期的收益率，并假设其两者均与该项金融资产在家庭金融资产投资组合中所占的比重呈线性关系，那么这一关系可用方程表示如下：

$$x_t = X_t / W_t = a + BE_t r_{t+1} - C\sigma_t \tag{6.5}$$

式中，x_t为$N\times 1$向量，里面的每一元素均为在t时刻居民所持有的一项金融资产占家庭投资总份额的比重；X_t为$N\times 1$向量，其中的每一项元素为t时刻家庭持有一种金融资产的总额；W_t为t时刻家庭所配置的金融资产总量；$E_t r_{t+1}$为$N\times 1$向量，其中的每一项元素为居民家庭在t时刻所预期的某一项金融资产在$t+1$时刻所能带来的收益率；σ_t为$N\times 1$向量，其中的元素为t时刻某一项金融资产的波动率，即风险水平；a为$N\times 1$向量，B,C均为$N\times N$系数矩阵。

由于人们都偏好收益率高的金融资产，因此，可预期系数矩阵B非对角线上的元素系数为负。如果用OLS方法对式（6.5）进行估计，会出现两个问题：一是$t+1$期金融资产的收益率$E_t r_{t+1}$不好确定；二是系数矩阵B中的各元素系数可能会与现实不符或者不显著。为此，本书参照Frankel（1985）的解决办法，将式（6.5）进行变形，得到如下方程：

$$E_t r_{t+1} = -B^{-1}a + B^{-1}C\sigma_t + B^{-1}x_t \tag{6.6}$$

假设居民对未来金融资产的收益率预期都是理性的，预测误差为白噪声，则：

$$r_{t+1} = E_t r_{t+1} + e_{t+1}, \quad E_t(e_{t+1}|I_t) = 0 \tag{6.7}$$

将式（6.6）代入式（6.7），可得：

$$r_{t+1} = -B^{-1}a + B^{-1}C\sigma_t + B^{-1}x_t + e_{t+1} \tag{6.8}$$

此时，由于各变量观测值都是可获得的，故可直接对式（6.8）采用OLS估计，得出一个由N个方程构成的方程组，各金融资产的份额由该资产的收益率和风险性水平决定。而得到OLS估计结果后，通过简单的转换就可以得到最终拟建立的回归方程。

由于我国资本市场起步较晚，本书只能运用从1992—2013年的22个样本的年度数据，进行小样本的研究。因此，需要寻找适合小样本情况下的实证分析方法。

6 外部视角：金融市场与居民家庭金融资产配置

在进行时间序列的分析时，首先要检验数据的平稳性，而 DF 统计量和 ADF 统计量为检验某序列是否存在单位根的常用统计量。基于对小样本数据 DF 统计量分布特征的研究，张晓峒等（1999）等通过模拟给出了在小样本情况下 DF 统计量的临界值。考虑以下三种模型条件下小样本 DF 统计量的分布特征：

$$x_t = \beta x_{t-1} + u_t \tag{6.9}$$

$$x_t = c + \beta x_{t-1} + u_t \tag{6.10}$$

$$x_t = c + \alpha t + \beta x_{t-1} + u_t \tag{6.11}$$

假定上式中 $x_0 = 0$，$\beta = 1$，u_t 服从独立同分布，即 $u_t \sim IID(0, \sigma^2)$。对于式（6.9），当样本容量 $T \to \infty$ 时，相应于 β 的 DF 统计量服从如下 Wiener 过程函数的分布：

$$DF \Rightarrow \frac{(1/2)((W(1)^2 - 1)}{\left(\int_0^1 (W(i))^2 di\right)^{1/2}} \tag{6.12}$$

其中，$W(i)$ 为标准的 Wiener 过程。对于式（6.10）和式（6.11），当样本容量 $T \to \infty$ 时，DF 统计量也服从 Wiener 过程函数的分布。

从整体上说，当样本容量增大时，小样本 DF 统计量的分布有从左偏变为右偏的趋势。和式（6.10）及式（6.11）相比，式（6.9）条件下 DF 检验的功效最高，所以，在实际小样本单位根检验中，应尽量不带趋势项和漂移项。基于此，在宏观部分数据的处理上，若数据序列个数不多，可采用小样本 DF 统计量对其进行单位根检验。

6.4.3 实证解释

在进行时间序列分析前，首先对各序列数据进行单位根检验，结果如表 6.17 所示。

表 6.17 小样本对各序列进行单位根检验的结果

序列名	差分次数	DF 统计量	检验水平	临界值	N 阶单整
存款持有占比（D）	1	-3.600	0.01	-2.67	I(1)
一年期定期存款利率（R_d）	1	-2.650	0.05	-1.95	I(1)
一年期定期存款利率风险（σ_d）	1	-3.848	0.01	-2.67	I(1)

续表

序列名	差分次数	DF 统计量	检验水平	临界值	N 阶单整
国债持有占比（B）	2	-4.647	0.01	-2.67	$I(2)$
三年期国债利率（R_b）	1	-4.058	0.01	-2.67	$I(1)$
国债风险（σ_b）	0	-2.195	0.05	-1.95	$I(0)$
股票持有占比（S）	1	-2.341	0.05	-1.95	$I(1)$
股票市场收益率（R_s）	0	-5.864	0.01	-2.67	$I(0)$
股票风险（σ_s）	0	-2.972	0.01	-2.67	$I(0)$

注：本书样本容量为22，因此在进行小样本单位根检验时，遵循容量接近的原则，DF 统计量的临界值取张晓峒等研究成果中样本容量为20的情况作为参考。

从表 6.17 可以看出，D，R_d，σ_d，R_b，S 序列为一阶单整序列，B 为二阶单整序列，σ_b，R_s，σ_s 为平稳序列。由于不同阶数的序列之间不存在协整关系，即使回归显著，也为虚假回归，因此，当采用第2章第1节式（2.4）建立回归模型时，本身就排除了很多种序列之间进行组合的可能。而且，本部分内容为小样本实证研究，虽然时间跨度为一年，但居民家庭会随时根据金融市场环境的变化调整自身的投资组合比例，所以，本书参照罗旋（2007）的研究，加入当期市场收益率对式（2.4）进行调整。这样，式（2.4）可改写为：

$$r_{t+1} = -B^{-1}a + B^{-1}C\sigma_t + B^{-1}r_t + B^{-1}x_t + e_{t+1} \quad (6.13)$$

这说明，居民对本期各种金融资产的投资比例受本期利率和风险水平及下一期市场收益率的影响。但该式和罗旋（2007）的研究不同，在其基础上加入了各项金融资产的风险性水平，以更精准地分析影响金融资产投资比例的因素。

当因变量为 R_d 时，可行方程的回归验证结果如表 6.18 所示，由表中结果可得其回归方程，见式（6.14）。提取该式的残差序列做平稳性检验，可得 DF 统计量为-2.916，张晓峒等（1999）给出小样本容量为20的 DF 统计量的临界值为-2.67，显然，残差序列在 1%的检验水平下仍不存在单位根，为平稳序列，因此，该方程协整关系成立，不存在虚假回归。

表 6.18　因变量为 R_d 时可行方程的回归结果

		系数值	标准差	T 值	P 值
常数项	C	0.204 476 5	0.064 579 8	3.17***	0.006
自变量	$D(-1)$	−0.276 273	0.083 027 3	−3.33***	0.005
	$R_d(-1)$	1.705 398	0.565 077 8	3.02***	0.009
	$\sigma_d(-1)$	−0.004 074	0.003 696 2	−1.10	0.288
	$R_b(-1)$	−0.555 560 1	0.395 455 6	−1.40	0.180
	$S(-1)$	−0.203 544 8	0.473 532 6	−0.43	0.673
F 值		41.52***			
R^2		0.9326			
Adjust-R^2		0.9102			

注：表中*、**、***分别表示 10%、5%、1%的显著性水平。

$$R_d = 0.2045 - 0.2763 \times D_{-1} + 1.7054 \times (R_d)_{-1} - 0.0041 \times (\sigma_d)_{-1} - 0.5556 \times (R_b)_{-1} - 0.2035 \times S_{-1} \Rightarrow D_{-1} = 0.7401 - 3.6193 \times R_d + 6.1723 \times (R_d)_{-1} - 0.0148 \times (\sigma_d)_{-1} - 2.0109 \times (R_b)_{-1} - 0.7365 \times S_{-1} \quad (6.14)$$

由式（6.14）可以看出，当期居民家庭持有存款的比例与当期存款利率呈正相关关系，与预期下一期存款市场收益率成负相关关系。这不难解释：如果居民预期下一期存款市场收益率低，则本期存款收益率相对下一期来说更高，因此，理性居民会加大对本期存款的投资额。需要指出的是，虽然式（6.14）显示当期居民家庭持有存款的比例与当期存款市场风险成负相关关系，与当期国债市场收益率成负相关关系，与当期股票投资比例成负相关关系，但均未体现出统计意义上的显著性。

当因变量为 R_b 时，可行方程的回归验证结果如表 6.19 所示，由表中结果可得其所示的回归方程为式（6.15）。同样提取该式回归结果的残差序列进行单位根检验，可得 DF 统计量为−3.326，和小样本容量为 20 的 DF 统计量临界值−2.67 相比，残差序列依然在 1%的检验水平下平稳。因此，该方程协整关系成立，不存在虚假回归。

表 6.19　因变量为 R_b 时可行方程的回归结果

		系数值	标准差	T 值	P 值
常数项	C	0.375 475 6	0.080 927 7	4.64***	0.000
自变量	$D(-1)$	-0.482 466 8	0.104 045 1	-4.64***	0.000
	$R_d(-1)$	2.251 026	0.708 123 8	3.18***	0.006
	$\sigma_d(-1)$	-0.005 874 9	0.004 631 9	-1.27	0.224
	$R_b(-1)$	-0.810 878 2	0.495 562 7	-1.64	0.123
	$S(-1)$	-0.667 641	0.593 404 4	-1.13	0.278
F 值		47.54***			
R^2		0.9406			
Adjust-R^2		0.9209			

注：表中*、**、***分别表示 10%、5%、1%的显著性水平。

$$R_b = 0.3755 - 0.4825 \times D_{-1} + 2.251 \times (R_d)_{-1} - 0.0059 \times (\sigma_d)_{-1} - 0.8109 \times (R_b)_{-1} - 0.6676 \times S_{-1} \Rightarrow D_{-1} = 0.7782 - 2.0725 \times R_b + 4.6653 \times (R_d)_{-1} - 0.0122 \times (\sigma_d)_{-1} - 1.6806 \times (R_b)_{-1} - 1.3836 \times S_{-1} \quad (6.15)$$

由式（6.15）可以看出，除上文中得到的当期居民存款投资比例与当期存款市场收益率正相关外，居民当期存款投资比例还和预期债券市场的下一期收益率负相关。从理论上说，如果预期下一期国债市场收益率较高，则本期国债收益率相对较低，居民应该减少国债方面的投资，因此其他金融资产的投资额度会相应增加，从而本期存款投资的比例应该上升。但是，从我国实际情况看，存款利率与国债收益率高度正相关，因此，当本期国债市场收益率较低时，存款利率也相对较低，这就导致我国在存款与国债这两种金融资产之间因收益率不同而产生的替代关系并不明显。换言之，表 6.19 与表 6.18 的结果在本质上是一样的。

由于我们是以同阶数的序列数据建立协整方程的，而建立以 R_s 为因变量的方程不包含居民对各金融资产中任何一种的持有比例项，这对研究没有任何帮助，故不再对其进行建模。同样的原因，我们也无法对国债持有比例及股票持有比例建立协整方程进行分析，无法利用统计方法分析这两者与各自的风险及收益之间存在的关系。但对于国债的投资，我们可以类比存款，预期其与当期利率正相关，与下一期的预期收益率负相关，而与其风险性水平关系并不明显；对于股票的投资比例，我们可以以数据描述性分析作为参考，预期其对本身的风险较为敏感，而由于异常值的存在，其对收益率并不敏感。

6.4.4 研究结论

综合以上分析可以看出，利率对于居民家庭金融资产投资产生的影响较为明显；而由于异常波动的存在，股票收益率对金融资产的投资结构影响不明显。关于各项金融资产的风险与其投资比例的关系：在股市投资比例方面，虽然描述性统计绘制的图形显示，其与自身的风险基本呈负相关关系，但由于协整方程的前提条件所限，无法得到统计意义上的验证；其他两种金融资产的投资比例与自身的风险性水平关系并不明显。通过进一步的数据挖掘可以发现，虽然金融资产对存款利率较敏感，但敏感程度并非很高。如果政府通过调整利率来影响居民金融资产结构，其会有一定的作用，但效果并不会很明显。

7 外部视角：宏观经济与居民家庭金融资产配置

居民家庭作为微观经济主体，生活在宏观经济环境中，宏观经济的变化显然会对居民家庭的行为决策包括金融资产的配置行为产生直接的影响，而居民对金融资产选择的行为在一定程度上反映了其对未来经济形势的预测和判断。反过来，居民家庭通过对不同种类金融资产的选择，增强金融资产配置的多样化，扩大金融资产配置的规模，这也会促进家庭的储蓄转变为投资，对社会资源的优化配置产生影响，也就是说，居民住户部门的金融资产配置行为对国民经济运转产生的作用不可忽视。因此，对家庭金融资产配置与宏观经济之间的关联性进行深入剖析，有助于我们更好地认识居民家庭的金融资产配置行为，完善居民资产的选择行为理论，同时为政府在不同的经济形势下制定合适的宏观经济政策提供决策依据以引导居民进行合理的投资和消费。本章从宏观经济发展切入，首先对不同经济发展程度的国家的居民家庭金融资产配置情况进行比较，接着使用我国居民家庭金融资产和经济增长的宏观序列数据，采用小样本下的实证研究方法，对居民家庭金融资产配置与宏观经济之间的因果关系进行检验，以期得到一些启示。

7.1 居民家庭金融资产配置的国际比较

7.1.1 美国居民家庭金融资产组合构成

消费者金融调查（Survey of Consumer Finance，SCF）是美国进行家庭金融研究的主要数据来源。其调查始于1983年，每3年1次，由美联储开展，覆盖全国，调查问卷内容包含家庭特征以及家庭资产组合的各项详细信息。笔者将1995年以来美国家庭金融资产组合构成的数据摘录于表7.1中。

表7.1 美国家庭金融资产组合构成（%）

金融资产种类	1995	1998	2001	2004	2007	2010	2013
交易账户	13.9	11.3	11.6	13.1	10.9	13.3	13.3
储蓄账户	5.6	4.3	3.0	3.7	4.0	3.9	2.0
储蓄性债券	1.3	0.7	0.7	0.5	0.4	0.3	0.3
债券	6.3	4.3	4.5	5.2	4.1	4.3	3.2
股票	15.6	22.6	21.3	17.4	17.7	13.7	15.4
共同基金	12.6	12.3	12.1	14.6	15.7	15.0	14.7
退休账户	28.2	27.6	28.8	32.4	34.8	38.4	39.1
人寿保险折现值	7.1	6.3	5.2	2.9	3.2	2.5	2.7
其他托管财产	5.8	8.9	10.8	7.9	6.4	6.1	7.6
其他金融资产	3.6	1.9	2.1	2.1	2.7	2.4	1.7
合计	100	100	100	100	100	100	100
金融资产占比	36.9	40.9	42.6	35.8	34.3	37.8	40.9

资料来源：美国联邦储蓄委员会2013年SCF数据。

从表中数据可以看出，1995年金融资产占家庭总资产的比重为36.9%，2013年这一数据为40.9%，显示出家庭总资产中金融资产的比重逐渐上升。但在2001—2007年金融资产占比有所降低，这是因为在2001—2004年，为了促进国内经济的发展，美国政府不仅实施了多次下调利率等扩张性货币政策，还实施了减税政策鼓励国内家庭买房。所以到2004年，美国家庭的总资产中仅住宅和其他房产所占的比重已高达60%，金融资产不升反降。而从2004年6月起，美联储多次加息，房产价值下降，股市此时也开始连续下跌，国内经济形势严峻，家庭不得不将更多的资产投入到自有企业中。这些均导致美国家庭金融资产占总资产的比重在2001—2007年呈下降趋势。但自2007年开始，一直到2013年，美国家庭金融资产投资比例又开始逐渐上升，故也可以说，美国家庭的资产配置其实是日趋金融化的（柴时军，2016）。另外，从美国家庭金融资产持有的结构来看，储蓄账户的占比在1995年为5.6%，2013年为2.0%，趋势是逐渐下降的，而共同基金和退休账户的占比在1995年分别为12.6%和28.2%，2013年分别为14.7%和

39.1%，说明两者重要性在上升。

表 7.2 美国直接或间接持有股票的家庭比例（%）

年份	1995	1998	2001	2004	2007	2010	2013
持有股票家庭比例	40.5	48.9	53.0	50.3	53.2	49.8	48.8

资料来源：美国联邦储蓄委员会 2013 年 SCF 数据。

股票是家庭资产配置中风险性金融资产的典型代表，可以在一定程度上反映出该家庭的投资理念。表 7.2 列出了自 1995 年以来，美国直接或间接持有股票的家庭占比。可以发现，美国家庭的风险资产参与率一直保持在较高的水平，1995 年为 40.5%，2013 年为 48.8%，均在 40%以上。

综上，美国家庭的资产配置整体上趋于金融化，金融资产在家庭总资产中所占的比重逐渐上升。进一步说，在金融资产的配置结构上，美国家庭的投资态度偏风险化，储蓄资产占比较少。

7.1.2 欧洲居民家庭金融资产组合构成

根据世界经济合作与发展组织（OECD）的调查统计，柴时军（2016）在其研究中列举了英国、法国、德国、意大利、希腊等 14 个欧洲发达国家家庭持有风险资产比重及家庭直接持股比重情况，笔者从中选取了 7 个有代表性的欧洲发达国家家庭金融资产配置情况列表 7.3、表 7.4。

表 7.3 欧洲发达国家家庭持有风险资产比重（%）

年份	英国	法国	德国	意大利	荷兰	瑞典	挪威
2005	16.3	33.0	32.5	58.3	19.6	45.5	26.1
2006	16.1	35.1	30.5	58.9	20.0	50.6	28.5
2007	15.5	34.6	30.9	55.5	19.3	47.4	29.3
2008	11.1	28.0	24.8	51.7	16.8	39.1	25.3
2009	14.4	28.7	24.8	49.2	15.9	46.2	26.9
2010	15.7	28.3	24.6	47.2	15.3	46.4	27.9
2011	12.9	26.7	22.9	45.9	13.4	41.9	26.2
2012	11.5	29.4	23.2	46.3	12.5	43.4	26.3
2013	13.2	30.2	23.2	46.4	12.9	44.7	26.4

资料来源：柴时军. 社会网络、年龄结构对家庭金融资产选择的影响[D]. 广州：暨南大学，2016.

从表 7.3 中可以看出,意大利、瑞典两国家庭持有风险资产的比重较高,均在 40%以上。法国、德国、挪威三国家庭资产配置中,风险资产占比适中,集中在 20%~35%。英国、荷兰在欧洲发达国家中,家庭持有风险资产的比重是最低的,均在 20%以下。表 7.4 反映了欧洲发达国家家庭直接持股比重的情况。从整体上看,欧洲发达国家家庭直接持股比重不高。其中,家庭持股比重最高的国家为瑞典,近些年基本稳定在 30%以上。其次为法国、意大利及挪威,直接持股占比集中在 20%~30%。而英国、德国及荷兰,这一数据均在 10%上下。如果从历年走势来看,受 2008 年金融危机的影响,不管是家庭持有风险资产的比重,还是家庭直接持股比例,欧洲大部分发达国家呈现出先下降后上升的走势。

表 7.4 欧洲发达国家家庭直接持股比重(%)

年份	英国	法国	德国	意大利	荷兰	瑞典	挪威
2005	10.9	22.4	12.5	28.3	14.1	34.2	18.4
2006	10.6	24.5	13.3	31.8	14.0	38.2	21.7
2007	10.3	24.6	13.6	27.6	13.5	35.5	23.2
2008	7.9	17.9	9.4	24.4	12.0	29.5	21.2
2009	10.9	18.8	9.2	21.8	11.0	35.8	22.1
2010	11.3	19.4	9.4	20.1	10.6	36.7	22.8
2011	9.4	18.2	8.9	18.7	9.8	32.9	22.0
2012	8.3	20.4	9.5	19.8	9.0	34.0	22.2
2013	9.1	21.5	9.9	21.7	9.4	35.2	22.1

资料来源:柴时军.社会网络、年龄结构对家庭金融资产选择的影响[D]. 广州:暨南大学,2016.

7.1.3 中国居民家庭金融资产组合构成

本书前面章节利用西南财经大学中国家庭金融调查与研究中心(CHFS)2011 年的数据,分规模、结构及效率三方面,将居民家庭异质性特征纳入考虑,对中国居民家庭金融资产配置情况进行分析。本章着重从外部视角,考察处于不同宏观经济发展水平国家的居民家庭,在金融资产配置上有何异同。不同于上文中美国以及欧洲发达国家长时间积累的调研数据，国内微观数据缺乏连续性。笔者借助 CHFS2013 年的调研数据，考察中国家庭金融资产占比与中国家庭正规风险市场参与比例（见表 7.5 和表 7.6）。

表 7.5　中国家庭金融资产占总资产比例（%）

金融资产类型	0~20%	21%~40%	41%~60%	61%~80%	81%~100%
现金	5.5	2.1	1.4	1.1	0.9
活期存款	6.5	4.2	3.0	2.4	1.6
定期存款	3.1	3.8	2.7	2.6	1.5
其他应收款	1.1	0.8	0.9	0.9	1.0
可供出售金融资产	0.0	0.1	0.1	0.1	0.5
持有至到期资产	0.0	0.0	0.0	0.1	0.0
交易性金融资产	0.3	0.4	0.4	0.6	1.3
长期股权投资	0.0	0.0	0.0	0.0	0.2
保险	6.8	3.6	2.7	2.9	1.4
非人民币	0.0	0.0	0.0	0.0	0.1
金融资产合计	23.3	15.0	11.2	10.7	8.7
剔除现金、银行存款、其他应收及保险后	0.4	0.5	0.5	0.8	2.3

资料来源：甘犁，尹志超，谭继军. 中国家庭金融调查报告 2014[M]. 成都：西南财经大学出版社，2015.

表 7.5 中数据显示，不同类别的金融资产所占比重，在不同资产规模的家庭中差异较大。如家庭持有现金占总资产的比重，低资产规模家庭中，这一比例为 5.5%，在高资产规模家庭中该数据仅为 0.9%，现金持有比例相对于资产规模的增加而降低。活期存款与定期存款占比也随资产规模增加而递减。由表中数据还可以看出，剔除现金、银行存款、其他应收款及保险后的金融资产所占比重随家庭资产规模增加而上升。因此，家庭金融资产的多样性是随着家庭资产规模的增加而增加的，家庭的金融市场参与度是随着家庭资产规模的增加而提高的。

表 7.6 中国家庭正规风险市场参与比例（%）

正规风险市场	全国	城镇	农村	东部	中部	西部
股票	6.5	11.1	0.4	9.8	4.6	4.2
基金	3.1	5.2	0.4	4.5	2.1	2.4
理财	1.8	3.0	0.1	3.1	0.9	0.9
非人民币	0.9	1.4	0.2	1.4	0.7	0.5
黄金	0.9	1.3	0.4	1.4	0.7	0.4
债券	0.7	1.0	0.2	0.9	0.7	0.4
衍生品	0.1	0.2	0.0	0.2	0.1	0.1
总体参与比例	10.4	17.0	1.6	14.9	8.0	6.9

资料来源：甘犁，尹志超，谭继军．中国家庭金融调查报告 2014[M]．成都：西南财经大学出版社，2015．

表 7.6 中数据显示，家庭风险金融市场的参与比例从全国来看均值为 10.4%，城镇为 17%，而农村仅为 1.6%，城乡之间金融资产投资理念差异较大。分地区看，东部地区居民家庭风险市场参与比例为 14.9%，高于中部地区的 8.0% 以及西部地区的 6.9%。如果分具体金融资产种类来看，股票在风险金融资产参与中的比例是最高的，全国数据为 6.5%，基金与理财市场的参与比例也均在 1% 以上，分别为 3.1% 和 1.8%，其他金融资产的参与比例不足 1%。

7.1.4 家庭金融资产组合构成的国际比较

将中国居民家庭金融资产配置的情况与美国以及欧洲发达国家进行比较可以发现，不管是金融资产占家庭总资产的比重，还是参与风险金融资产投资的比例，我国的数据值均低于国外发达国家相应的数据值。例如，根据 2013 年 CHFS 的调研数据，我国金融资产占比在资产规模较小的家庭中较高，但最高也只有 23.3%，随着家庭资产规模的增加，这一比例是在下降的，在资产规模较大的家庭中这一数据仅为 8.7%。而根据表 7.1 数据显示，自 1995 年以来，金融资产在总资产中所占的比重均在 30% 以上，远高于我国家庭资产组合中金融资产所占的比重。

从风险投资态度来看，我国居民家庭对风险金融资产的投资比例也小于国外发达国家。美国居民家庭中配置股票资产的比重均在 15% 以上，考虑直接或间接持有股票的家庭比例，美国近些年的数据则均大于 40%。欧洲各发达国家中，家庭持有风险资产比重最高的在 40% 以上，最小的也高于 10%。仅考虑家庭直接持股比重，欧洲发达国家中数据最小的也在 10% 左右。而中国居民家庭金融资产配置中，全国的全部风险金融市场参与比例也刚刚达到 10%。若仅考虑股票，则与国际上发达国家相比，还存在一定的差距。

显然，在我国居民家庭资产组合中，金融资产的重要性尚未体现。进一步分析，在金融资产组合构成中，风险资产配置比例较低，储蓄性及保险资产配置比例较高。相对于发达国家家庭资产选择呈现出金融化、风险化的特征来说，中国居民家庭在金融资产尤其是风险金融资产上的投资还不够，整体投资理念趋于保守。

7.2 居民家庭金融资产配置规模与经济发展的关联性

7.2.1 变量及数据选取

笔者沿用第 6 章的数据，分居民金融资产配置总规模、居民存款投资规模、居民国债配置规模及居民股票资产配置规模四类进行分析[①]。笔者采用 GDP 数据作为衡量经济发展的指标，这是由于其背后是一套以价值为核心的国民经济核算方法，这套方法逻辑严密，以量化的指标建立了一套完整的基础，能反映一个国家整体的生产能力，是一个具有很强综合性的指标。虽然其存在着一些缺陷，没有包含非市场交易、没有关注人类福祉的增长以及在统计学方面并非完美等，但无疑仍是目前学界中被广泛采用的衡量经济增长的指标。与第 6 章的理由相同，本章所截取的时间区间同样为

---

① 同第 6 章，笔者在此避开了保险准备金等其他居民金融资产，这是由于在本章后文的内容中需要对居民家庭金融资产的配置效率进行测算，因此，不仅需要有关的收益序列数据，还需要波动序列数据，限于相关数据的可得性，我们在此与第 6 章保持统一，仍然分存款、国债及股票三种资产进行分析。

1992—2013 年，共 22 年数据，也是小样本数据（具体见表 6.3）。

7.2.2 数据描述

将表 6.3 中所列示的居民持有的各金融资产配置规模数据取自然对数，并与 GDP 年度数据（同样取自然对数）进行比较得到图 7.1、图 7.2 和图 7.3。

图 7.1 显示居民配置的存款数量与经济指标的对比。从图中可以发现，居民存款持有量与 GDP 自 1992 年以来一直在稳定增长，增速基本持平。虽然可供居民选择的金融资产数量在增多，但由于受传统观念影响和较高的储蓄倾向所致，存款在我国居民家庭的金融资产配置结构中一直是重要的构成部分，因此表现为配置额度持续上升的特征。

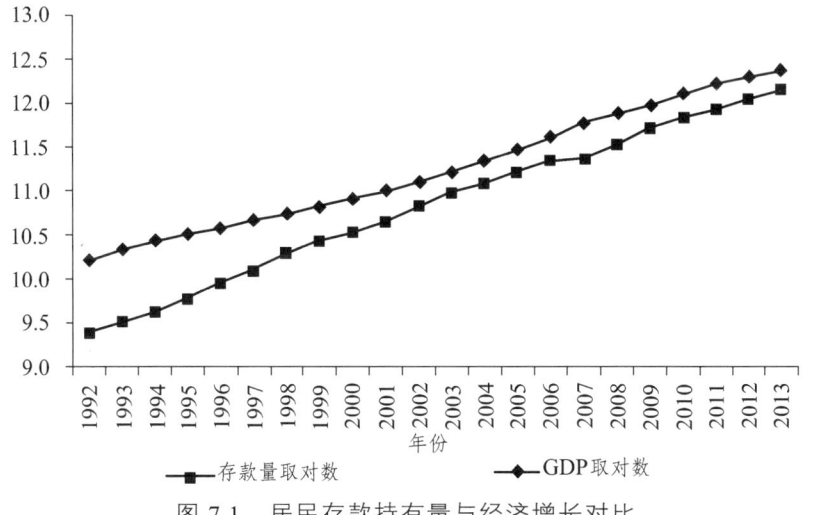

图 7.1 居民存款持有量与经济增长对比

图 7.2 为国债持有量与经济增长对比情况。趋势图显示，居民国债持有量的增长速度为先快后慢，在前文分析中已经提到，这是由于国债的票面利率和存款收益率相比已经没有了利差的优势，导致国债对居民投资的吸引力减弱。而经济增长的速度并未发生较大的变化，这样会使两者的差距逐渐增大。

图 7.3 显示，我国居民家庭配置的股票总量逐年上升，这说明随着我国经济的发展，居民家庭的收入也越来越多，而股票作为资本市场提供的一种投资工具，正在被越来越多的家庭所认可，尤其是在股市经历牛市行情

时，赚钱效应变得非常明显，居民投资股票的热情高涨，资本市场的投资参与率也得到明显提升。总的来说，这与我国经济的不断增长是分不开的。

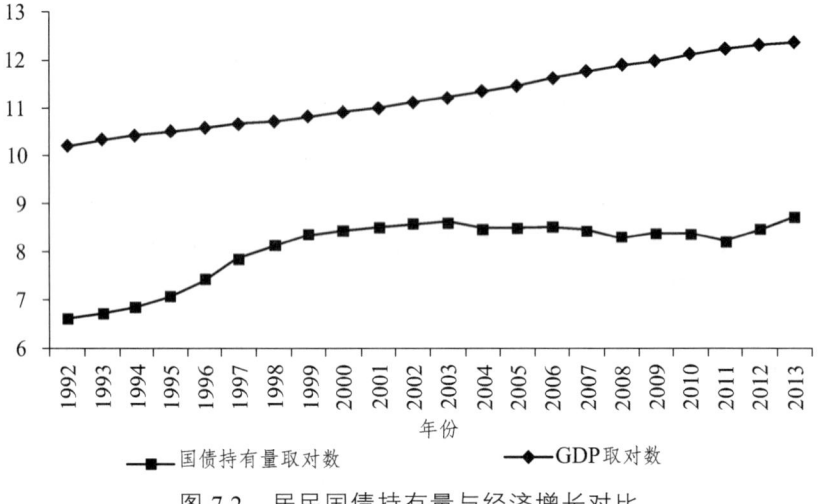

图 7.2 居民国债持有量与经济增长对比

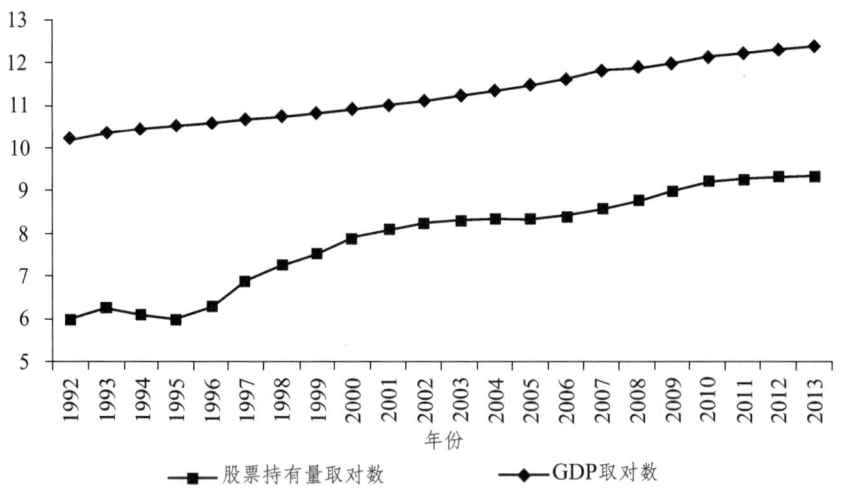

图 7.3 居民股票持有量与经济增长对比

就金融市场整体来说，我们从图 7.4 可以看出，自 1992 年以来，我国居民金融资产持有总量快速增长；在 2001 年，居民投资在金融资产上的金额已经超过了当年的国内生产总值，且这一趋势一直延续；说明在我国的国民经济运行中，金融市场的地位逐渐增强，国民经济对其的依赖性不断加大。当然，金融资产总量在促进经济增长的同时，反过来也会受到经济增长的影响。可以预期，只要我国经济走势长期向好，居民持有的金融资产总量仍会不断加大，两者之间构成相互影响、相互促进的关系。

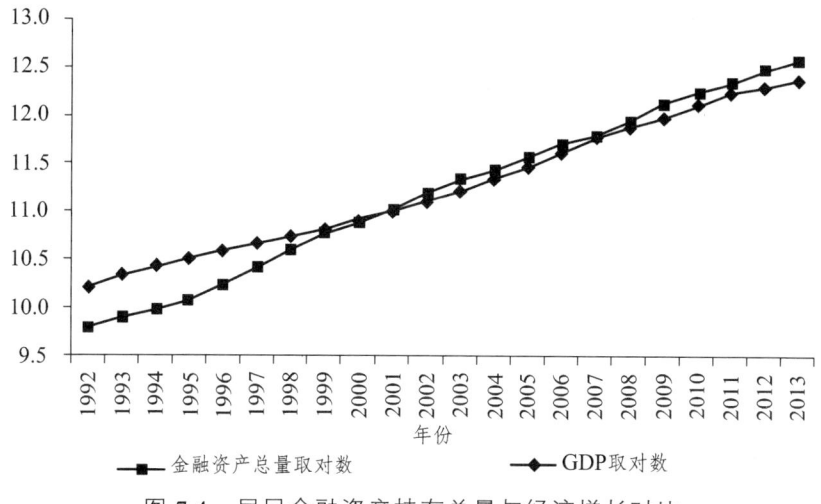

图 7.4 居民金融资产持有总量与经济增长对比

7.2.3 实证解释

为了探究居民家庭金融资产配置与经济增长之间存在的关联性，笔者继续使用第 6 章的实证研究方法，即基于小样本最优预测模型的因果关系检验方法。首先对各序列进行单位根检验，检验结果如表 7.7 所示。

表 7.7 序列平稳性检验结果

序列名	差分次数	DF 统计量	检验水平	临界值	N 阶单整序列
Sg	1	-4.006	0.01	-2.67	$I(1)$
Bg	0	-2.814	0.01	-2.67	$I(0)$
Stg	1	-2.371	0.05	-1.95	$I(1)$
Ag	1	-3.207	0.01	-2.67	$I(1)$
GDP	1	-6.278	0.01	-2.67	$I(1)$

注：表中序列数据 Sg、Bg、Stg、Ag 以及 GDP 进行检验前均取了自然对数，临界值参考前文中有关小样本 DF 统计量的检验方法。

单位根检验结果显示，除 Bg 序列为平稳数外，其他所有序列数据均为一阶单整序列。笔者在进行各序列最优预测模型及进行因果关系检验前先对非平稳数据进行差分处理，使之成为平稳数据序列。另外，需要再对各序列数据进行零均值处理，使得随机变量样本值的平均值为零，之后，用其进行各序列最优预测模型的估计（见表7.8）。

表7.8　各序列最优预测模型

变量序列名	最优预测模型	$AICC_u$
Sg	AR（2）	−111.9935
Bg	AR（2，3）MA（1，3，4）	−45.85979
Stg	MA（1）	−59.66566
Ag	MA（1）	−125.8902
GDP	MA（1）	−141.1718

基于上述各序列小样本的最优预测模型的估计结果，加入GDP序列数据，对居民各金融资产配置规模与经济体总量之间存在的Granger因果关系进行检验，结果如表7.9所示。

表7.9　各序列最优预测模型

假设	最优预测模型	$AICC_m$	CE	结论
Sg是GDP的因	Sg（0，−2）AR（1）MA（4）	−163.6694	0.8625	肯定原假设
GDP是Sg的因	GDP（−1，−2）AR（1，2，3，4）MA（1，2，4）	−129.5103	0.8647	肯定原假设
Bg是GDP的因	Bg（0，−1）AR（1）MA（2）	−154.3709	0.9145	肯定原假设
GDP是Bg的因	GDP（−1，−2）AR（1，2，3，4）MA（1，2，4）	−129.5103	0.3541	肯定原假设
Stg是GDP的因	Stg（−2）AR（1，4）MA（2）	−145.7404	0.9687	肯定原假设
GDP是Stg的因	GDP（−1，−2）AR（1，2，3，4）MA（1，2，4）	−129.5103	0.4607	肯定原假设
Ag是GDP的因	Ag（0，−1）AR（1）MA（4）	−147.3311	0.9582	肯定原假设
GDP是Ag的因	GDP（−2）MA（2，4）	−131.6043	0.9566	肯定原假设

表7.9中基于小样本最优预测模型基础上的格兰杰因果检验关系表明，

不管是银行存款持有量、国债持有量、股票居民持有量，还是整体金融资产持有总量，其与经济增长之间均互为因果关系，即各金融资产持有量与国民经济发展的程度之间都存在着相互影响的关系。

7.2.4 研究结论

为了考察居民家庭金融资产配置与经济发展之间存在的关系，在对应变量序列数据的选择上，笔者采用 GDP 总量与各金融市场资产的配置规模进行对比，量纲上保持一致。在国民经济的运转机制中，居民存款市场可通过银行等传统的金融中介机构直接将住户部门的储蓄转变为实体经济部门需要的投资资金。而政府发行国债的目的在于筹集一定数额的财政资金，其不仅可以弥补国家的财政赤字，也可以为一些耗资巨大的建设项目或者某些特殊经济政策筹措资金。另外，居民所持有的股票投资通过资本市场这种直接融资平台，可直接成为发行证券企业的融资来源，助其扩大生产规模，增强自身在市场中的竞争能力。由此，以上三种金融资产的投资均有助于实体经济的运行，可为经济增长提供源源不断的动力支持，推动国民经济走上一个更高的台阶。反过来，国家经济的飞速发展可惠及全国的微观居民家庭，带来了其成员收入水平的增加和家庭财富的积累。当 GDP 总量增加时，代表国内经济发展程度提升，居民家庭自然有了更多的资金进行投资。存款、国债以及股票作为三种重要的金融投资工具，其市场规模无疑会得到显著的扩大。

7.3 居民家庭金融资产配置结构与经济发展的关联性

7.3.1 变量与数据选取

本节的内容主要是分析居民家庭金融资产配置结构与经济发展之间是否存在着关联性。对居民家庭金融资产配置结构的衡量，我们沿用第 6 章的结构数据，依然分存款、国债及股票三大类进行分析，数据来源于表 6.2。而本节关于经济发展的衡量，和上节存在着较大的区别。上节内容是探究各金融市场资产配置规模与经济发展的关系，为了和总量具备可比性，笔者选用年度 GDP 数据代表经济发展。但本节内容中的居民金融资产配置结构，以及下节内容中的居民金融资产配置效率，如果依然选用 GDP 序列数据，就不合适了。虽然经济总量的增长对居民家庭金融资产配置的结构及配置效率会有一定程度的影响，但其解释不了两者变化背后的深层次原因。所以，在本节中对于经济发展的指标选取，笔者采用宏观经济波动来衡量。为此，构造如下变量：

$$Vol = \sqrt{\frac{n\sum x^2 - (\sum x)^2}{n(n-1)}} \qquad (7.1)$$

式（7.1）可用来计算宏观经济波动的年度加权平均值，笔者将年度区间选定为三年。如 1992 年的宏观经济波动风险指标为 1990、1991、1992 三年 GDP 增速与其平均增速的标准差。借由 Vol 变量数据，本节主要探讨宏观经济波动风险与居民家庭金融资产配置结构之间存在的关联性，该指标的选取显然比 GDP 总量数据对居民家庭各金融资产比例变动的解释力度更强，计算所得出的数据如表 7.10 所示。

表 7.10 宏观经济波动测算值

年度	GDP/亿元	GDP 增速	宏观经济波动
1992	27 068.300	0.160	0.047
1993	30 971.570	0.144	0.016
1994	34 036.079	0.099	0.031
1995	36 671.719	0.077	0.034
1996	39 640.299	0.081	0.012
1997	42 797.384	0.080	0.002
1998	46 101.298	0.077	0.002
1999	49 684.617	0.078	0.001
2000	54 739.025	0.102	0.014
2001	60 080.966	0.098	0.013
2002	66 460.383	0.106	0.004
2003	74 119.059	0.115	0.009
2004	83 953.705	0.133	0.013
2005	95 391.789	0.136	0.011

续表

年度	GDP/亿元	GDP 增速	宏观经济波动
2006	110 029.801	0.153	0.011
2007	129 285.695	0.175	0.019
2008	144 286.550	0.116	0.030
2009	158 563.223	0.099	0.040
2010	181 607.544	0.145	0.023
2011	204 017.355	0.123	0.023
2012	219 380.173	0.075	0.036
2013	235 385.468	0.073	0.028

7.3.2 数据描述

图 7.5 显示存款占比与宏观经济波动的对比，为了便于比较，在图形中宏观经济波动曲线被放大了 10 倍，因此，曲线的波动趋势也被放大了 10 倍。仔细观察可发现，自 1992 年以来，居民金融资产存款在家庭金融资产总额中所占的比例与宏观经济波动整体上走势是一致的，即宏观经济波动较大的时候，居民金融资产中存款持有量的比率也是较大的。由于宏观经济波动衡量的是经济发展过程中存在的风险，因此，图形中的两曲线走势表示，当宏观经济不确定性较大，或者经济发展面临下行压力时，由于存款具有低风险甚至无风险的特性，居民会将更多的家庭财富配置在银行存款上。从该分析过程也可以看出，用宏观经济波动代表的经济发展过程中存在的风险来解释居民家庭金融资产配置结构的变化，比采用 GDP 总量作为解释原因更为合理。

图 7.6 为居民金融资产中国债持有比例与宏观经济波动的对比。由于国债以政府信用作为担保，违约风险极低，因此也可将其归属于低风险性金融资产。这样，当宏观经济存在较大的不确定性风险，即宏观经济波动曲线趋势不平稳时，居民金融资产中国债的占比应该越高。但图形显示，其两者之间的关系似乎呈现负相关，这与正常的思维逻辑不相符。在第 6 章对居民家庭金融资产配置结构与金融市场发展深度之间存在的关系进行论述时，笔者已经说明国债占比曲线呈现此种走势的原因：在 1999 年之前，国债收益率要远大于存款利率，利差的存在使得国债对居民的吸引力逐渐增

大，而自 2000 年以来，国债与存款的利差在逐渐缩小，因此居民投资的国债量增长较为缓慢，导致其在家庭金融资产组合中的比例下降。图 7.6 呈现此种走势的原因可能是，国债本身作为一种低风险性金融资产，决定居民对其是否加以投资最为关键的影响因素是其收益状况，而非经济波动的程度。

图 7.5　存款占比与宏观经济波动

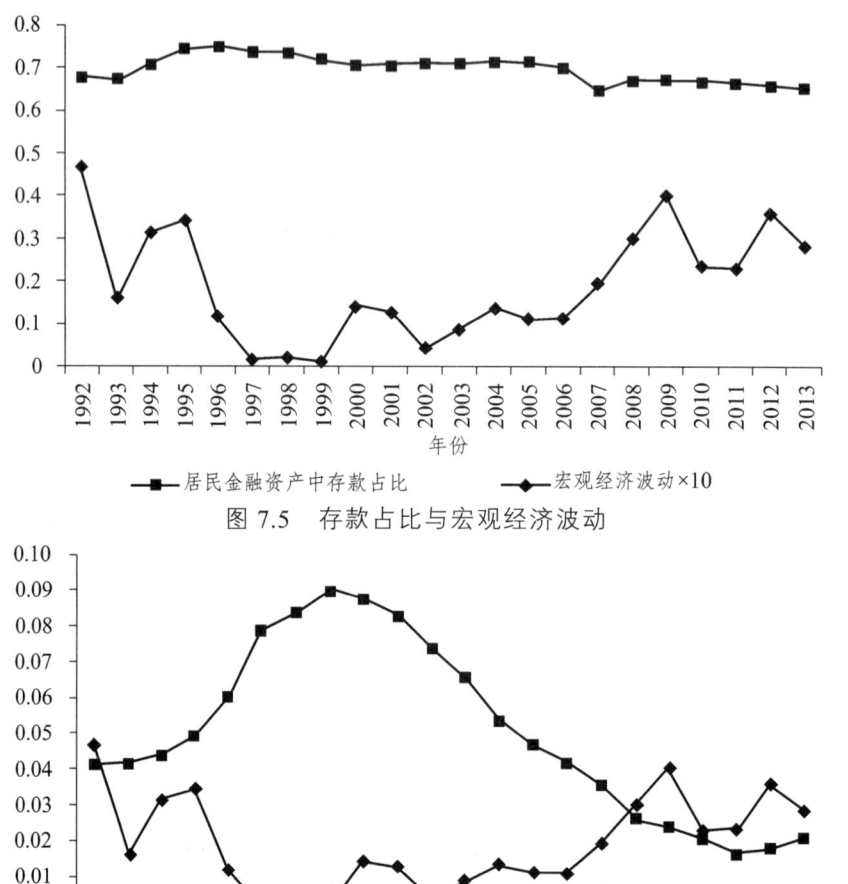

图 7.6　国债占比与宏观经济波动

图 7.7 为居民家庭金融资产配置结构中股票资产占比与宏观经济波动对比。图形显示，两曲线走势整体上呈现负相关关系，即宏观经济波动越

大，居民家庭金融资产组合中股票所占的比例越低。这不难理解，股票市场本身就是高风险市场，加之我国股市的参与者基本以散户为主，这导致国内股市的波动程度相较国外发达国家的波动程度更大。因此，当宏观经济面临着不确定性时，由于风险因素加大，居民家庭会逐渐减少股票资产的投资，同时将更多的家庭财富转移到存款或者国债等低风险性金融资产上去。

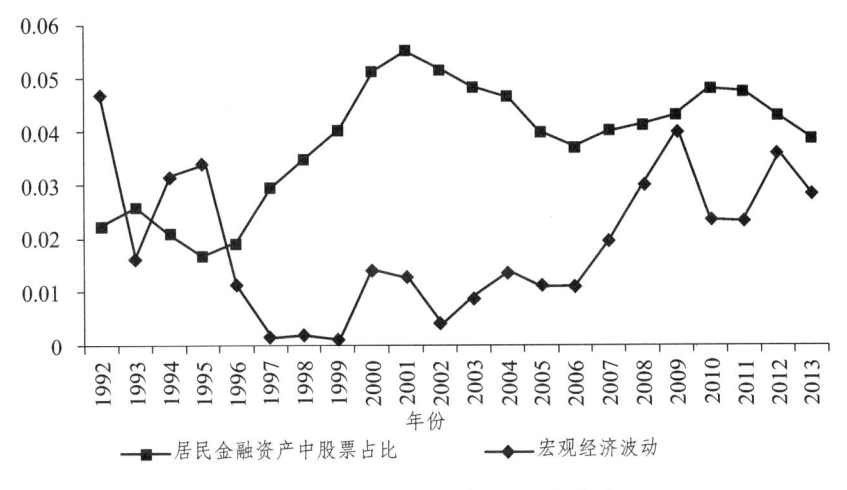

图 7.7 股票占比与宏观经济波动

7.3.3 实证解释

同前文一样，在实证分析部分，首先对本节相关的各序列变量进行单位根检验，之后就各序列的最优预测模型进行估计，最后对相应变量之间是否存在 Granger 因果关系进行检验。序列平稳性检验结果见表 7.11。

表 7.11 序列平稳性检验结果

序列名	差分次数	DF 统计量	检验水平	临界值	N 阶单整序列
Sr	1	−3.600	0.01	−2.67	$I(1)$
Br	2	−4.647	0.01	−2.67	$I(2)$
Str	1	−2.341	0.05	−1.95	$I(1)$
Vol	0	−2.920	0.01	−2.67	$I(0)$

表 7.11 显示，除 Vol 序列外，其他数据均为非平稳序列，其中 Br 为二阶单整。笔者首先对非平稳序列取差分使其平稳，之后进行零均值处理，进一步使之成为白噪声序列，然后采用前文中的办法进行小样本最优预测模型的估计，结果如表 7.12 所示。

表 7.12　各序列最优预测模型

变量序列名	最优预测模型	$AICC_u$
Sr	MA（1）	−144.77
Br	AR（2）	−187.5942
Str	MA（1）	−207.9562
Vol	MA（1）	−171.8999

基于各序列小样本的最优预测模型的估计结果，对相应各序列之间存在的 Granger 因果关系进行检验，结果见表 7.13。

表 7.13　Granger 因果关系检验

假设	最优预测模型	$AICC_m$	CE	结论
Sr 是 Vol 的因	Sr（−1, −2）AR（1）MA（2）	−194.1916	0.8852	肯定原假设
Vol 是 Sr 的因	Vol（−1, −2）AR（3, 4）MA（1, 3）	−155.907	0.9286	肯定原假设
Br 是 Vol 的因	Br（0, −2）MA（2, 3）	−162.5062	1.0578	否定原假设
Vol 是 Br 的因	Vol（−2）	−188.6261	0.9945	肯定原假设
Str 是 Vol 的因	Str（−1, −2）AR（1, 2, 3, 4）MA（1, 2, 4）	−185.3283	0.9275	肯定原假设
Vol 是 Str 的因	Vol（0）AR（1, 4）MA（3）	−212.6969	0.9777	肯定原假设

检验结果显示，Vol 是 Br 的因，Sr 与 Vol、Str 与 Vol 之间互为因果关系，即经济波动是居民家庭金融资产中国债持有比例的原因，而家庭金融投资组合中存款所占比例及股票投资所占比例与宏观经济波动之间存在着相互影响的关系。

7.3.4　研究结论

本节设定的经济发展指标为宏观经济波动率，衡量的是国民经济在发展过程中增速的标准差大小，即在经济面临不确定性时可能存在的风险程度。基于小样本最优预测模型的 Granger 因果关系检验结果表明，居民存款投资在家庭金融资产组合中占据的比例和宏观经济波动率互为因果关系。数据描述部分的分析表明，当宏观经济波动加大时，不确定性增强，此时居民家庭为了规避财产发生损失的风险，会加大存款的投资力度，使得存款占比在投资组合中的比重上升。相应的，居民存款占比发生变化时，例如当居民在家庭投资组合中对于存款的配置比例加大，银行等金融机构在面临经济不确定性时对贷款的发放又比较谨慎，那么社会上的流通资金会相应减少，从而加重宏观经济波动的风险。对于国债投资比例与宏观经济波动之间关系的研究表明，由于国债的发行规模有限，在整个国民经济运转中占据的体量并不是很大，因此居民对其投资比例的改变并不会对经济的运行造成很大的影响。而居民观测到宏观经济波动加大时，理应加大对低风险金融资产的投资，从而规避掉不确定性带来的可能损失，因此，宏观经济的运转风险会对居民家庭投资国债的比例产生影响，但图 7.6 显示，这种影响却是反向的，这可能是国债作为无风险资产更受和存款之间存在的利差影响所致。对于股票市场的投资，毫无疑问，经济的波动会对其产生较为明显的影响。抛开宏观经济的不确定性，股市本身所代表的资本市场波动就比较明显，如果居民家庭在观察到经济发展不平稳时，自然就会减少对股票资产的投资，将更多的家庭财富转移到低风险性金融资产上来。至于虚拟经济影响实体经济发展的进程，2007 年美国次贷危机就是很好的例证，因此，股票资产的投资对国民经济的运转也会产生一定的影响。

总之，除了国债因其规模有限导致其投资比例对实体经济的影响不明显外，居民家庭金融资产配置结构的变化与宏观经济波动之间确实存在着相互影响的关系。

7.4 居民家庭金融资产配置效率与经济发展的关联性

7.4.1 变量与数据选取

关于居民家庭金融资产配置效率的衡量，笔者在第 6 章考察其与金融市场发展程度之间存在的关系时已经给出了测算方法，本节关于金融资产配置效率的序列数据依然来自于此，即表 6.13。而代表经济发展程度的指标，笔者选用上节内容中对于宏观经济波动程度的测算，数据来源于表 7.10。

7.4.2 数据描述

图 7.8 为居民家庭投资组合中存款类金融资产的配置效率与宏观经济波动程度的对比。根据存款配置效率的计算公式，当存款年度收益率变化不大时，调整存款收益率大小的频率就显得较为重要，当存款收益率调整较为频繁或者在最近三年内调整幅度较大时，根据公式（6.4）计算出的标准差值就会越大，这样通过公式（6.3）计算出的配置效率就会越低，反之配置效率越高。因此，如第 6 章分析所述，在 2004 年，近三年存款利率较为稳定，计算得出的配置效率明显偏高，其他年份呈现周期性变化。实体经济在金融危机发生前后不确定性较大，因此，宏观经济波动率在此期间相对其他年份也会偏高。如去掉 2004 年间的高点，观察两曲线之间的走势关系，可发现整体上是保持负相关关系的。

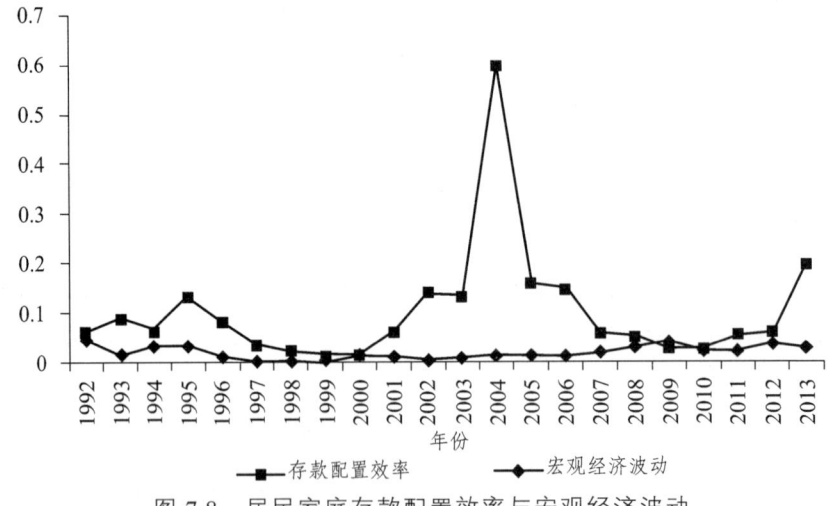

图 7.8 居民家庭存款配置效率与宏观经济波动

图 7.9 为居民家庭投资组合中国债配置效率与宏观经济波动对比。同上文中衡量存款配置效率的方法一样，当国债票面利率调整频率较多或调整幅度较大时，计算衡量其风险程度的标准差值就会越大，其配置效率也会

7 外部视角：宏观经济与居民家庭金融资产配置 | 173

越低，反之越高。1995年国债配置效率偏高的原因也是由于在1992—1995年，国债票面利率较为稳定所致。去除1995年的高点，可观察到在大部分年份区间，两曲线大致是呈现负相关关系的。

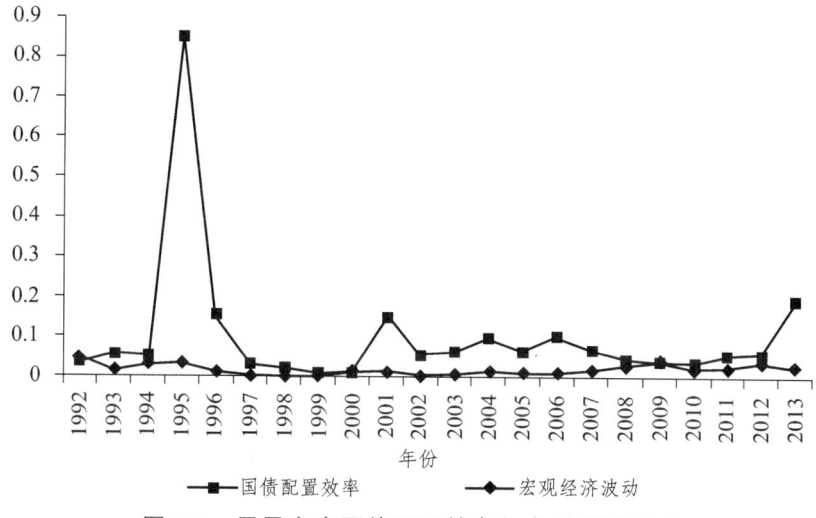

图 7.9 居民家庭国债配置效率与宏观经济波动

图 7.10 为居民家庭投资组合中股票类资产的配置效率与宏观经济波动之间的对比。图形显示，当宏观经济波动增大时，居民持有股票资产的配置效率也偏高，反之亦然。其两曲线的走势大致趋于一致，呈现出较为明显的正相关关系。

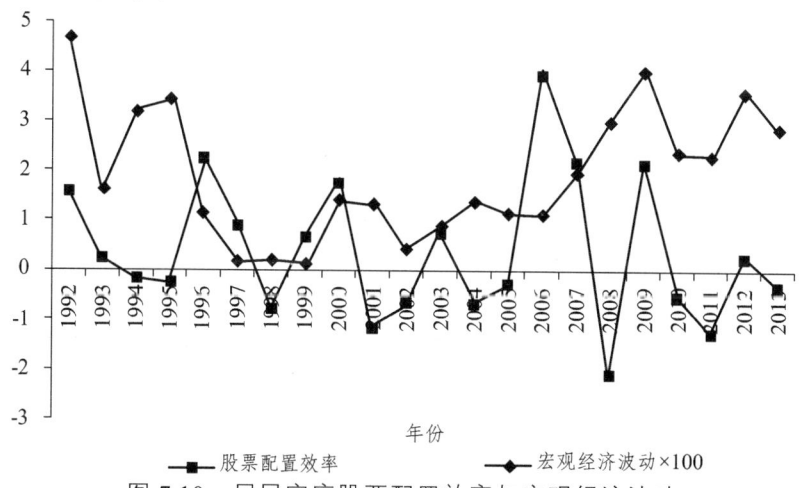

图 7.10 居民家庭股票配置效率与宏观经济波动

7.4.3 实证解释

以上通过图形描绘直观上判断了居民家庭各类金融资产的配置效率与宏观经济波动之间是否存在着相关关系。本节对其进行统计意义上的因果关系检验。与前文的实证研究方法相同,笔者首先对本节涉及的各序列数据进行单位根检验,结果见表 7.14。

表 7.14 序列平稳性检验结果

序列名	差分次数	DF 统计量	检验水平	临界值	N 阶单整序列
Se	0	−3.274	0.01	−2.67	$I(0)$
Be	0	−4.114	0.01	−2.67	$I(0)$
Ste	0	−5.017	0.01	−2.67	$I(0)$
Vol	0	−2.920	0.01	−2.67	$I(0)$

表 7.14 显示,各序列数据均为平稳序列,不存在单位根。因此,笔者在进行小样本最优预测模型的估计时,只需要对各列数据进行均值处理,即可将其变为白噪声序列。小样本最优预测模型的估计结果见表 7.15。

表 7.15 各序列最优预测模型

变量序列名	最优预测模型	$AICC_u$
Se	MA(4)	−69.080 88
Be	AR(3)	−52.020 65
Ste	AR(2)	31.698 64
Vol	MA(1)	−171.899 9

基于各序列小样本的最优预测模型的估计结果,对相应各序列之间存在的 Granger 因果关系进行检验,结果见表 7.16。

表 7.16 Granger 因果关系检验

假设	最优预测模型	$AICC_m$	CE	结论
Se 是 Vol 的因	Se(−1, −2) MA(1, 2)	−186.7386	0.9205	肯定原假设
Vol 是 Se 的因	Vol(−1, −2) AR(1, 2, 3, 4) MA(1, 2, 3)	−158.6329	0.4355	肯定原假设

续表

假设	最优预测模型	$AICC_m$	CE	结论
Be 是 Vol 的因	Be (−1, −2) AR (1) MA (1)	−187.498	0.9168	肯定原假设
Vol 是 Be 的因	Vol (−1, −2) AR (1, 2, 3, 4) MA (1, 2, 3)	−158.6329	0.3279	肯定原假设
Ste 是 Vol 的因	Ste (−1) AR (1, 2) MA (2)	−187.5199	0.9167	肯定原假设
Vol 是 Ste 的因	Vol (−1, −2) AR (1, 2, 3, 4) MA (1, 2, 3)	−158.6329	−0.1998	肯定原假设

表 7.16 显示，不管是 Se、Be 还是 Ste，它们与 Vol 之间都存在着 Granger 因果关系，即居民家庭投资存款资产的配置效率、投资国债资产的配置效率及投资股票资产的配置效率与宏观经济波动之间均存在着相互影响的因果关系。

7.4.4 研究结论

就居民所持有的存款投资及国债投资来说，一方面，宏观经济波动加大时，实体经济运转中存在的风险及不确定性增大，此时政府为了维护经济的稳定，会采取相应的宏观调控政策来干预市场，比如调整存款利率及国债的发行利率。此时，存款利率及国债票面利率调整的频率及调整的幅度都会使得用来衡量存款及国债市场收益率的标准差增加，在收益率变化不大的情况下，根据定义，会使得存款及国债资产的配置效率降低。另一方面，在本章所涉及的居民存款类、国债债券类及股票类等三种金融资产中，存款及国债等属于低风险性金融资产，股票类资产风险较高。当宏观经济波动较大时，居民家庭为了达到规避风险的目的，会将更多的财富转移到低风险性金融资产上来，即加大对存款及国债类金融资产的投资力度。当我们将其作为投资工具来分析时，根据最基本的供求市场规律，在供给不变的情况下，需求的增加会带来资产价格的上升，导致资产收益率的下降。由于笔者对居民家庭金融资产配置效率的衡量是指在一定风险程度下可获得收益率的大小，因此，宏观经济波动的加剧会使得居民家庭存款及国债类金融资产的配置效率降低。相反，当存款及国债等金融资产配置效率较低时，对于此两种低风险性金融资产来说，由于其占据家庭投资组合的比重较大，居民会预期在未来生命周期内因为主要资产收益的下降使得家庭财富减少，这样，根据持久收入假说，居民家庭会减少当前的消费，从而对国民经济的运转造成冲击，使得宏观经济波动加剧。由此推断，宏观经济波动与居民家庭存款及国债类金融资产的配置效率之间是呈负相关关系的。

对于居民所持有的股票类金融资产，按照正常的逻辑推理，当实体经济的波动导致风险较大时，居民投资于股票的资金收益率应该是下降的。但从图形中两曲线的走势来看，正相关关系较为明显。这应该是由于宏观经济运行不平稳时，反而是政府宏观调控政策出台的密集期，加之我国股市存在政策导向型的特点，因此，在这样的背景下，资本市场的"故事塑造性"增强，会引发居民家庭对未来经济改革的想象空间，使得符合国家政策的部分股票先行爆发，进而带动整个资本市场的表现。比如即使近几年宏观经济形势压力较大，但并不妨碍 2014 年 11 月份以来的牛市行情的发生，在这种情形下，居民配置股票类金融资产的效率显然会增加。反过来，当居民配置在股票类金融资产的收益率上升时，居民会加大对其的投资，这样，实体经济的资金就会流出并涌入虚拟经济市场，使得实体经济流动性减弱，从而带来其波动的增加。因此，居民家庭股票类金融资产的配置效率与宏观经济波动之间是存在着正相关关系的。

总之，居民家庭金融资产配置效率与宏观经济波动之间存在着相互影响的因果关系。居民家庭存款及国债类金融资产的配置效率负相关于宏观经济波动，而股票类金融资产的配置效率正相关于宏观经济波动。

8 外部视角：制度文化与居民家庭金融资产配置

研究中国居民家庭金融资产配置，不能仅考虑经济因素，还必须考虑非经济因素的影响。非经济因素有很多，本书主要考察制度文化的影响。但是，制度文化也是一个大概念，限于篇幅，本章无法全面、深入地探讨。笔者认为，由于制度文化最终将影响到家庭对内和对外的各种关系，因此，本章主要分析在我国社会变迁的大背景下，家庭关系与社会关系之于居民家庭金融资产配置的影响。但这同样是个大命题。笔者仅以案例的形式进行研究，一是考察社会网络与台湾家庭的正规金融市场参与，另一是考察新型农村社会养老保险对农村居民家庭的政策效应，以期能够管窥一斑。

8.1 社会关系与家庭关系的变迁

当代中国社会处于从传统向现代转型的过程中，制度和文化的深刻变革必然带来以个体为基础的社会关系和家庭关系的急剧变迁，这其中包括与个体相关的身份、地位、角色、阶层、阶级、组织等方面的变化。本节以家庭和社会的边界为划分，描述我国家庭与外部关系（社会关系）的变迁，以及家庭内部成员间关系（家庭关系）的变迁。

8.1.1 社会关系的变迁

按照法国社会学家杜尔凯姆[1]对社会个体聚合方式的划分，人类社会聚

---

[1] 马克思、韦伯、杜尔凯姆是社会公认的社会学三大奠基者。

集力可分为机械团结和有机团结两种类型。前者是彼此相似的同质个体之间的聚合，在这种秩序状态下，集体意识至上，个体的自主性难以得到发展；后者是彼此异质的个体之间的聚合，它们在功能上相互依赖、相互补充，表现为横向的契约关系。

在我国，同质体社会的传统源远流长，如马克思在考察亚细亚国家产生的原因时就发现，东方的村社是"许多模样相同而互不联系的原子，"[①]每个"原子"（即同质个体）都是自给自足的，这种村社制度"使每一个这样的小单位都成为独立的组织，过着闭关自守的生活。"[②]显然，自足性和独立性使同质个体之间难以通过功能和需求的相互依存而形成横向的契约型的联系，整合与协调同质体社会只能通过自上而下纵向的行政性权威来实施，即"各个公社相互间这种完全隔绝的状态在全国造成虽然相同而绝非共同的利益，这就是东方专制主义的自然基础。"[③]

对于产生现代经济所必需的社会关系转型，经济史学家诺思通过分析西方几百年来市场经济的演进历程，得出了从人格化交换向非人格化交换转换是经济发展中的关键性制约因素这一重要结论。所谓人格化交换，是"建立在个人之间相互了解基础上的交换。"所谓非人格化交换，"意味着我们对交易的另一方没有任何个人了解，我们不能以任何个人形态来区分交易对方。"诺思（1995）认为，人格化交换"由于人们的知识水准低，经济规模小，交易成本较高。"当经济发展从人格化交换过渡到非人格化交换，则表明社会劳动分工的细化、专业化水平的提高以及交换范围和层次的扩大，在此过程中，传统经济便逐渐演变为现代经济。

在现代经济中或者说市场经济条件下，不同的行为主体是彼此异质的独立自主的个体，这些个体由于承负的专业功能不同，彼此需要相互交换才能满足各方的需求。但此时联系不同个体的纽带不再是强调价值统一性的集体意识，并由"看得见的手"统一协调安排，而是在充分尊重和承认异质个体自主性的基础上形成利益交换和利益互补的契约性关系。此即意味着，交换各方都有选择交易对手的自由和权利，这就是所谓的非人格化

---

① 《马克思恩格斯选集》第 2 卷，第 183 页。
② 《马克思恩格斯选集》第 2 卷，第 177 页。
③ 《马克思恩格斯选集》第 2 卷，第 70 页。

交换。显然，异质个体及契约性人际关系的存在是非人格化交换产生的前提，而非人格化交换的完成需要在完善的制度环境下由市场这只"看不见的手"来作用。

由于我国传统的同质体社会结构与市场经济制度所要求的异质文明环境难以兼容，所以必须进行改革。但在中国社会同质体传统及由此决定的人格化交换源远流长的背景下，试图迅速移植异质体文明并建立非人格化交换，必然会带来社会机体的排斥反应甚至导致严重的社会失范及社会危机。为最大限度地避免从同质体社会向异质体社会变迁可能引发的失范反应，就必须采取渐进的改革方式，一方面尽可能地保护或少动传统体制部分，维持它们所适应的人格化交换；另一方面不断培育和发展异质因素，对它们实行非人格化交换。这样，当异质因素日益成熟壮大、异质文明逐渐成为主流文明时，市场机制便水到渠成地建立起来，传统的人格化交换便顺利地实现向非人格化交换的转变。

我国居民家庭的社会关系也正在经历着不断增加异质因素的过程。笔者引入社会网络的概念对此进行分析。社会网络指的是联结各种社会关系的一种持久的网络。在庞杂的社会关系网络中，由于个体差异、生产资料所有权差异、社会地位差异和财富差异，网络成员有差别地占有各种稀缺资源，网络成员们之间通过共享信息和资源，进行交易而形成相辅相成的、相互竞争的稳定关系。如上所述，我国传统的家庭社会关系具有人格化交换的特征，如强调家族性、血缘性、熟悉性、圈子性等感性选择。梁漱溟（1991）曾对此作了精辟的概括：中国人是从家庭关系来看待各种人际关系的，把师徒、同僚、同伙、乡党、朋友等关系或比之于父子关系，或比之于兄弟关系，情义益以重，这种伦理本位立场成为经济生活的行为准则，即视其关系亲疏、厚薄为准，"愈亲厚，愈要共"，以次递减，这与西方强调个人本位的经济生活有明显区别。所以，在传统中国社会，西方经济学家所论的经济人按照经济原则去追求利益最大化的经济理性选择并不适用，应该使用伦理感性选择来称谓中国人的伦理本位经济行为。

但随着市场化改革的推进，经济理性选择逐渐铺开，日益成为社会成员的普遍行为准则。所谓经济理性选择，指的是人们在经济生活中，以追求经济效益最大化为目标，按照人们约定的经济活动规则和认识的经济规律，对经济活动的成本与效益进行计算、预测、评价和推论等等逻辑思维的社会行为（刘少杰，2004）。当然，在社会转型的过程中，传统的重伦理、重亲情、重熟人等特点也仍然在一定程度上保留着，即呈现经济理性和伦理感性共存的现象。

家庭作为社会网络中的一分子，其社会关系随着我国社会由传统向现代转型发生了一系列变化。例如，人口流动性的加快会给已经形成的社会网络带来改变。家庭在进行金融资产配置时，也必然受到变化了的社会关系的影响。不同的家庭面临不同的社会关系，通过社会网络获取的信息不同，进而做出的金融资产配置决策也就不同。

8.1.2 家庭关系的变迁

家庭关系是基于血缘、姻缘或法律拟制（如收养）而形成的一定范围的亲属之间的关系。家庭关系有多种类别，从代内看，有夫妇关系、兄弟关系、姐妹关系等；从代际看，有亲子关系、公婆与子媳关系、岳父母和女婿关系等；从隔代看，有祖孙关系等。从广义上来看，各种关系类型的成员，都有可能生活在一个家庭中；从狭义上来看，家庭关系指的是血缘关系最近或有姻缘关系的成员之间的关系，如亲子关系、夫妇关系等。

我国的封建社会时期漫长，儒家伦理思想对家庭关系的影响极为深远。在家庭中，长尊幼卑、男主女从、子女对父母要"孝"，如此种种，反映出浓厚的上下尊卑等级色彩、忽视了个人的正当权利。潘允康和林南（1992）曾指出，家庭存在横纵两种关系，横向关系为夫妻关系、兄弟姐妹关系，纵向关系为亲子关系。在中国，纵向关系（亲子关系）是主要的、本质的，它代表了家庭关系的主要方面和主要方向。其有四个基本特征和表现形式：① 结构上纵向重于横向，横向靠纵向支配和维持；② 观念上父系传统，崇尚孝道；③ 功能上以传宗接代为本，纵向双向交流；④ 区位上从父居。这些基本特征和表现形式的核心是家长制，即亲子关系中亲代处于主导地位，夫妇关系中妻子从属于丈夫。由于家庭成员在家庭中的地位不同，子代和妻子不具有对家庭财产的支配权。

近代以来，传统的家庭伦理关系逐渐发生变化。如民国时期颁布的民法（1929年），就在很大程度上体现出家庭成员地位平等的精神，但在民间实践中还未能及时跟上。1949年后，宪法已明确指出公民无论男女在法律上平等，这当然包括家庭不同代际和性别成员之间的平等，而且，《婚姻法》(1950)也强调了夫妇平等原则。到了20世纪六七十年代，传统的家庭道德更是受到广泛批判，家长制和"孝道"已大大弱化，家庭成员平等的观念进一步普及和深化，对家庭关系产生很大的影响。改革开放以来，市场化的推进，工业化、城镇化、现代化的发展，人口流动的加剧，个人独立性、自主性的增强，社会保障制度的实行，等等，都在很大程度上冲击着传统家庭关系，以亲子关系为主导的家庭关系转变为夫妇为主导，家庭成员平等的局面基本形成，三代以上同堂的大家庭正在解体，家庭核心化和小型化受到推动。在家庭中，每一个人对家庭事务都可参与并有发言权，在家庭金融资产配置方面亦是如此。

总之，伴随着社会变革和制度演变，中国的纵向家庭关系已基本解体。历史发展规律证实，与落后生产力相联系的是发达的血缘关系和不发达的业缘关系（职业之间的关系），与先进生产力相联系的是不发达的血缘关系和发达的业缘关系（潘允康和林南，1992）。在社会走向现代化之时，人们根据自己的兴趣选择职业和地方，一方面这会使各种业缘关系充分发展，但另一方面导致了家庭关系松弛和血亲观念淡化。

在代际关系方面，则有一些对传统的保留，但更多随社会变革发生了变化。王跃生（2013）从义务、责任、权利、交换和亲情五个方面对此进行了考察。以子女义务为例，子女在为老年父母负担赡养义务方面有明显的城乡之别，虽然现代社会保障制度在一定程度上"替代"了血缘关系成员应承担的义务，但由于农村的社会养老保障制度尚处在初步建立阶段，老年父母仍主要靠子女提供赡养费用，而很多城市老年人有在正规企事业单位和行政机关的工作经历，可以享受到退休金等社会福利待遇，因此子女这方面的负担较轻。代际关系的改变也会对家庭的收支及金融资产的配置产生影响。

8.2 文化环境对居民家庭金融资产配置影响的案例分析

本节以社会网络与台湾地区家庭的正规金融市场参与作为案例，分析文化背景对居民家庭金融资产配置的影响。

家庭参与的金融市场可以分为正规金融市场和非正规金融市场。从资产方面来看，家庭参与的正规金融市场包括股票、债券、基金、理财产品、衍生品等市场，参与的非正规金融行为主要为民间借贷；从负债方面来看，正规信贷市场是家庭参与的主要正规金融市场，民间借贷是家庭参与的主要非正规金融行为。目前，台湾地区仍有24.39%的家庭未参与正规金融市场。按直辖市（市）和县划分，直辖市（市）没有参与正规金融市场的家庭比例为15.43%，而县家庭则为39.78%；按北部和中南部服务中心划分，家庭未参与正规金融市场的比例分别为19.34%和32.65%。从这组数据中可以发现，台湾地区家庭的正规金融市场参与情况在县和市、北部和中南部之间均存在一定的差异。台湾地区家庭未参与正规金融市场的影响因素是什么？又是什么因素影响到台湾的县和市、北部和中南部家庭参与正规金融市场的差异？下面笔者将运用2014年台湾地区家庭收支调查数据[①]，从社会网络这个视角来研究台湾家庭的正规金融市场参与问题。

8.2.1 模型与变量

1）模型设定

笔者主要采用Probit模型来分析社会网络对家庭正规金融市场参与的影响。Probit模型如下：

$$Y=1(\alpha\ social\_network+\beta X+\mu>0) \tag{8.1}$$

式中，$\mu \sim N(0, \sigma^2)$；Y是哑变量，等于1表示家庭参与正规金融市场，等于0表示没有参与；social_network是笔者关注的社会网络；X是控制变量，主要包括户主特征变量、家庭特征变量和地区控制变量。

2）变量介绍

（1）正规金融市场参与。

[①] 取自"中央研究院"人文社会科学研究中心调查研究专题中心学术调查研究资料库。该数据源于台湾当局"主计总处"和新北市、台北市、台中市、台南市、高雄市等市主计处在2014年开展的台湾地区家庭收支调查项目，主要调查对象为台湾地区21个县市、153乡、41镇、157区内的个人及其所组成的家庭，采用二段随机抽样法抽取千分之二为样本，共16 000多户家庭。

笔者以家庭是否支付金融服务费作为家庭正规金融市场参与的代理变量。家庭在参与正规金融市场时往往需要额外缴纳费用，即交易费用：当股票投资者进行变更股权登记时需要支付给股票登记清算机构过户费，当他们在完成股票买卖后需要根据交易发生额的比例支付给证券商的交易经手费用、证券机构的经纪佣金和相关机构的监管费等费用（张瑶，2015）；家庭在公开市场上进行债券交易时需要支付交易往来相关的手续费、债券佣金和交易经手费；封闭式基金和开放式基金分别根据证券公司规定和基金种类的不同而缴纳相关的手续费（张展，2012）；台湾监管部门认为正规金融机构在为具有一定财富水平的家庭（或个人）提供理财产品时会收取相应的佣金（杨元辉，2013）；现实生活中家庭在进行股票、债券、衍生品等证券交易时会产生相应的交易费用（孙小军和张银利，2015）。鉴于此，笔者基于2014年台湾地区家庭收支调查数据中的家庭所支付的金融服务费（包括与金融机构交易往来相关的手续费、汇费、经纪人佣金，投资的咨询费，申请股票处理费，股友社月费），度量家庭是否参与正规金融市场。当家庭支出的金融服务费为正时表示家庭参与正规金融市场，即（8.1）式中 Y 取值为1，当没有金融服务费产生时表示家庭未参与正规金融市场，Y 取值为0。

（2）社会网络。

笔者关注的解释变量是家庭的社会网络。社会网络难以直接观察和测量，本部分选取居民的通信总费用作为社会网络的代理变量。鉴于电话、网络等通信费用能够很好地反映亲友间交流的频繁程度和亲密程度，笔者根据台湾地区2014年家庭收支调查数据，统计出样本居民购置通信工具的费用、通信设备使用管理及保养费、其他通信费、通信设备年内购租费、通信设备修理保养费、使用网络、电话费、移动电话费（含月租费）及其他通信费之和，即居民的通信总费用，用以度量家庭的社会网络。居民的通信费用越高，说明居民与网络中其他成员间的交流越频繁，交往越密切，社会网络越发达。为了检验结果的稳健性，在后文的分析中，笔者也用对私人的经常转移支出作为社会网络的度量。对私人的经常转移支出包括婚丧寿庆礼金支出、公益慈善捐款和其他（工会会费、互助金、户外亲友生活费等）支出，估计结果在稳健性检验部分报告。

（3）控制变量。

参照以往文献，本部分选取的控制变量包括：①户主特征变量，包括年龄和受教育程度。根据 Shum 和 Faig（2006）的研究，年龄和金融市场的参与率之间呈现 U 形关系，因此笔者将家庭按户主年龄分为 16~25 岁组、26~35 岁组、36~45 岁组、46~55 岁组、56~65 岁组及 65 岁以上组，以 16~25 岁组为对比组。受教育程度，1 到 10 分别表示不识字、自修、小学、初中（初职）、高中、高职、专科（五专前三年归记高职）、大学、硕士、博士。②家庭特征变量，包括自有住房、家庭收入、家庭规模、是否从事经营活动、家庭负担等。其中，自有住房为虚拟变量，拥有自有住房取值为 1，否则为 0。为了避免内生性，本部分控制的家庭收入中包含了受雇人员报酬、产业主所得和经常转移收入，但未包含投资收入和利息收入，同时家庭收入以千元为单位。从事经营活动为虚拟变量，自营作业者取值为 1，否则为 0。家庭负担包括家庭中 65 岁以上人口数、休闲与文化花费和所得收入者占比三个代理变量，休闲与文化花费以千元为单位。表 8.1 给出了变量的统计性描述。

表 8.1　变量的统计性描述

变量名	均值	标准差	最小值	最大值
参与正规金融市场	0.7555556	0.4297785	0	1
社会网络			
通信总费用/千元	30.17995	19.35685	0	283.35
户主特征			
年龄/岁	49.85839	12.24537	19	96
受教育程度	5.890855	1.894318	1	10
家庭特征			
自有住房	0.8293019	0.3762635	0	1
家庭收入/千元	1193.073	754.3748	51.716	10093.46
家庭规模	3.235103	1.429528	1	13
从事经营活动	0.2563422	0.4366344	0	1
65 岁以上老人数量	0.3415929	0.6506732	0	4
休闲与文化/千元	46528.35	66803.8	0	1745100
所得收入者占比	0.6240861	0.2593463	0.1428571	1

从表 8.1 可知，台湾的样本中有 75.56% 的家庭参与了正规金融市场投资，但仍有一部分家庭尚未参与正规金融机构。家庭通信总费用最小值为 0，最大值为 283 350 元，这表明台湾地区家庭的社会网络差异较大。

表 8.2 对比了参与正规金融市场的家庭和未参与正规金融市场的家庭在社会网络通信总费用方面的差异。没有参与正规金融市场的通信总费用平均数是 22 701.46 元，中位数是 19 194 元。参与正规金融市场的通信总费用平均数是 32 599.46 元，中位数是 29 800 元。未参与正规金融市场和参与正规金融市场的家庭在社会网络方面的通信总费用差异显著，后者用于支持和维系社会网络的通信费用远远大于前者。

表 8.2 会网络与正规金融市场参与

	未参与正规金融市场		参与正规金融市场	
	平均数	中位数	平均数	中位数
通信总费用/千元	22.7014633950121	19.194	32.5994630400832	29.8

笔者考察社会网络对于家庭参与正规金融市场的影响的假设前提是社会网络为外生变量，但是通信总费用可能存在一定的内生性，其内生性可能来自两个方面：一方面，参与正规金融市场的家庭可能导致通信总费用更高，比如家庭更希望建立和扩大社会网络来获取市场信息，从而增加通信总费用；另一方面，通信总费用和家庭参与正规金融市场可能同时受到其他因素的影响，比如家庭的传统和偏好等，而这些变量是不可观测的。为了处理通信总费用可能存在的内生性问题，笔者采用该市（县）除本家庭外其他家庭通信总费用的平均数作为社会网络的工具变量进行估计。该市（县）除本家庭外其他家庭通信总费用的平均数在一定程度上反映了当地的社交习俗，会影响本家庭的通信费用，但不直接影响本家庭参与正规金融机构，而且该工具变量与本家庭需求、传统和偏好等无关。另外，该市（县）除本家庭外其他家庭通信总费用的平均数与家庭参与正规金融市场之间没有直接关系。因此，笔者认为，该市（县）除本家庭外其他家庭通信总费用的平均数作为社会网络的工具变量是合适的。后面还将在估计中给出具体的检验结果，对工具变量进一步说明。

8.2.2 估计结果

1）社会网络与正规金融市场参与

笔者用家庭是否产生金融服务费来度量家庭是否参与正规金融市场。表 8.3 给出了社会网络对家庭参与正规金融市场影响的估计结果。

表 8.3 社会网络对家庭正规金融市场参与的影响

	被解释变量：正规金融市场参与
	Probit
社会网络	
通信总费用/千元	0.0070341***（0.0011015）
户主特征	
26～35 岁	0.1280354（0.1046093）
36～45 岁	0.2255429**（0.1005709）
46～55 岁	0.2758587***（0.0991632）
56～65 岁	0.1796592*（0.0963554）
65 岁以上	0.0673748（0.1049266）
受教育程度	0.0849105***（0.009518）
家庭特征	
自有住房	0.0423572（0.0375761）
家庭收入/千元	0.0001414***（0.0000333）
家庭规模	0.0502837***（0.0163077）
从事经营活动	-0.1436631***（0.0339939）
65 岁以上老人数量	-0.0816035***（0.0302237）
休闲与文化/千元	1.47e-06***（3.03e-07）
所得收入者占比	0.1225038*（0.0692185）
N	10 170
Pseudo R^2	0.0863

注：*、**、***分别表示在 10%、5%、1%的水平下显著，括号内报告了稳健的标准差。

先对关注变量进行分析。社会网络的代理变量通信总费用估计系数为 0.007,在 1%的置信水平下显著。这表明社会网络对家庭参与正规金融市场有显著的正向影响。在现代社会,通信活动在社会网络中扮演着举足轻重的角色,社会网络越发达,家庭与网络中成员交流越密切、通信费用越高会获得更多的信息,这有助于缓解参与金融市场的信息不对称,进而增加家庭参与金融市场的概率。

接下来对其他控制变量进行分析。在户主特征变量中,与年龄分段对照组 16～25 岁组相比,46～55 岁组的估计系数非常显著,而且估计系数最大,表明家庭户主在这一年龄段参与正规金融机构的概率最大。36～45 岁组和 56～65 岁组的估计系数分别在 5%和 10%置信水平下显著,其他年龄组不显著。这与以往文献中风险资本市场的参与随年龄先上升后下降的结论相一致(Guiso et al.,2002;Shum,Faig,2006)。受教育程度的估计系数在 1%置信水平下显著,说明教育对家庭参与正规金融市场有正向影响。在家庭特征变量中,家庭收入和家庭规模分别在 1%和 5%的置信水平下显著,均对家庭正规金融市场参与有正向影响。从事经营活动与家庭拥有金融资产显著负相关,因为从事经营活动的家庭出于投资替代和规避风险等原因而减少参与金融市场。在家庭负担的估计中,家庭中 65 岁以上老人数量越多,家庭压力越大,并且家庭需要消耗一部分劳动力供给的时间和财产收入来赡养老人,这与王子城(2016)赡养老人造成的家庭负担对金融市场参与有显著负向影响的结论相符。休闲与娱乐和所得收入者占比的估计系数均为正,分别在 1%和 10%的置信水平下显著,休闲与娱乐消费高、所得收入者占比高的家庭压力小,参与金融市场的概率大。

考虑到用通信总费用来衡量家庭的社会网络可能存在一定的内生性问题,估计中采用在该市(县)内除本家庭以外其他家庭通信总费用的平均数作为工具变量,进行两阶段估计。该工具变量能够反映该地区的社交传统和偏好,在一定程度上影响了本家庭的通信总费用,但不直接对本家庭参与正规金融市场产生影响,而且在该市(县)内除本家庭以外其他家庭通信总费用的平均数与家庭收入等变量无关。表 8.4 给出了使用工具变量进行 Ivprobit 的估计结果。

表 8.4 社会网络对家庭正规金融市场参与的影响

	被解释变量：正规金融市场参与		
	Ivprobit		
	（1）	（2）	（3）
	沃尔德检验	两步法估计 第一步	两步法估计 第二步
社会网络	0.0665603 *** （0.0015541）	0.2187149 *** （0.0242043）	0.1743677 *** （0.0214433）
P 值	0.00	0.00	0.00

注：***表示在 1%的水平下显著，括号内报告了稳健的标准差；回归中包含了表 8.3 中所有的控制变量，为了节省篇幅，除了社会网络变量以外，没有报告其他控制变量的结果。

表 8.4 第（1）列提供了外生性原假设"H_0：$\rho=0$"的沃尔德检验结果，其 P 值为 0.00，所以可以在 1%的水平下认为通信总费用是内生变量。这表明，未度量的遗漏变量在扩大家庭社会网络的同时，也会促进家庭参与正规金融市场。在考虑了社会网络的内生性问题后，社会网络的相关系数为 0.067，在 1%的置信水平下显著，这进一步说明社会网络对家庭参与正规金融市场具有显著的促进作用。在两步法估计中，第（3）列给出了对于通信总费用外生性原假设的 Wald 检验结果，P 值为 0.00，这表明在 1%的水平下可认为通信总费用是内生变量。另外，第（2）列给出的第一步回归结果显示，工具变量在该市（县）内除本家庭以外其他家庭通信总费用的平均数对于内生变量通信总费用具有较强的解释力。

2）区域间影响差异

下面分县市和区域来进一步探究社会网络对家庭正规金融市场参与的影响差异。

（1）县和市之间的影响差异。

为了探究不同的社会网络水平对县和市的影响差异，笔者将县哑变量加入估计中。台湾划分为 5 个直辖市（台北市、新北市、台中市、台南市、高雄市）、3 个市（基隆市、新竹市、嘉义市）和 14 个县（宜兰县、桃园县、新竹县、苗栗县、彰化县、南投县、云林县、嘉义县、屏东县、台东县、花莲县、澎湖县、金门县、连江县），户主工作地点在台湾 14 个县其中之一的县哑变量取值为 1，否则为 0。同时，笔者将通信总费用和县哑变量的交叉项加入到估计中。表 8.5 给出了社会网络对家庭正规金融市场影响的估计结果。

表 8.5　社会网络在县和市之间的影响差异

	被解释变量：正规金融市场参与
	Probit
社会网络	
通信总费用/千元	0.0033262 **（0.0013042）
通信总费用/千元×县	0.0061473 ***（0.0016751）
县	-0.8444901 ***（0.0543332）
N	10 170
Pseudo R^2	0.1340

注：*、**、***分别表示在 10%、5%、1%的水平下显著，括号内报告了稳健的标准差；回归中包含了表 8.3 中所有的控制变量，为了节省篇幅，除了社会网络变量以外，没有报告其他控制变量的结果。

从表 8.5 的估计结果可以看出，通信总费用和县的交叉系数为 0.006，并在 1%的水平下显著，这说明社会网络对在 14 个县之一的家庭边际影响更大。在一定程度上可以说，扩大社会网络对台湾的县的促进作用比直辖市（市）更为明显。

（2）北部和中南部服务中心的影响差异。

为了探究不同的社会网络水平对北部和中南部服务中心的影响差异，笔者将中南部哑变量加入估计中。台湾中部服务中心包括 1 个直辖市（台中市）、4 个县（苗栗县、彰化县、南投县和云林县），南部服务中心包括 2 个直辖市（高雄市和台南市）、1 个市（嘉义市）和 3 个县（嘉义县、屏东县和澎湖县）。户主工作地点在中南部服务中心，则哑变量取值为 1，否则为 0。同时，笔者还加入了通信总费用与中南部服务中心哑变量的交叉项，表 8.6 给出了社会网络对家庭正规金融市场参与的估计结果。

表 8.6 社会网络在区域之间的影响差异

	被解释变量：正规金融市场参与
	Probit
社会网络	
通信总费用/千元	0.0037735***（0.0012531）
通信总费用/千元×中南部服务中心	0.0064384***（0.0017024）
中南部服务中心	−0.4517515***（0.0537296）
N	10 170
Pseudo R^2	0.0956

注：*、**、***分别表示在10%、5%、1%的水平下显著；括号内报告了稳健的标准差；回归中包含了表 8.3 中所有的控制变量，为了节省篇幅，除了社会网络变量以外，没有报告其他控制变量的结果。

表 8.6 中，通信总费用和台湾中南部服务中心的交叉项系数为 0.0064，并在1%的水平下显著，这说明社会网络对台湾中南部服务中心家庭的边际影响更大。

综合来看，社会网络对于工作地点在台湾的县和中南部服务中心的家庭参与正规金融市场影响作用分别高于直辖市（市）和北部服务中心。

8.2.3 稳健性检验

本部分采用社会网络的另外一个度量变量：对私人的经常转移支出，包括婚丧寿庆礼金支出、公益慈善捐款（寺庙、教会、财团法人等）和其他（工会会费、互助金、户外亲友生活费等），进一步检验社会网络对参与正规金融市场影响结果的稳健性。

我国强调属、亲、信等儒家关系价值，他们更倾向于建立连贯、长久和稳定的社会网络，而不接受无法建立特殊关系的陌生人（边燕杰等，2005；翟学伟，2011）。也就是说我国居民家庭的社会网络主要基于亲友邻里的关系，而维系和投资各种亲友邻里关系的常见方式是"礼尚往来"：当社会网络成员遭受困难或者有婚丧寿庆时，其他成员会提供帮助和支持，如捐款和送礼（章元和陆铭，2009）。因此，笔者借鉴杨汝岱等（2011）的度量方法，采用对私人的经常转移支出来衡量家庭社会网络。表 8.7 给出了社会网络对参与正规金融市场影响的估计结果。可以看出,"对私人的经常转移支出"对"正规金融市场参与"的估计系数为 0.0004,方向与前文一致,且在 10% 的置信水平下显著,所以前文的估计结果是稳健的。

表 8.7 稳健性检验:社会网络的不同度量

	被解释变量:正规金融市场参与
	Probit
社会网络	
对私人的经常转移支出/千元	0.0004202*(0.0002544)
N	10 170
Pseudo R^2	0.0829

注:*、**、***分别表示在 10%、5%、1% 的水平下显著,括号内报告了稳健的标准差;回归中包含了表 8.3 中所有的控制变量,为了节省篇幅,除了社会网络变量以外,没有报告其他控制变量的结果。

表 8.8 是在考虑了社会网络的内生性之后,用在该市(县)内除本家庭以外其他家庭对私人的经常转移支出(千元)的平均数作为工具变量进行的两阶段估计,其估计结果进一步证实了表 8.7 的结果。

表 8.8 稳健性检验:工具变量估计

	被解释变量:正规金融市场参与		
	Ivprobit		
	(1)	(2)	(3)
	沃尔德检验	两步法估计第一步	两步法估计第二步
社会网络	0.0089018*** (0.0018142)	0.1392774*** (0.0507955)	0.0233788** (0.011532)
P 值	0.0012	0.00	0.0037

注:*、**、***分别表示在 10%、5%、1% 的水平下显著,括号内报告了稳健的标准差;回归中包含了表 8.3 中所有的控制变量,为了节省篇幅,除了社会网络变量以外,没有报告其他控制变量的结果。

综合表 8.7 和表 8.8,结果一致表明,扩大社会网络会提高家庭参与正规金融市场的概率。

8.2.4 研究结论

上文基于 2014 年我国台湾地区家庭收支调查数据，运用 Probit 和 Ivprobit 模型研究了社会网络对家庭正规金融市场参与的影响。为了克服社会网络的内生性对估计结果带来的影响，笔者引入了工具变量进行两阶段估计。研究结果表明，扩大社会网络会促进家庭参与正规金融市场。分区域来看，扩大社会网络对台湾的县和中南部地区家庭参与正规金融市场的影响要分别高于直辖市（市）和北部地区。这表明，在经济状况相对较差的地区，社会网络对家庭参与正规金融市场的边际影响越大。

研究结果还发现，户主年龄与家庭参与正规金融市场的概率随着年龄的增大先增加后降低；户主受教育程度、家庭收入和家庭规模对家庭参与正规金融市场有显著正向影响；家庭负担越小，参与正规金融市场的积极性越高；而从事经营活动对参与正规金融市场有显著负向影响。

研究结果的启示是，建立广泛和高质量的社会网络有助于家庭获得更多的外部资源，缓解信息不对称性，降低交易成本，这也是完善金融市场不可或缺的考虑因素。

8.3 制度变迁对居民家庭金融资产配置影响的案例分析

本节以新型农村社会养老保险制度实施后对农村居民家庭的政策效应作为案例，分析制度变迁对居民家庭金融资产配置的影响。

国务院于 2009 年 9 月颁布了《关于开展新型农村社会养老保险试点的指导意见》，首批确定了 320 个国家级试点县，参与新型农村社会养老保险的人数为 7277.3 万，占农村人口总数的 10.21%；在随后的 2010 年和 2011 年，国务院分别新增了 518 个和 1076 个新型农村社会养老保险国家级试点县，且 2011 年新型农村社会养老保险的参保人数迅猛增长至 32 643.5 万，新型农村社会养老保险的参保率升至 49.72%；截至 2012 年年底，全国所有 2853 个县（市、区）都已开展新型农村社会养老保险工作，且新型农村社会养老保险的参保人数达 4.6 亿。由此可见，新型农村社会养老保险制度实施后，参保人数在不断增加，参保范围也在不断扩大，然而新型农村社会养老保险制度是否达到了政策制定者预期的目的，农村居民家庭的收入水平和生活状况受到了哪些影响？这是我们接下来要研究的问题。

本节利用中国健康与养老追踪调查（China Health and Retirement Longitudinal Survey，CHARLS）于 2013 年开展的对 2011 年全国基线样本进行的第一次常规追踪调查数据，通过对 CHARLS 数据进行进一步整合处理得到本书所需使用的农村居民家庭的相关数据，采用倾向得分匹配法从农村居民家庭的角度来研究新型农村社会养老保险制度的政策效应，从而避免了样本选择偏差导致的内生性问题，并从实证分析中得出结论。

8.3.1 研究方法

评估某项政策的政策效应本质上是对因果关系的研究，即在其他因素保持不变的情况下，参与组和未参与组之间在未来收入等某种感兴趣结果上被观测到的净差异在多大程度上能够归因于参与这一动作。然而如果仅仅是简单地比较参与者与未参与者在未来收入等某种感兴趣结果上的差异，则会导致选择偏差。

为此，Neyman（1923）和 Rubin（1974）提出了反事实框架（Counterfactual Framework），其中反事实意味着在原因不存在的情况下会发生的潜在结果或事件状态，因此，对于处在处理状态下的个体而言，反事实就是处在控制状态下的潜在结果；对于处在控制状态下的个体而言，反事实就是处在处理状态下的潜在结果。即，假定每一个参与某项目的个体将会有两种潜在结果（y_{1i}, y_{0i}），分别对应着参与和未参与的潜在结果。令 $D_i = \{0,1\}$ 表示个体 i 是否参与该项目，即 $D_i=1$ 表示参与该项目，$D_i=0$ 表示未参与该项目；同时 y_i 用来表示所测量的结果变量。因此反事实框架可被表达为：

$$y_i = \begin{cases} y_{1i}, & \text{若} D_i=1 \\ y_{0i}, & \text{若} D_i=0 \end{cases} \tag{8.2}$$

其中，在本节中，y_{1i} 表示个体 i 参与新型农村社会养老保险制度的结果，y_{0i} 表示个体 i 未参与新型农村社会养老保险制度的结果。

反事实框架也可表述为：

$$y_i = (1-D_i) y_{0i} + D_i y_{1i} = y_{0i} + (y_{1i} - y_{0i}) D_i \tag{8.3}$$

其中，$(y_{1i} - y_{0i})$ 为农村居民 i 参加新型农村社会养老保险制度的政策效应。

在反事实框架中，最关键的问题是未参与新型农村社会养老保险制度的农村居民的 y_{0i} 是观测不到的，每个个体只能处于一种状态下，即参与或未参与，从而不可能同时观测到同一个主体参与新型农村社会养老保险制度的结果和未参与新型农村社会养老保险制度的结果，即 y_{0i} 与 y_{1i}，这实际上是一种"数据缺失"问题。Neyman-Rubin 反事实框架认为可以通过考察总体中参与个体的平均结果和未参与个体的平均结果来估计反事实，即通过计算参与组与未参与组之间在平均结果上的差值或将处于相同情形中的所有个体的结果取值进行平均从而对反事实加以评估，用公式（8.4）表示为：

$$\omega = E(y_{1i}|D_i=1) - E(y_{1i}|D_i=0) \qquad (8.4)$$

这里，ω 表示处理效应。此公式为平均处理效应的标准估计量。

借鉴这一思路，笔者在研究新型农村社会养老保险制度的政策效应时，将样本分成处理组和控制组，处理组由参与新型农村社会养老保险制度的农村居民构成，控制组则为未参与新型农村社会养老保险制度的农村居民。由于是否参加新型农村社会养老保险制度是农村居民自我选择的结果，且参保组与未参保组的初始条件完全不同，所以在研究时，必须考虑由此造成的选择偏差，这种偏差可能基于可观测特征，如年龄、性别、受教育水平、婚姻状况、健康状况等；也可能基于不可观测特征，如风险偏好、预期寿命、对未来收入水平的预期等。因此，笔者采用倾向得分匹配法进行估计，避免因样本选择偏差导致的内生性问题。

倾向得分匹配法（Propensity Score Matching，简记 PSM）使用倾向值（Propensity Score，PS）作为距离函数进行匹配。倾向得分值是在给定观察变量下接受处理的条件概率，因此，接受处理的成员和接受控制的成员都具有非零的倾向得分值。倾向得分值是一个平衡值，一对具有相似倾向得分值的处理组成员和控制组成员基本上被视为是可比的，即使在具体协变量的取值上会不相同。由于倾向得分值所形成的共同支持域并不总是覆盖研究的全部个体，一些处理组成员可能会找不到相匹配的控制组成员，且一部分控制组个体可能并不被使用，因此匹配会导致损失。这时需要将未参与的成员与参与的成员通过再抽样的方式来进行匹配。在倾向得分值基础上进行的再抽样会平衡处理组和控制组在观测变量上的差距且基于观测量度来控制选择偏差。

倾向得分匹配法需满足平行假定（Balancing Assumption）和共同支撑假设（Common Support）。平行假定指在接受干预之前，处理组与控制组之间没有显著差异。共同支撑假设指对于 x 的任何可能取值，都有 $0 < p(x) < 1$，此假定意味着处理组与控制组这两个子样本存在重叠，即在 x 的每个可能取值上都同时存在处理组与控制组的个体。共同支撑假设是进一步进行匹配的前提，保证了处理组与控制组的倾向得分取值范围有相同的部分。

在进行倾向得分匹配法时，首先通过估计 logit 回归模型来分析处理效应进而获得倾向得分值，确定影响选择偏差的观测协变量并进一步为倾向得分匹配法中的变量设定函数形式：

$$p(x_i) = p(D_i | x_i) = \frac{\exp(\beta x_i)}{1 + \exp(\beta x_i)} \tag{8.5}$$

其中 x_i 为多维独立变量，β 是变量的系数。

在获得各个个体的倾向得分值的基础上，再将样本分组，在每个小组中，分别计算处理组和控制组的平均倾向得分值，并判断两组之间的平均倾向得分值是否有显著差异，若存在显著差异，则需要进一步重复上述步骤检验，直到每个细分小组中处理组和控制组的平均倾向得分值都相等。

在估计出倾向得分值 $p(x)$ 后，需要估计出"参与组的平均处理效应"（Averag Treatment Effect on the Treated，简记 ATT）。本书采用最近邻匹配（Nearest Neighbor Matching），见式（8.5）。p_i 是处理组成员的倾向值，p_j 是控制组成员的倾向值，同时 I_1 是处理组成员的集合，I_0 是控制组成员的集合。当两组成员的倾向值之差的绝对值在 i 和 j 之间倾向值的所有可能配对中最小时，$C(P_i)$ 包含一个控制组成员 j（即 $j \in I_0$），其作为处理组成员 i（即 $i \in I_1$）的匹配，即为式（8.6）：

$$C(P_i) = \min_j \| P_i - P_j \|, j \in I_0 \tag{8.6}$$

一旦找到一个与 i 匹配的 j，j 就从 I_0 中移出且不再放回。对于每个 i，如果只找到单个 j 落入 $C(P_i)$，那么此匹配则被称为最近邻匹配。

通过倾向得分匹配法可以有效控制参保组和未参保组在可观测特征上的差别，从而尽量满足"平行假定"和"共同支撑假设"。

8.3.2 变量描述性统计

CHARLS 2013 年调查了 10 822 户家庭，本节剔除了信息缺失的家庭 324 户，最终选用的样本数为 10 498 户家庭。解释变量"是否参加新型农村社会养老保险"是以家庭中是否所有家庭成员都参加新型农村社会养老保险制度为标准，本书根据 CHARLS 数据中各个家庭成员参与新型农村社会养老保险的情况来汇总数据。表 8.9 为家庭参与新型农村社会养老保险制度的描述性统计，从表中可以看出参与新型农村社会养老保险制度的家庭共有 5059 户，占比 48.15%，可见家庭所有成员都参与新型农村社会养老保险制度的不到一半。

表 8.9 家庭参保的描述性统计

是否参加新型农村社会养老保险	频数	比例/%
0	5439	51.81
1	5059	48.19
合计	10 498	100

数据来源：中国健康与养老追踪调查。其中，1 为所有家庭成员都参与新型农村社会养老保险制度，0 为并非所有家庭成员都参与新型农村社会养老保险制度。后文中表格除特别注明外，数据均来源于中国健康与养老追踪调查

表 8.10 是本节使用的各个变量的具体描述，其中家庭支出、家庭收入、家庭人均支出、家庭人均收入以及父母给子女的转移支付和子女给父母的转移支付都以对数形式表示。变量 intranchild 和 inreceivchild 分别为父母给子女的转移支付以及子女给父母的转移支付，这两个变量都为货币性的支付加上实物的价值，实物的价值以 2013 年的不变价格计算；变量 inexpense 为家庭支出，即家庭最近一年的支出水平，包括家庭衣着消费支出、旅游支出、耐用品支出、医疗支出等日常性支出以及家庭参与新型农村社会养老保险制度的保费支出；变量 inhincome 为家庭收入，即最近一年家庭的收入水平，包括家庭成员工资收入、养老金收入以及政府的转移性支付等；变量 inperexpense 为家庭人均支出，变量 inperhincome 为家庭的人均收入；变量 numchild 为家庭存活的子女数；变量 numbros 为家庭存活的兄弟姐妹数；变量 community 为社区所在地是城市还是农村，该变量为

0-1 变量，1 为社区所在地为农村，0 为社区所在地为城市。表 8.11 为变量的描述性统计分析。

表 8.10 变量描述

变量类型	变量	变量描述
解释变量	nrps	是否参与新型农村社会养老保险制度：1 为所有家庭成员都参与新型农村社会养老保险制度，0 为并非所有家庭成员都参与新型农村社会养老保险制度
被解释变量	inexpense	家庭支出的对数形式：家庭最近一年的支出水平（包括衣着消费、旅游支出等以及新型农村社会养老保险保费支出）
	inhincome	家庭收入的对数形式：家庭最近一年的收入水平（包括工资收入以及养老金收入等）
	inperexpense	家庭人均支出的对数形式
	inperhincome	家庭人均收入的对数形式
	intranschild	父母给子女的转移支付的对数形式：父母过去一年给子女的转移支付（包括货币性支付和实物的价值）
	inreceivchild	子女给父母的转移支付的对数形式：子女过去一年给父母的转移支付（包括货币性支付和实物的价值）
协变量	numchild	存活子女数
	numbros	存活的兄弟姐妹数
	community	家庭所在社区：1 为家庭所在社区所在位置为农村，0 为家庭所在社区所在位置为城市

表 8.11 变量的描述性统计

变量	均值	标准差	最小值	最大值
inexpense	7.663	2.775	0	13.716
inhincome	4.655	4.044	0	13.264
intranschild	1.605	3.172	0	15.214
inreceivchild	4.724	3.829	0	13.152
inperexpense	7.18	2.641	0	13.119
inperhincome	4.331	3.817	0	12.571
numchild	0.695	1.564	0	9
numbros	5.596	3.253	0	28
community	0.599	0.49	0	1

表 8.12 为基于是否参与新型农村社会养老保险制度的各个被解释变量的描述性统计,从平均来看,参与新型农村社会养老保险制度的农村居民的支出水平与未参与新型农村社会养老保险制度的农村居民的支出水平相差并不大;参与新型农村社会养老保险制度的农村居民的年收入水平在均值上高于未参与新型农村社会养老保险制度的农村居民的年收入水平;从家庭人均数上看,参保组和控制组的家庭人均年支出水平基本一致,而参保组的家庭人均年收入水平高于控制组;关于家庭的转移支付,从表中可以看出参与新型农村社会养老保险制度的农村居民对子女的转移支付普遍较低,而从子女处获得的转移支付则较高。

表 8.12 被解释变量的描述性统计

描述性统计：均值

基于：是否参加新型农村社会养老保险制度

nrps	inexpense	inhincome	intranschild	inreceivchild	inperexpense	inperhincome
0	7.67	4.07	1.77	4.30	7.18	3.78
1	7.65	5.29	1.43	5.18	7.18	4.92
合计	7.66	4.66	1.60	4.72	7.18	4.33

8.3.3 实证解释

笔者首先通过估计 Logit 模型来获得倾向得分值。在研究新型农村社会养老保险制度对农村家庭的影响时,笔者选取了家庭存活子女数(numchild)、家庭存活兄弟姐妹数(numbros)以及社区所在地为城市还是农村(community)作为协变量,通过进行 Logit 回归模型,剔除不显著协变量,筛选出显著的协变量来确定最佳 Logit 模型,从而将处理组成员与控制组成员进行匹配。

表 8.13 是本节实施的 4 个 Logit 模型的回归结果。笔者采用两个指标来确定最佳 Logit 回归模型：一个是在 Logit 分析中广泛使用的虚拟 R^2（pseudo-R^2）,一般来说,虚拟 R^2 的较高取值表明较好的拟合;另一个是 AUC,AUC 是一种用于度量分类模型好坏的一个标准,在倾向得分匹配前 AUC 的取值越大越好,匹配后则 AUC 的取值越接近 0.5 越好。从表 8.13

中可以看出，模型 3 的虚拟 R^2 为 0.005，远低于其他模型的虚拟 R^2，因此模型 3 不予考虑。在其他模型中，模型 1 和模型 2 的虚拟 R^2 以及 AUC 基本都高于模型 4，而在模型 1 中存在不显著变量 numbros，因此笔者选取模型 2 作为最佳 Logit 模型，从而选定存活子女数（numchild）、社区所在地位城市还是农村（community）作为最佳 Logit 模型的协变量。表 8.14 即模型 2 的 Logit 模型回归结果。

表 8.13　Logit 模型回归结果

	模型 1	模型 2	模型 3	模型 4
numchild	0.117***	0.106***	0.123***	
	（7.54）	（7.76）	（8.51）	
numbros	0.0109		0.0191**	−0.0155*
	（1.48）		（2.80）	（−2.40）
community	1.602***	1.604***		1.605***
	（36.35）	（36.41）		（36.54）
_cons	−1.201***	−1.134***	−0.264***	−0.975***
	（−20.55）	（−30.82）	（−5.51）	（−19.61）
虚拟 R^2	0.105	0.105	0.005	0.101
AUC	0.697	0.694	0.538	0.687
样本总数	10 498	10 498	10 498	10 498

注：***、**和*分别表示在 1%、5%和 10%的水平下显著。

表 8.14　模型 2 的 Logit 回归结果

Logit 回归					样本数 =10 498	
					卡方检验统计量（5）= 1528.72	
					Prob > chi2 =0.0000	
对数似然值= −2883.333					虚拟 R^2 = 0.1051	
nrps	系数	标准误	z	P>z	[95%置信区间]	
numchild	0.1064	0.0137	7.76	0.000	0.0795	0.1333
community	1.6037	0.0440	36.41	0.000	1.5174	1.6901
_cons	−1.1342	0.0368	−30.82	0.000	−1.2064	−1.0621

在确定了最佳 Logit 模型后,便可获得估计的倾向得分值。获得了倾向得分值后,因共同支撑假设是进一步进行匹配的前提,保证了处理组与控制组的倾向得分取值范围有相同的部分,所以我们需要进一步判断处理组与控制组是否满足共同支撑假设。从图 8.1 匹配前的密度函数可以看出,处理组和控制组的取值范围有较大的重叠,因此满足共同支撑假设。

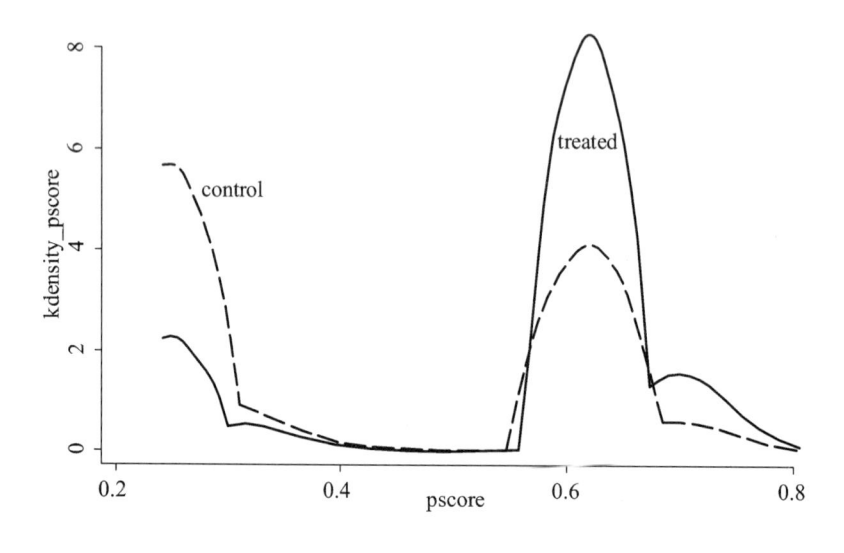

图 8.1 匹配前密度函数图

在得出两组满足共同支撑假设的基础上,笔者采用最近邻匹配方法来估计各个变量参与组的平均倾向得分值。表 8.15 为最近邻匹配前后两组变量的对比情况,可以看出各个变量在最近邻匹配前后标准偏误以及误差削减的结果。在匹配前,所有变量的处理组和控制组的标准偏误都较大,且 p 值都为 0,可见两组之间有着显著性差异;匹配后,所有变量处理组和控制组的误差削减较大,两组的标准偏误都出现了不同程度的降低且两组标准偏误的绝对值都在 5%以内,同时从匹配后的 p 值也可以看出两组之间不存在显著性差异,各个变量在处理组与控制组之间的个体特征差异得到控制,说明匹配效果较好,满足了平行假定。

表 8.15 最近邻匹配前后变量处理组和控制组对比情况

变量	样本	均值 处理组	均值 控制组	标准偏误/%	误差削减/%	t值 t	t值 p>|t|
numchild	匹配前	0.825 46	0.573 82	16.1		8.26	0.000
	匹配后	0.825 46	0.824 67	0.1	99.7	0.02	0.981
community	匹配前	0.785 73	0.424 89	79.4		40.53	0.000
	匹配后	0.785 73	0.785 73	−0.0	100.0	−0.0	1.000

接下来计算参与组的平均处理效应。表 8.16 和表 8.17 是对样本总体使用最近邻匹配估计的新型农村社会养老保险制度对农村居民家庭支出和收入水平以及农村居民家庭人均支出和收入水平影响的平均处理效应的结果。从表中可以看出，采用最近邻匹配方法，匹配前，农村居民家庭支出水平以及农村居民家庭的人均支出水平的平均处理效应为负，且是不显著的；农村居民家庭收入水平以及农村居民家庭人均收入水平的平均处理效应均在 1% 的水平下显著。匹配后，农村居民家庭支出水平以及农村居民家庭人均支出水平的平均处理效应都为正，且均在 1% 的水平下显著；农村居民家庭收入水平以及农村居民家庭人均收入水平的平均处理效应都有所下降，说明两组之间的差异缩小了，且均在 1% 的水平下显著。分析表明，新型农村社会养老保险制度可以显著提高农村居民家庭的支出水平和农村居民家庭的人均支出水平，同时，新型农村社会养老保险制度也可以显著提高农村居民家庭的收入水平和农村居民家庭的人均收入水平。

表 8.16 新型农村社会养老保险制度对农村居民家庭支出和收入水平的影响

项目	变量名	样本	处理组	控制组	ATT	标准误	t值
家庭支出	inexpense	匹配前	7.654 37	7.670 76	−0.016 3	0.054 21	−0.30
		匹配后	7.654 37	7.348 46	0.305 91	0.062 34	4.91***
家庭收入	inhincome	匹配前	5.286 95	4.067 79	1.219 16	0.078 08	15.61***
		匹配后	5.286 95	4.362 24	0.924 70	0.089 48	10.33***

注：***、**和*分别表示在 1%、5%和 10%的水平下显著。

表 8.17　新型农村社会养老保险对农村居民家庭人均支出和收入水平的影响

项目	变量名	样本	处理组	控制组	ATT	标准误	t 值
人均支出	inperexpense	匹配前	7.177 30	7.183 05	−0.005 7	0.051 58	−0.11
		匹配后	7.177 30	6.888 08	0.289 21	0.059 30	4.88***
人均收入	inperhincome	匹配前	4.918 66	3.783 73	1.134 93	0.073 73	15.39***
		匹配后	4.918 66	4.043 26	0.875 39	0.084 46	10.36***

注：***、**和*分别表示在1%、5%和10%的水平下显著。

表 8.18 反映了新型农村社会养老保险制度对农村居民家庭代际转移支付影响的平均处理效应结果。从表中可以看出，匹配后，农村居民家庭中，父母对子女的转移支付和子女对父母的转移支付这两组间的差异有所下降，且均在1%的水平上显著，说明新型农村社会养老保险制度可以显著减少农村家庭父母对子女的转移支付，提高农村家庭子女对父母的转移支付。这一方面可以解释为：如果私人转移支付不是因为利他主义动机产生，而是作为父母和子女之间交换服务的一部分，即使老人有了养老金收入，子女对老人的转移支付也不会减少（Cox and Rank，1992）。另一方面，参与新型农村社会养老保险制度的农村居民需要缴纳不同档次的保费。因此为了在60周岁后可以获得更好的保障，参保的农村居民需要支付更高档次的缴费水平，使得参保农村居民的支出水平增加，参保农村居民对子女的转移支付减少，而子女对父母的转移支付增加。

表 8.18　新型农村社会养老保险制度对农村家庭代际转移支付的影响

代际转移	变量名	样本	处理组	控制组	ATT	标准误	t 值
父母对子女	intranschild	匹配前	1.430 81	1.766 46	−0.335 6	0.061 87	−5.42***
		匹配后	1.430 81	1.667 89	−0.237 0	0.070 88	−3.34***
子女对父母	inreceivchild	匹配前	5.177 32	4.303 30	0.874 01	0.074 30	11.76***
		匹配后	5.177 32	4.699 09	0.478 22	0.084 83	5.64***

注：***、**和*分别表示在1%、5%和10%的水平下显著。

8.3.4　研究结论

以上实证研究表明，相较于未参与新型农村社会养老保险的农村家庭，新型农村社会养老保险制度的实施提高了参保农村家庭的收入和支出水平，同时会对参保农村家庭间的代际转移支付产生影响，新型农村社会养老保险制度会提高参保农村居民家庭子女对父母的转移支付水平，减少参保农村居民家庭父母对子女的转移支付水平。由此可见，新型农村社会养老保险制度达到了政策制定者的预期目标，增进了农村居民家庭的福利。

结合前面关于居民家庭金融资产配置内部视角的分析，新型农村社会养老保险制度可以通过影响农村居民家庭的收入、支出以及代际转移支付，进而影响到居民家庭的金融资产配置规模、结构和效率。

9 结论及建议

与居民家庭金融资产配置相关的问题很多，诸如：金融资产配置规模的变化趋势如何？配置结构是否具有多元化？配置效率是高还是低？在居民家庭的各类特征中，有哪些可以影响到金融资产的配置行为？影响方向又是如何？居民家庭金融资产配置与金融深化、经济发展是否存在一定的关联性？制度文化又是如何影响居民家庭的金融资产配置行为？前文基于居民家庭内部和外部双重视角，主要对我国居民家庭金融资产配置的规模、结构和效率三方面进行考察，本章将汇总研究结果，并在此基础上提出优化我国居民家庭金融资产配置的建议。

9.1 主要结论

9.1.1 内部视角考察的结论

内部视角的考察共三章（第3、4、5章），分别研究居民家庭金融资产的配置规模、配置结构和配置效率，通过 Tobit 模型、CLAD 估计方法以及 Heckman 两步法的回归方程，得出家庭异质性特征各个影响因素对居民家庭金融资产配置的影响关系。具体结论如下：

1）家庭财富因素的影响

在规模方面，家庭财富应该是影响居民家庭金融资产配置最为显著的变量，拥有家庭财富越多的家庭配置的金融资产规模越大。在结构方面，拥有家庭财富越多的家庭在金融资产的配置结构方面更趋于多元化，这一点不仅可以从金融资产的配置种类验证，也可以从笔者所构造的多样化指数得到验证。从效率来看，一方面，富裕的家庭更容易参与到风险资产市场的投资中来，另一方面，由于不易受到流动性约束的限制，富裕的家庭能够在更广的范围内进行资产的配置，因此其投资组合的有效性通常会更高。

2）区位因素的影响

在规模方面，东部地区家庭在金融资产配置规模上显著高于中部地区家庭，西部地区家庭所配置的金融资产量最少。在结构方面，东部地区家庭的金融资产配置多样化指数，显著高于位于中部地区的家庭；西部地区家庭的多样化指数 CLAD 估计系数虽然为负，但并没有体现出统计意义上的显著性。在效率方面，东部地区家庭相较中部地区家庭更易于参与风险金融资产的投资，西部地区家庭参与风险性金融资产投资的可能性是最低的。但西部地区家庭相较中部地区家庭，配置效率反而更高，并且在统计意义上显著成立。该结论刚好和 2013 年度全国家庭金融调查的数据相吻合，这应该是因为经过一轮完整的经济周期，股票的夏普比率要低于其他风险金融资产，而中部地区家庭参与股市的比率要高于西部地区家庭的参与比例。

3）城乡户籍因素的影响

在规模方面，拥有城市户籍的家庭在金融资产配置的比例上高于拥有乡村户籍的家庭。在结构方面，城市家庭的金融资产配置种类更多，多样化指数也更高。在效率方面，城市家庭相较乡村家庭有更大的可能投资于风险金融资产。

4）年龄因素的影响

在规模方面，随着户主年龄的增大，家庭配置金融资产的比例呈现出先减少后增加的"U 型"曲线走势。在结构方面，居民家庭金融资产配置的种类和金融资产的总量基本变化是一致的，当总量配置多时，资产的种类自然也多，金融资产总量配置较少时，种类均值也较低。在效率方面，根据 Heckman 两步法中的选择方程结果，居民家庭参与风险性金融资产投资的可能性与户主年龄之间是呈现出先上升后下降的"倒 U 型"结构的。这应该是由于家庭配置的总金融资产中，无风险金融资产仍然占据着主要的地位，而无风险金融资产与家庭年龄之间存在"U 型"结构的生命周期效应。这一点在已有的相关文献中也得到了验证（Yoo，1994；Guiso 和 Jappelli，2002；Mccarthy，2004）。但股票、基金等金融资产由于具有一定的风险性，随着年龄及收入的增加，家庭风险承受能力也会加强，对风险金融资产的参与力度就会提高，当年龄继续加大直至退休，家庭自然会逐渐降低投资风险性金融资产的比例。

5）学历因素的影响

学历对家庭金融资产配置的影响较为明显，其在金融资产配置的三方面均显现出了重要的作用。在规模方面，户主学历越高的家庭，金融资产配置规模越多。在结构方面，学历影响也较明显，户主学历越高，家庭金融资产配置的结构越趋于多样化。在效率方面，高学历不仅对居民家庭参与风险金融市场起到了一定的正向促进作用，而且还能提高居民家庭配置金融资产的效率。这应该是由于家庭金融资产配置行为是一个复杂的决策体现，而且风险金融资产收益的不确定性较大，虽然教育并非一定会与金融资产配置相关问题直接相关，但显然教育水平的提高可以提升居民的知识素养以及搜集处理并接受新信息的能力，有助于居民正确的家庭金融资产配置决策。

6）风险态度因素的影响

在规模方面，持有风险偏好态度的家庭在金融资产配置比例方面最高，风险中性的家庭其次，风险厌恶的家庭不管是在规模绝对量还是在家庭总财富中配置金融资产的比例都是最小的。在结构方面，相较持有风险中性态度的家庭，风险偏好的家庭配置金融资产的多元化指数更高，风险厌恶的家庭不仅配置的金融资产种类更少，多元化指数也更低。在效率方面，风险偏好的家庭更有可能参与风险性金融资产的投资，风险中性的家庭次之，风险厌恶的家庭参与股票等风险性金融资产投资的可能性是最小的。但风险态度与家庭金融资产配置有效性之间的关系并没有得到显著的检验。

7）家庭规模因素的影响

在规模方面，家庭人口规模越大，居民家庭配置的金融资产规模越小，同时在家庭财富总量既定的情况下，金融资产占比也越低。在结构方面，拥有多人口的家庭配置的金融资产种类更少，而多样化指数也更小。在效率方面，人口规模对风险性金融市场的参与起到了一定的抑制作用，但与配置效率无显著的相关性。

8) 是否从事经营活动的影响

在规模方面，从事经营活动对金融资产配置占家庭总财富的比重起着正向的作用。但奇怪的是，在结构方面，从事经营活动的家庭配置的金融资产种类更少，多样化指数也更低；同样在效率方面，从事经营活动也不利于对风险性金融产品的投资。这应该是由于从事生产经营活动的家庭虽然注重财富的保值增值，但对金融产品的投资范围比较集中，而且以无风险金融资产为主，因此，虽然金融资产占家庭总财富的比重较大，但多样化稍显不足，且家庭对风险资产的参与积极性也不高。

9) 其他因素的影响

关于其他因素对居民家庭金融资产配置的影响，并未和配置规模、配置结构及配置效率三方面同时具备显著性的统计关系，笔者统一归纳如下：① 户主性别及婚姻状况因素的影响。户主为女性或已婚的家庭会配置更少的金融资产，且在结构方面，配置的金融资产种类和多样化指数也会更低，同时这两者与配置效率无关。这应该是由于女性或已婚的家庭在投资方面会更为保守和谨慎所致。② 经济预期。当户主对未来经济预期持乐观态度时，会将较少的家庭财富配置在金融资产上，且多样性稍显不足，但其和配置效率无关。

除以上因素外，第 5 章的实证研究还表明，家庭金融资产配置结构多样化越强，其配置效率也就越高。而且，住房的持有状况对风险性金融市场的参与有一定的抑制作用。

9.1.2 外部视角考察的结论

外部视角的考察共三章（第 6、7、8 章）。第 6、7 章利用 1992—2013 年的时间序列数据，运用基于小样本最优预测模型的因果关系检验方法，将居民家庭金融资产分为存款、债券和股票三种，从配置规模、配置结构和配置效率三方面，分别探讨金融市场与宏观经济同居民家庭金融资产配置之间的关联性。第 8 章运用案例分析的方法，探究制度文化对居民家庭金融资产配置行为的影响。具体结论如下：

1) 金融市场与居民家庭金融资产配置

第一，居民家庭金融资产配置规模与金融市场发展的关联性。不管是银行存款与存款市场发展深度之间、国债持有量与国债发行度之间、股票居民持有量与股票市场发展深度之间，还是整体金融资产持有总量与金融市场整体发展深度之间，均存在因果关系，即各金融资产持有量与该金融市场的发展深度之间都存在着相互影响、相互关联的关系。由此可见，在我国国民经济的运行过程中，居民家庭这一住户部门已成为重要的组成部分，其产生的影响力不容忽视的。

第二，居民家庭金融资产配置结构与金融市场发展的关联性。国债市场发行度是影响居民家庭国债持有比例的重要因素，这是由于在国债市场，政府可以直接对居民购买国债进行干预（如规定居民购买国债限额），当国债利率高于存款或其他金融资产利率时，国家发行额度越高，居民家庭自然对其的投资越多，因此持有国债的比例相对其他金融资产来说也会上升。相反，居民家庭国债持有比例并不会对国债市场发行额度产生影响，这是由于国债发行是国家综合国民经济运转情况、宏观经济形势及财政预算等多种条件，在考虑现行居民国债持有总量的基础上做出的，至于居民在总资产中投资国债的比例，其影响并不大。对于另外两种金融资产，经实证检验家庭的存款持有比例与存款市场深度、股票持有比例与股票市场深度之间，确实存在着相互影响的关系。

第三，居民家庭金融资产配置效率与金融市场发展的关联性。借助笔者构造的金融资产宏观配置效率指标，通过实证分析发现，存款市场效率会对存款市场深度产生影响，而配置国债的效率与国债发行度的变动之间，以及配置股票资产的效率与证券化率之间存在着相互影响的关系。由于笔者定义的金融资产配置效率衡量的是单位风险可获得的报酬，因此，某项金融资产的效率越高，显然对居民来说吸引力就会越大，也就会使居民增加对其的投资，使其市场规模不断增大，从而向纵深发展。之所以存款市场深度不会对存款资产的投资效率产生影响，可能是由于在我国居民部门整体所持有的金融资产中存款占比较高所致。

第四，居民家庭金融资产的配置比例与各项金融资产收益率及风险之间的关系。实证结果显示，当期居民家庭持有存款的比例不仅与当期存款利率呈正相关关系，与预期下一期存款市场收益率呈负相关关系，同时还和预期债券市场的下一期收益率负相关。这是由于我国存款利率与国债收益率具有高度正相关，从而导致我国在存款与国债这两种金融资产之间因收益率不同而产生的替代关系并不明显。

2）宏观经济与居民家庭金融资产配置

第一，居民金融资产配置规模与经济发展的关联性。不管是银行存款持有量、国债持有量、股票居民持有量，还是整体金融资产持有总量与经济增长之间，均存在因果关系，即各金融资产持有量与国民经济发展的程度之间都存在着相互影响、相互关联的关系。这是由于存款市场、国债市场及股票市场均可以作为直接或间接的融资渠道为实体经济提供资金来源，因此可推动国民经济水平的不断发展，而经济水平的提升在带来家庭财富累积的同时，也会使居民加大对各类金融资产的投资规模。

第二，居民金融资产配置结构与经济发展的关联性。宏观经济波动与居民家庭金融资产组合中的存款占比是正相关的。对于国债占比来说，由于国债发行额度的限制，导致其在经济体中的规模较小，即使居民对其的投资比例发生变化，也无法影响宏观经济的波动，而宏观经济波动虽然对国债占比能产生一定程度的影响，但决定居民是否更多的投资于国债比例的因素仍然是息差。对于股票占比来说，宏观经济波动加大时，居民家庭投资组合中股票占比减小，相反，居民投资于股票类资产的比重变化同样会影响到宏观实体经济的波动。

第三，居民金融资产配置效率与经济发展的关联性。居民存款及国债类金融资产与宏观经济波动呈现正相关的格兰杰因果关系。这是由于宏观经济波动使得存款利率调整幅度及频率加快，国债发行利率的重要参考依据为存款利率，因此两者标准差增加，使得配置效率降低。而存款及国债资产配置效率的高低是通过持有收入配比的消费传导机制来影响宏观经济波动的。对于股票类金融资产，由于我国股市是政策导向型的，因此，宏观经济波动引发政府宏观调控政策的密集出台会引发股市产生反应，使得居民配置股票类资产的效率提高，进一步会增加居民对股票类虚拟资产的投资，这同时也加剧了宏观经济的波动风险。

3）制度文化与居民家庭金融资产配置

制度文化属于非经济因素，其变化最终将影响到家庭的对内关系（家庭关系）和对外关系（社会关系）。中国社会正处于从传统向现代的转型过程中，居民作为社会网络中的一分子，其家庭关系和社会关系也随之发生一系列变化，家庭在进行金融资产配置时，必然要受到变化了的家庭关系和社会关系的影响。"社会网络与台湾家庭的正规金融市场参与"的案例表明，建立广泛和高质量的社会网络有助于家庭获得更多的外部资源，缓解信息不对称性，降低交易成本，这也是完善金融市场不可或缺的考虑因素。"新型农村社会养老保险制度对农村居民家庭的政策效应"的案例表明，新型农村社会养老保险制度可以通过影响农村居民家庭的收入、支出以及代际转移支付，进而影响到居民家庭的金融资产配置规模、结构和效率。

9.2 问题与对策

9.2.1 我国居民家庭金融资产配置存在的主要问题

虽然本书已对我国居民家庭金融资产配置状况进行了详细的数据分析和挖掘，但为了更有针对性地提出建议，这里将在前文考察的基础上，概括出我国居民家庭金融资产配置存在的主要问题。

1）居民家庭资产组合构成中金融资产配置规模仍然不足

根据笔者整理的样本数据，虽然在 8070 户家庭中共有 7712 户家庭配置了至少一种金融资产，拥有金融资产的家庭数目占比已高达 95.56%，但从居民家庭金融资产配置规模的统计分析来看，有 60.27% 的家庭金融资产配置规模在 10 000 元以下，且全部家庭金融资产在总资产中的占比均值为 15.66%。与之相对应的是，8070 户家庭中有 6805 户家庭拥有自由住房，占比为 84.32%，住房资产份额占据了总资产份额的 68.03%。这说明在中国家庭的资产配置组合中，房产仍然是最重要的资产持有方式。这与吴卫星和吕学梁（2013）的研究结论类似，其研究指出，在中国有 91.79% 的家庭拥有自有住房，且房产份额占据家庭总资产的比例为 74.47%，该比重已明显高于美国、德国、法国及意大利等其他发达国家。事实上，在一个相对较为完善与规范的市场体制下，相较于实物资产来说，金融资产作为投资工具，其保值增值的特性会更为明显。因此，在我国居民的家庭资产投资组合中，金融资产的配置规模仍然不足。

2）居民家庭金融资产配置结构仍缺乏多样化

笔者在研究中发现，虽然随着居民家庭财富的增长，人们的投资需求日趋多元化，可供选择的金融资产种类也有 11 项之多，但样本数据所反映出的结果显示，在所有 8070 户家庭中，配置有金融资产的家庭共 7712 户，仍有 358 户家庭没有配置任何一种金融资产；在所有配置金融资产的家庭中，有 5874 户家庭选择了 1 种或 2 种的金融资产作为投资对象，占比高达 76.17%，而投资在 5 种（含 5 种）金融产品以上的家庭占比仅为 1.82%；全样本家庭的金融资产配置种类均值为 1.84，而笔者在书中所构造的金融资产配置多样化指数均值仅为 0.19。可见，我国整体上居民家庭金融资产配置缺乏多样性。与我国相比，美国显然在家庭金融资产配置结构上更为优化。根据王聪和郑飞（2015）的研究成果，我国家庭金融资产特点可概括为高储蓄和现金下的多元化投资，而同期美国的金融资产组合构成中，储蓄和储蓄性债券所占的比例尚不足 10%，风险金融资产占比却为我国的 4 倍。因此，我们应该鼓励居民家庭提升其投资金融资产的多样性，尤其是提高风险金融资产的比重。

3）居民家庭金融资产配置效率仍然较低

居民投资金融资产的目的是实现家庭财富的最大化，由于无法取得家庭各项金融资产账户的详细资料，因此在本书中笔者选取了以股票、债券、基金及黄金等四项风险金融资产为计算基础的加权夏普比率，作为家庭金融资产配置效率的替代指标。根据计算结果可以发现，在所有样本家庭中，金融资产配置效率的均值为 0.009，最大值也仅为 0.237，说明我国居民家庭金融资产配置效率较低。此外，笔者还发现，当金融市场经历一个完整的市场周期时，股票的夏普比率最低，为 0.0399，其次是黄金、基金，债券的夏普比率最高，为 0.2370。这是由于在整个经济周期中，相较于收益的变化，股票的波动率较大所致。研究结果不仅说明我国居民家庭金融资产的配置效率有待提高，而且我国的金融市场也有待完善，尤其是现阶段经济运行亟须一个健康、稳定的股票市场。

9.2.2 若干对策

针对目前我国居民家庭金融资产配置现状，结合本书的研究结论，笔者提出如下对策，以期优化居民家庭金融资产配置，促进居民家庭金融资产市场健康发展。

1）提高居民收入，促进金融资产投资

总体看来，越富裕的地方，家庭金融资产配置的规模越多、配置结构的多样化越强、配置效率也越高。这一点不仅在家庭财富变量中有明显的体现，而且在东部地区的家庭以及城市地区的家庭金融资产配置决策中得到验证，说明了收入在促进金融资产配置方面的作用。根据国家统计局公布的数据，我国 2014 年基尼系数为 0.469，虽然在不断下降，但仍然高于 0.4 的国际警戒线。因此，我国应不断提高居民收入水平，防范贫富差距拉大，合理调整居民收入结构，注重居民金融资产投资的多样性和保值增值的功能。建议从以下几点入手：

首先，加快发展地方经济。居民家庭收入的增长与地方经济的快速发展是相辅相成的。当前国内外宏观经济环境下行压力较大，不稳定因素在增强，如何在调整优化产业结构的同时发展地方经济是各地政府面临的首要任务。其次，积极拓宽就业渠道，鼓励自主创业。工资薪金收入是一个家庭财富增长的主要来源，要使家庭财产得以不断地积累，保障就业是根本。在稳定就业的同时要鼓励居民自主创业，并对其予以政策倾斜，把创业带动就业作为促进城乡居民增收的关键举措。再次，继续深化收入分配改革制度。将改革的重点着眼于千方百计地增加居民家庭的收入方面，通过各种有效途径和改革措施促进低收入家庭增加收入，努力扩大中等收入者群体所涵盖的范围。最后，健全社会保障体系。我国储蓄率较高，缘于居民存在对未来支出扩大的不确定性预期。我国应加紧完善社会保障制度并切实提高社会保障力度，增强居民家庭的风险承受能力，使其在进行金融资产投资时不必只关注金融资产的安全性，而更加注重流动性、收益性及安全性的结合。

2）加强居民的教育工作，尤其是金融知识教育，引导理性投资

居民家庭受教育程度越高，金融资产配置多样化越强，配置效率也越高，这体现出教育在引导居民进行金融资产投资方面的重要性。除去现金、储蓄存款及政府债券，其他的诸如股票、基金、金融衍生品等类型的金融资产均属于风险性金融资产，对投资者的综合素质要求较高，需要投资者

具备一定的专业知识,才能较好地把握金融市场信息的真实性、风险性金融资产的收益性,并通过适当参与不同种类的金融投资,抓住市场机会,积累投资经验,赚取投资收益。为此,笔者建议:

第一,不断提高居民的受教育水平,尤其是金融知识方面的教育。教育水平是一国居民整体素质高低的直接影响因素,提高居民家庭受教育的水平是加强人力资本最有效的途径,也是优化居民家庭决策行为的重要变量。具体到居民家庭金融资产配置方面,应该注重金融知识方面的教育,可考虑将健全国民金融教育组织架构体系纳入国家战略,将普及金融知识教育纳入国民教育体系。第二,加大金融知识的宣传力度,提高居民家庭的风险意识。可针对不同年龄、不同阶层以及不同区域的群体,开展层次鲜明、各具特色的宣传普及活动,尤其是应特别关注和满足弱势群体的金融知识需求,这样宣传效果才会更为显著。第三,开展针对金融市场投资的培训,帮助居民积累投资经验,引导居民进行理性的金融资产投资。

3)发展多元化金融市场,拓宽家庭金融投资渠道

现金及储蓄存款仍是目前我国居民家庭金融资产投资的首选,这很有可能是因为可供居民家庭投资的金融资产品种较少,导致了居民家庭金融资产在现金及储蓄存款上的"强制性选择"。因此,要促进居民家庭金融资产多元化的发展,需要分流居民家庭的储蓄存款,不仅要提高股票、债券、基金、衍生品等风险性产品在居民家庭金融资产中的比重,还需要从居民的投资需求出发,对金融工具不断加以整合创新,使居民在进行金融资产投资时拥有更多的选择。

为此,一方面,金融机构应该借鉴海外发达国家的经验,将其已经发展成熟而我国目前尚未推出的金融产品,依照我国国情适时地引入、吸收与改造,以丰富我国居民家庭可投资金融产品的种类;另一方面,金融机构应注重自身金融产品的研发,成立强大的研发部门并调拨更多的资金对其予以支持,通过运用金融工程的理论与方法,提高金融产品开发的效率与效益。当前网络技术的发展为金融产品的创新提供了新的机遇与平台,金融机构更应充分结合先进的科学技术,依托于互联网平台,借助于大数据所反映的信息,找好发力点,开拓出跨行业、跨区域的创新型金融理财产品。需要注意的是,在对金融产品进行引进与研发时,不能忽视随之而

来的风险，要保证风险在可控范围内，只有这样，多元化的金融产品对于居民家庭来说才有意义。

4）完善、深化资本市场的发展

与西方发达国家相比，我国资本市场在运行机制上还存在许多不足，公司财务造假、信息披露不真实、内幕交易等事项屡屡见诸报端，这不仅容易对居民家庭的金融投资造成损失，也不利于我国资本市场的发展。因此，政府在加快金融体制创新的同时，还应该加强金融市场监管，不断地规范金融市场运转模式，使之真正成为服务我国经济发展、为居民家庭创造投资收益的利器。

（1）股票市场方面。应该完善股票市场运行规则，建立现代化的资本市场运行制度，为投资者创造稳定良好的外部条件。同时，完善股票市场的法制建设，建立统一的监管体制，以保护中小投资者的利益。此外，还应大力发展投资基金，壮大机构投资者，以避免股市行情的大起大落，降低居民家庭参与股市可能面临的风险，从而促进居民家庭金融资产组合中风险资产比重的提高。

（2）债券市场方面。应该加大企业债的发行力度，加快企业债市场的发展步伐，例如可以选取产权清晰、绩效优良、资产负债率较低的优质民营企业通过债券市场进行直接融资，从而带来自身发展的新机遇。同时，还应该积极推动地方政府债券的发行，扩大国债发行规模，优化国债内部结构，以不断完善债券市场。

（3）保险市场方面。虽然我国近年来保险市场取得了较快速度的发展，但其总体规模相对国外保险行业来说仍然较小。我国应在完善保险市场运行规则的同时大力开发新的适合居民家庭的保险产品，才能吸引投资者进入保险市场投资。

不管何种金融产品，都是依托于金融市场来进行交易，金融市场整体的运行机制会对居民家庭的金融投资产生深刻的影响。因此，我国应努力提高金融市场整体的信息透明度和信息质量，降低投资者的交易成本，同时规范投资者的交易行为，遏止内幕交易的发生，以树立居民家庭长期投资的信心，这对于我国居民家庭的金融资产配置行为意义重大。

最后还应该指出，当市场经济已经对社会人际关系进行广泛地渗透和改造，当异质体成分已经逐渐取代同质体成分并开始占据主导地位，当人格化交换已经逐步演进到非人格化交换，政府必须因时制宜、因地制宜，进行制度文化建设，塑造良好的家庭关系和社会关系，以适应现代社会、现代经济和现代金融的要求。

参考文献

[1] ABREU M, MENDS V. Financial literacy and portfolio diversification[J]. Quantitative Finance, 2010, 10(5): 515-528.

[2] AGNEW J, BALDUZZI P, SUNDEN A. Portfolio choice and trading in a large 401 (k) plan[J].The American Economic Review, 2003, 93(1): 193-215.

[3] ALAN S. Entry costs and stock market participation over the life cycle[J]. Review of Economic Dynamics, 2006, 9(4): 588-611.

[4] AMICK B, MCGIBANY J M. An analysis of the interest elasticity of financial asset holdings by income[J]. Journal of Applied Business Research, 2000, 16(3): 39-49.

[5] ANGERER X, LAM P. Income risk and portfolio choice: an empirical study[J]. The Journal of Finance, 2009, 64(2): 1037-1055.

[6] ANTZOULATOS A A, TSOUMAS C. Financial development and household portfolios-evidence from Spain, the UK and the US[J]. Journal of International Money and Finance, 2010, 29(2): 300-314.

[7] ATELLA V, BRUNETTI M, MAESTAS N. Household portfolio choices, health status and health care systems: a cross-country analysis based on share[J]. Journal of Banking & Finance, 2012, 36(5): 1320-1335.

[8] ATTANASIO O P, PICCI L, SCORCU A E. Saving, growth, and investment: a macroeconomic analysis using a panel of countries[J]. Review of Economics and Statistics, 2000, 82(2): 182-211.

[9] BARBER M, ODEAN T. Trading is hazardous to your wealth: the common stock investment performance of individual investors[J]. The Journal of Finance, 2000, 55(2): 773-806.

[10] BARBERIS N. Investing for the long run when returns are predictable[J]. The Journal of Finance, 2000, 55(1): 225-264.

[11] BERKOWITZ M K, QIU J. A further look at household portfolio choice and health status[J].Journal of Banking & Finance, 2006, 30(4): 1201-1217.

[12] BERTAUT C C, HALIASSOS M. Precautionary portfolio behavior from a life-cycle perspective[J].Journal of Economic Dynamics and Control, 1997, 21(8-9): 1511-1542.

[13] BILIAS Y, GEORGARAKOS D, HALIASSOS M. Portfolio inertia and stock market fluctuations[J]. Journal of Money, Credit and Banking, 2010, 42(4): 715-742.

[14] BODIE Z, CRANE D B. Personal investing: advice, theory, and evidence[J]. Financial Analysts Journal, 1997, 53(6): 13-23.

[15] BODIE Z, MERTON R C, SAMUELSON W F. Labor supply flexibility and portfolio choice in a life cycle model[J]. Journal of Economic Dynamics and Control, 1992, 16(3-4): 427-449.

[16] BROWN J R, IVKOVIĆ Z, SMITH P A, et al. Neighbors matter: causal community effects and stock market participation[J]. The Journal Of Finance, 2008, 63(3): 1509-1531.

[17] BRUNETTI M, TORRICELLI C. Population age structure and household portfolio choices in Italy[J]. The European Journal of Finance, 2010, 16(6): 481-502.

[18] CALVET L E, CAMPBELL J Y, SODINI P. Down or out: assessing the welfare costs of household investment mistakes[R]. 2006, NBER Working Paper, No.12030.

[19] CALVET L E, CAMPBELL J Y, SODINI P. Measuring the financial sophistication of households[R]. 2009, NBER Working Paper, No.14699.

[20] CAMPBELL J Y. Household finance[J]. The Journal of Finance, 2006, 61(4): 1553-1604.

[21] CAMREON A C, TRIVEDI P K. Microeconometrics using stata[M]. Stata Press, 2010.

[22] CARDAK B A, WILKINS R. The determinants of household risky asset holdings: australian evidence on background risk and other factors[J]. Journal of Banking & Finance, 2009, 33(5): 850-860.

[23] CHETTY R, SZEIDL A. The effect of housing on portfolio choice[R]. 2010, NBER Working Paper, No.15998.

[24] COCCO J F. Portfolio choice in the presence of housing[J]. Review of Financial Studies, 2004, 18(2): 535-567.

[25] COCCO J F, GOMES F, MAENHOUT P. Consumption and portfolio choice over the life-cycle[J]. Review of Financial Studies, 2005, 18(2): 491-533.

[26] COILE C, MILLIGAN K. How household portfolios evolve after retirement: the effect of aging and health shocks[J]. Review of Income and Wealth, 2009, 55(2): 226-248.

[27] CONSTANTINIDES G M, DONALDSONA J B, MEHRA R. Junior can't borrow: a new perspective on the equity premium puzzle[J]. The Quarterly Journal of Economics, 2002, February, 269-296.

[28] COX D, RANK M R. Inter-vivos transfers and intergenerational exchange[J]. The Review of Economics and Statistics, 1992, 74(2): 305-314.

[29] DOHMEN T J, FALK A, HUFFMAN D, et al. Are risk aversion and impatience related to cognitive ability? [J]. American Economic Review, 2010, 100(3): 1238-1260.

[30] FAN E, ZHAO R. Health status and portfolio choice: causality or heterogeneity? [J]. Journal of Banking & Finance, 2009, 33(6): 1079-1088.

[31] FARHI E, PANAGEAS S. Saving and investing for early retirement: a

theoretical analysis[J]. Journal of Financial Economics, 2007, 83(1): 87-121.

[32] FLAVIN M, YAMASHITA T. Owner-occupied housing and the composition of the household portfolio[J]. The American Economic Review, 2002, 92(1): 345-362.

[33] FRANKEL J. A. Portfolio crowding-out, empirically estimated[J]. The Quarterly Journal of Economics, 1985, 100(1): 1041-1065.

[34] GOMES F, MICHAELIDES A. Optimal life-cycle asset allocation: understanding the empirical evidence[J]. The Journal of Finance, 2005, 60(2): 869-904.

[35] GOMES F, MICHAELIDES A. Portfolio choice with internal habit formation: a life-cycle model with uninsurable labor income risk[J]. Review of Economic Dynamics, 2003, 6(4): 729-766.

[36] GOLDMAN D, MAESTAS N. Medical expenditure risk and household portfolio choice[J]. Journal of Applied Econometrics, 2013, 28(4): 527-550.

[37] GORMLEY T, LIU H, ZHOU G. Limited participation and consumption-saving puzzles: a simple explanation and the role of insurance[J]. Journal of Financial Economics, 2010, 96(2): 331-344.

[38] GRINBLATT M, KELOHARJU M, LINNAINMAA J. IQ and stock market participation[J]. The Journal of Finance, 2011, 66(6): 2121-2164.

[39] GUISO L, HALIASSOS M, JAPPELLI T. Household portfolios[M]. London: MIT Press, 2002.

[40] GUISO L, JAPPELLI T. Household portfolios in Italy[M]. Massachusetts: The MIT Press, 2002.

[41] GUISO L, JAPPELLI T, TERLIZZESE D. Income risk, borrowing constraints, and portfolio choice[J]. The American Economic Review, 1996, 86(1): 158-172.

[42] GUISO L, PAIELLA M. Risk aversion, wealth, and background risk[J]. Journal of the European Economic Association, 2008, 6(6): 1109-1150.

[43] GUISO L, PAIELLA M. The role of risk aversion in predicting individual behaviors[R]. 2004, CEPR Discussion Paper 2004, No.4591.

[44] GUISO L, SAPIENZA P, ZINGALES L. The role of social capital in financial development[J]. NBER Working Paper, 2000, No.7563.

[45] HALIASSOS M, BERTAUT C C. Why do so few hold stocks? [J]. The Economic Journal, 1995, 105(9): 1110-1129.

[46] HALIASSOS M, HASSAPIS C. Borrowing constraints, portfolio choice, and precautionary motives[J]. Computational Methods in Decision-Making, Economics and Finance, 2002, 74(1): 185-212.

[47] HASTINGS J S, TEJEDA-ASHTON L. Financial literacy, information, and demand elasticity: survey and experimental evidence from mexico[R]. NBER Working Paper, 2008,No.14538.

[48] HEATON J, LUCAS D. Market frictions, savings behavior, and portfolio choice[J]. Macroeconomic Dynamics, 1997, 1(1): 76-101.

[49] HEATON J, LUCAS D. Portfolio choice in the presence of background risk[J]. The Economic Journal, 2000, 110(1): 1-26.

[50] HURVICH C M, SHUMWAY R, TSAI C L. Improved estimators of kullback-leibler information for autoregressive model selection in small samples[J]. Science & Mathematics, 1990, 77(4): 709-719.

[51] IWAISAKO T. Household portfolios in Japan[J]. Japan and the World Economy, 2009, 21(4): 373-382.

[52] JANG Y G L, ABDEL-GHANY M. Financial assets and wealth of south korean families[J]. Consumer Interests Annual, 2000, 46(1): 55-60.

[53] KAUSTIA M, TORSTILA S. Stock market aversion? political preferences and stock market participation[J]. Journal of Financial Economics, 2011, 100(1): 98-112.

[54] KIRCHNER U, ZUNCKEL C. Measuring portfolio diversification[J]. 2011, Cornell University Library.

[55] KOO H K. Consumption and portfolio selection with labor income: a continuous time approach[J]. Mathematical Finance, 1998, 8(1): 49-65.

[56] KULLMANN C, SIEGEL S. Real estate and its role in household portfolio choice[R]. EFA 2003 Annual Conference Paper, 2005, No.918.

[57] LEVINE R. Bank-based or market-based financial systems: which is better? [J]. Journal of Financial Intermediation, 2002, 11(4): 398-428.

[58] LEVINE R. Stock markets, growth and tax policy[J]. Journal of Finance, 1991, 46(4): 1445-1465.

[59] LEVINE R, ZERVOS S. Stock markets, banks, and economic growth[J]. The American Economic Review, 1998, 88(3): 537-558.

[60] LIST J A, MILLIMET D L. Bounding the impact of market experience on rationality: evidence from a field experiment with imperfect compliance[R]. IDEAS Working Paper. 2005.

[61] MANKIW N G, CANNER N, WEIL D. An asset allocation puzzle[J]. American Economic Review, 1997, 87(3): 181-191.

[62] MANKIW N G, ZELDES S P. The consumption of stockholders and nonstockholders[J]. Journal of Financial Economics, 1991, 29(1): 97-112.

[63] MARKOWITZ H. Portfolio selection: efficient diversification of investments[M]. Connecticut: Yale University Press, 1959.

[64] MARKOWITZ H. Portfolio selection[J]. The Journal of Finance, 1952, 7(1): 77-91.

[65] MCCARTHY D. Household portfolio allocation: a review of the literature[J]. Clin Orthop Relat Res, 2004, 106(4): 357–385.

[66] MERTON R C. Lifetime portfolio selection under uncertainty: the continuous-time case[J]. The Review of Economics and Statistics, 1969, 51(3): 247-257.

[67] NEYMAN J S. Statistical problem in agricultural experiments[J]. Journal of the Royal Statistical Society, Series B, 1923, 2(2): 107-180.

[68] PAGANO M. Financial markets and growth: an overview[J]. European Economic Review, 1993, 37(2-3): 613-622.

[69] PALSSON A M. Does the degree of relative risk aversion vary with household characteristics? [J]. Journal of Economic Psychology, 1996,

17(6): 771-787.

[70] PAXSON C. Borrowing constraints and portfolio choice[J]. Quarterly Journal of Economics, 1990, 105(2): 535-543.

[71] PELIZZON L, WEBER G. Are household portfolios efficient? an analysis conditional on housing[J]. Journal of Financial and Quantitative Analysis, 2008, 43(2): 401-431.

[72] POTERBA J M, SAMWICK A A. Household portfolio allocation over the life cycle[R]. NBER Working Paper, 1997, No.6185.

[73] ROSEN H S, WU S. Portfolio choice and health status[J]. Journal of Financial Economics, 2004, 72(3): 457-484.

[74] RUBIN D B. Estimating causal effects of treatments in randomized and nonrandomized studies[J]. Journal of Educational Psychology.1974, 66(5): 688-701.

[75] SAINT-PAUL G. Technological choice, financial markets and economic development[J]. European Economic Review, 1992, 36(4): 763-781.

[76] SAMUELSON P A. Lifetime portfolio selection by dynamic stochastic programming[J]. The Review of Economics and Statistics, 1969, 51(3): 239-246.

[77] SHARPE W F. Capital asset prices: a theory of market equilibrium under conditions of risk[J]. The Journal of Finance, 1964, 19(3): 425-442.

[78] SHUM P, FAIG M. What explains household stock holdings? [J]. Journal of Banking & Finance, 2006, 30(9): 2579-2597.

[79] SINAI T, SOULELES N S. Owner-occupied housing as a hedge against rent risk[R]. NBER Working Paper, 2003, No.9462.

[80] TOBIN J. Liquidity preference as behavior towards risk[J]. The Review of Economic Studies, 1958, 25(2): 65-86.

[81] VICEIRA L M. Optimal portfolio choice for long-horizon investors with nontradable labor income[J]. The Journal of Finance, 2001, 56(2): 433-470.

[82] VISSING-JORGENSEN A. Towards an explanation of household

portfolio choice heterogeneity: nonfinancial income and participation cost structures[R]. NBER Working Paper, 2002, No.8884.

[83] WEBER E U, HSEE C K. Models and mosaics: investigating cross-cultural differences in risk perception and risk preference[J]. Psychonomic Bulletin & Review, 1999, 6(4): 611-617.

[84] WEBER E U, MILLIMAN R A. Perceived risk attitudes: relating risk perception to risky choice[J]. Management Science, 1997, 43(2): 123-144.

[85] WILLEN P, KUBLER F. Collateralized borrowing and life-cycle portfolio choice[R]. NBER Working Paper, 2006,No.12309.

[86] WOERHEIDE W, PERSON D. An index of portfolio diversification[J]. Financial Services Review, 1993, 2(2): 73-85.

[87] YAO R, ZHANG H H. Optimal consumption and portfolio choices with risky housing and borrowing constraints[J]. Review of Financial Studies, 2005, 18(1): 197-239.

[88] YOO P S. Age dependent portfolio selection[R]. Federal Reserve Bank of Saint Louis Working Paper, 1994,No.1994-003A.

[89] 边燕杰，BREIGER R, DAVIS D, et al. 中国城市的职业、阶层和关系网[J].开放时代，2005（S4）：98-118.

[90] 柴时军. 社会网络、年龄结构对家庭金融资产选择的影响[D]. 广州：暨南大学，2016.

[91] 柴时军，王聪，陈建付. 集体主义氛围与居民金融资产配置相异性研究[J]. 经济经纬，2015（4）：144-148.

[92] 陈斌开，李涛. 中国城镇居民家庭资产——负债现状与成因研究[J]. 经济研究，2011（S1）：55-79.

[93] 陈强. 高级计量经济学及 Stata 应用[M]. 2 版. 北京：高等教育出版社，2014.

[94] 陈莹，武志伟，顾鹏. 家庭生命周期与背景风险对家庭资产配置的影响[J]. 吉林大学社会科学学报，2014（9）：73-80.

[95] 陈永伟，史宇鹏，权五燮. 住房财富、金融市场参与和家庭资产组合

选择——来自中国城市的证据[J]. 金融研究，2015（4）：1-18.

[96] 杜春越，韩立岩. 家庭金融资产配置的国际比较研究[J]. 国际金融研究，2013（6）：44-55.

[97] 甘犁，尹志超，贾男，等. 中国家庭金融调查报告 2012[M]. 成都：西南财经大学出版社，2012.

[98] 甘犁，尹志超，贾男，等. 中国家庭资产状况及住房需求分析[J]. 金融研究，2013（4）：1-14.

[99] 甘犁，尹志超，谭继军. 中国家庭金融调查报告 2014[M]. 成都：西南财经大学出版社，2015.

[100] 高明，刘玉珍. 跨国家庭金融比较：理论与政策意涵[J]. 经济研究，2013（2）：134-149.

[101] 郭士祺，梁平汉. 社会互动、信息渠道与家庭股市参与——基于2011年中国家庭金融调查的实证研究[J]. 经济研究，2014（S1）：116-131.

[102] 郭新华，王之尧. 货币政策与家庭金融资产异动的关联：1997～2009[J]. 改革，2010（10）：80-85.

[103] 何立新，封进，佐藤宏. 养老保险改革对家庭储蓄率的影响：中国的经验证据[J]. 经济研究，2008（10）：117-130.

[104] 何兴强，史卫，周开国. 背景风险与居民风险金融资产投资[J]. 经济研究，2009（12）：119-130.

[105] 何秀红，戴光辉. 收入和流动性风险约束下家庭金融资产选择的实证研究[J]. 南方经济，2007（10）：58-69.

[106] 黄倩. 社会网络与家庭金融资产选择[D]. 成都：西南财经大学，2014.

[107] 姜维俊. 中国金融资产结构分析（上）[J]. 财贸经济，1999（5）：21-27.

[108] 孔丹凤，吉野直行. 中国家庭部门流量金融资产配置行为分析[J]. 金融研究，2010（3）：24-33.

[109] 李涛. 参与惯性和投资选择[J]. 经济研究. 2007（8）.

[110] 李涛. 社会互动、信任和股市参与[J]. 经济研究，2006（1）：34-45.

[111] 李涛，郭杰. 风险态度与股票投资[J]. 经济研究，2009（2）：56-67.

[112] 梁漱溟. 梁漱溟全集[M]. 济南：山东人民出版社，1991.

[113] 廖理，贺裴菲，张伟强，等. 中国个人投资者的过度自信和过度交易研究[J]. 投资研究，2013（8）：35-46.

[114] 罗旋. 居民金融资产选择与金融市场发展关系研究[D]. 成都：西南财经大学，2007.

[115] 吕学良，王美玲，吴卫星. 金融发展与家庭金融资产投资：基于中国数据的分析[J]. 商业经济与管理，2014（10）：73-81.

[116] 吕学良，吴卫星. 金融发展对家庭投资组合的影响：基于区域差异的分析[J]. 上海金融，2015（9）：51-59.

[117] 李烜，阳镇，张雅倩. 为什么投资者的主客观风险偏好存在差异——来自 CHFS 的微观证据[J]. 南方经济，2015（11）：16-35.

[118] 李心丹，王冀宁，傅浩. 中国个体证券投资者交易行为的实证研究[J]. 经济研究，2002（11）：54-63.

[119] 刘长庚，田龙鹏，陈彬，等. 农村金融排斥与城乡收入差距——基于我国省级面板数据模型的实证研究[J]. 经济理论与经济管理，2013（10）：17-27.

[120] 刘进军. 中国城镇居民家庭异质性与风险金融资产投资[J]. 经济问题，2015（3）：51-55.

[121] 刘少杰. 当代中国经济生活中社会选择方式的变迁[J]. 吉林师范大学学报：人文社会科学版，2004（5）：9-18

[122] 卢亚娟，TURVEY C. G. 中国家庭风险资产持有的影响因素及城乡差异[J]. 财贸经济，2014（9）：72-81.

[123] 马莉莉，李泉. 中国投资者的风险偏好[J]. 统计研究，2011（8）：63-72.

[124] 马双，赵朋飞. 金融知识、家庭创业与信贷约束[J]. 投资研究，2015（1）：25-38.

[125] 孟亦佳. 认知能力与家庭资产选择[J]. 经济研究，2014(S1)：132-142.

[126] 诺思. 制度变迁理论纲要[C]. //经济学与中国经济改革. 上海：上海人民出版社，1995.

[127] 潘允康，林南. 中国的纵向家庭关系及对社会的影响[J]. 社会学研究，1992（6）：73-80.

[128] 秦丽. 利率自由化背景下我国居民金融资产结构的选择[J]. 财经科学, 2007（4）: 15-21.

[129] 史代敏等. 居民家庭金融资产选择的建模研究[M]. 北京: 中国人民大学出版社, 2012.

[130] 史代敏, 宋艳. 居民家庭金融资产选择的实证研究[J]. 统计研究, 2005（10）: 43-49.

[131] 孙小军, 张银利. 股票-债券投资组合问题的数学模型及算法[J]. 系统工程理论与实践, 2015（S6）: 1433-1439.

[132] 谭松涛, 陈玉宇. 投资经验能够改善股民的收益状况吗——基于股民交易记录数据的研究[J]. 金融研究, 2012（5）: 164-178.

[133] 魏先华, 张越艳, 吴卫星, 等. 我国居民家庭金融资产配置影响因素研究[J]. 管理评论, 2014（7）: 20-28.

[134] 王聪, 柴时军, 田存志, 等. 家庭社会网络与股市参与[J]. 世界经济, 2015（5）: 105-124.

[135] 王聪, 田存志. 股市参与、参与程度及其影响因素[J]. 经济研究, 2012（10）: 97-107.

[136] 王聪, 张海云. 中美家庭金融资产选择行为的差异及其原因分析[J]. 国际金融研究, 2010（6）: 55-61.

[137] 王广谦. 中国金融发展中的结构问题分析[J]. 金融研究, 2002（5）: 47-56.

[138] 王琎, 吴卫星. 婚姻对家庭风险资产选择的影响[J]. 南开经济研究, 2014（3）: 100-112.

[139] 王书华, 杨有振. 城乡居民家庭金融资产配置与收入差距的动态影响机制——基于状态空间系统的估计[J]. 上海财经大学学报, 2015（2）: 20-30.

[140] 王渊, 杨朝军, 蔡明超. 居民风险偏好水平对家庭资产结构的影响——基于中国家庭问卷调查数据的实证研究[J]. 经济与管理研究, 2016（5）: 50-57.

[141] 王跃生. 中国当代家庭关系的变迁: 形式、内容及功能[J]. 人民论

坛，2013（8）：6-10.

[142] 王治政，王跃，贾子超. 基于金融决策框架的家庭资产配置理论研究进展及关键问题[J]. 管理世界，2015（6）：170-171.

[143] 王子城，人口抚养负担、金融市场参与和家庭资产配置[J]. 金融与经济，2016（S6）：21-27.

[144] 伍德里奇. 计量经济学导论[M]. 4版. 北京：中国人民大学出版社，2010.

[145] 吴庆跃，周钦. 医疗保险、风险偏好与家庭风险金融资产投资[J]. 投资研究，2015（5）：18-32.

[146] 吴卫星，吕学梁. 中国城镇家庭资产配置及国际比较——基于微观数据的分析[J]. 国际金融研究，2013（10）：45-57.

[147] 吴卫星，齐天翔. 流动性、生命周期与投资组合相异性——中国投资者行为调查实证分析[J]，经济研究，2007（2）.

[148] 吴卫星，丘艳春，张琳琬. 中国居民家庭投资组合有效性：基于夏普率的研究[J]. 世界经济，2015（1）：154-172.

[149] 吴卫星，荣苹果，徐芊. 健康与家庭资产选择[J]. 经济研究，2011（S1）：43-54.

[150] 吴卫星，沈涛，董俊华，等. 投资期限与居民家庭股票市场参与——基于微观调查数据的实证分析[J]. 国际金融研究，2014（12）：68-76.

[151] 吴卫星，易尽然，郑建明. 中国居民家庭投资结构：基于生命周期、财富和住房的实证分析[J]. 经济研究，2010（S1）：72-82.

[152] 吴卫星，汪勇祥，梁衡义. 过度自信、有限参与和资产价格泡沫[J]. 经济研究，2006（4）：115-127.

[153] 吴卫星，吴锟，沈涛. 自我效能会影响居民家庭资产组合的多样性吗[J]. 财经科学，2016（2）：14-23.

[154] 谢平. 中国金融资产结构分析[J]. 经济研究，1992（11）：30-37.

[155] 肖作平，张欣哲. 制度和人力资本对家庭金融市场参与的影响研究——来自中国民营企业家的调查数据[J]. 经济研究，2012（S1）：91-104.

[156] 邢春冰. 参与成本、异质性与股市投资——基于城镇家庭数据的实证分析[J]. 南方经济, 2011 (9): 17-29.

[157] 徐华, 徐斌. 社会保险对家庭金融的影响研究综述[J]. 经济学家, 2014 (11): 91-99.

[158] 徐梅, 李晓荣. 经济周期波动对中国居民家庭金融资产结构变化的动态影响分析[J]. 上海财经大学学报, 2012 (10): 54-60.

[159] 徐梅, 宁薛平. 居民家庭金融资产风险与宏观经济波动的协动性关系研究——基于 GARCH-M 模型的风险度量方法[J]. 统计与信息论坛, 2014 (1): 21-25.

[160] 徐梅, 于慧君. 宏观经济波动与微观家庭决策对居民金融资产选择的影响效果分析[J]. 中央财经大学学报, 2015 (8): 87-93.

[161] 杨波. 货币政策变化与家庭金融决策调整[J]. 南京大学学报:哲学·人文科学·社会科学版, 2012 (4): 68-75.

[162] 叶德珠, 周丽燕. 幸福感会影响家庭金融资产的选择吗?——基于中国家庭金融调查数据的实证分析[J]. 南方金融, 2015 (2): 24-32.

[163] 尹海员, 李忠民. 个体特质、信息获取与风险态度——来自中国股民的调查分析[J]. 经济评论, 2011 (2): 29-37.

[164] 尹志超, 宋鹏, 黄倩. 信贷约束与家庭资产选择——基于中国家庭金融调查数据的实证研究[J]. 投资研究, 2015 (1): 4-24.

[165] 尹志超, 宋全云, 吴雨. 金融知识、投资经验与家庭资产选择[J]. 经济研究, 2014 (4): 62-75.

[166] 尹志超, 吴雨, 甘犁. 金融可得性、金融市场参与和家庭资产选择[J]. 经济研究, 2015 (3): 87-99.

[167] 杨德勇, 彭博. 投资者过度自信与过度交易——理论模型与来自我国股市的经验证据[J]. 中央财经大学学报, 2013 (2): 35-41.

[168] 杨汝岱, 陈斌开, 朱诗娥. 基于社会网络视角的农户民间借贷需求行为研究[J]. 经济研究, 2011 (S11): 116-129.

[169] 杨元辉. 台湾个人股票投资策略及案例研究[D]. 杭州:浙江工业大学, 2013.

[170] 袁志刚，冯俊. 居民储蓄与投资选择：金融资产发展的含义[J]. 数量经济技术经济研究，2005（1）：34-49.

[171] 翟学伟. 中国人的关系原理[M]. 北京：北京大学出版社，2011.

[172] 张亮. 金融发展对我国家庭金融市场参与和资产配置影响[D]. 成都：西南财经大学，2013.

[173] 张明玉. 小样本因果关系检测模型及其在宏观经济分析中的应用[J]. 系统工程理论与实践. 1999（11）：110-114.

[174] 张晓峒，大川勉，张世英. 小样本DF统计量的分布特征[J]. 系统工程理论与实践，1999（3）：31-37.

[175] 张学勇，贾琛. 居民金融资产结构的影响因素——基于河北省的调查研究[J]. 金融研究，2010（3）：34-44.

[176] 张瑶. 考虑交易费用的连续最大熵股价预测模型的研究[D]. 鞍山：辽宁科技大学，2015.

[177] 章元，陆铭. 社会网络是否有助于提高农民工的工资水平?[J]. 管理世界，2009（S3）：45-54.

[178] 张展. 中国城镇中产阶层家庭理财研究[D]. 成都：西南财经大学，2012.

[179] 曾志耕，何青，吴雨，等. 金融知识与家庭投资组合多样性[J]. 经济学家，2015（6）：86-94.

[180] 郑江淮，袁国良，胡志乾. 中国转型期股票市场发展与经济增长关系的实证研究[J]. 管理世界，2000（6）：15-24.

[181] 周弘. 风险态度、消费者金融教育与家庭金融市场参与[J]. 经济科学，2015（1）：79-88.

[182] 周铭山，孙磊，刘玉珍. 社会互动、相对财富关注及股市参与[J]. 金融研究，2011（2）：172-184.

[183] 周月书，刘茂彬. 基于生命周期理论的居民家庭金融资产结构影响分析[J]. 上海金融，2014（12）：11-16.

[184] 朱光伟，杜在超，张林. 关系、股市参与和股市回报[J]. 经济研究，2014（11）.

[185] 朱岚. 我国居民金融资产选择与经济增长的关联性研究[D]. 成都：西南财经大学，2007.

[186] 朱涛，卢建，朱甜，等. 中国中青年家庭资产选择：基于人力资本、房产和财富的实证研究[J]. 经济问题探索，2012（12）：170-177.

[187] 宗庆庆，刘冲，周亚虹. 社会养老保险与我国居民家庭风险金融资产投资——来自中国家庭金融调查（CHFS）的证据[J]. 金融研究，2015（10）：99-114.